엄마와 딸이 함께하는 인문학

김미성 · 하현주 지음

교우미디어

엄마와 딸이 함께하는 인문학

초판발행 2017년 12월 15일

지은이 김미성 · 하현주 / **펴낸이** 오상훈
펴낸곳 교우미디어
주 소 서울시 동대문구 약령시로 8 교우빌딩 1층 교우미디어
전 화 02-925-2861, 02-925-2866 **팩스** 02-925-2860, **편집부** 02-925-2825
홈페이지&북스토어 www.kyowoo.co.kr / **이메일** kyowoo@kyowoo.co.kr

등 록 2011년 2월 7일 제305-2011-000007호
ISBN 979-11-85417-22-6 (03800)

Published by Kyowoomedia Printed in Korea

교우미디어는 보다 혁신적이고 참신한 도서를 다양하게 기획하고 있습니다.
책으로 펴내고자 하는 아이디어나 원고는 메일로 보내주세요.
교우미디어는 전과정을 책임지고 최선을 다하겠습니다.

값 16,000원

교우미디어는 (주) 교우의 Imprint 사입니다.

잘못된 책은 구입하신 서점에서 교환해 드립니다.

저자의 말 / 김미성

문학을 평생의 업으로 삼고, 문학으로 밥벌이를 해 살아가려고 결심한 게 20대 중반이었으니까 거의 30년이 다 되어간다. 세월이 쌓이다 보니 그간 나름대로 인문학의 여러 주제에 대해 생각해온 것도 있고 적잖이 글도 쓰게 되었다. 거기에다가 어찌된 일인지 갈데없는 고슴도치 엄마가 보기에 큰딸은 꽤 생각도 깊고, 글재주도 있어 보였다. 그래서 너무나 무모하게도 딸과 함께 세상의 이런 저런 문제에 대해 서로의 생각을 나누고, 그걸 그냥 사라지게 놓아둘 게 아니라 일부라도 모아서 책을 꾸린다면 의미있는 작업이 될 거라고 생각했다. 딸이 나중에 책을 다시 펼쳐볼 때 엄마와의 옛 기억을 아련하고 정답게 떠올릴 수 있지 않을까 하는 사사로운 욕심도 있었던 것 같다. 평소에 딸과 세상의 여러 문제에 대해 의견을 나누는 게 낯설지 않았던 경험도 이런 생각에 불을 지폈다. 하지만 의미만 가지고 덤비다니 경솔하고 섣부른 판단이었다. 결론적으로 말한다면 가볍게 생각하고 시작했던 『엄마와 딸이 함께하는 인문학』은 생각보다 쉽지 않은 작업이었다. 허긴, 쉬운 글쓰기가 어디 있겠는가?

일단 엄마와 딸이 이야기를 나누는데 적합한 주제를 선택하는 것부터 적지 않은 고민이 필요했다. 고백과 자기반성을 하자면 대학에 몸을 담고 있다 보니 나는 '그들만의 세상'에서만 통하는 뭔가 심오해 보이는 지식에 대한 편애가 있는 사람이었다. 작업이 진행되어 가는 동안 말로는 딸을 사랑한다고 하면서도 딸을 온전히 이해하지 못하고 있었음이 절감되곤 했다. 정작 고등학생인 딸의 고민과 생각을 구체적으로 알지 못한다는 사실을 깨닫게 된 적지 않은 순간이 있었기 때문이다. 딸과 많은 이야기를 통해 주제를 정하고, 글을 써 내려가면서도 딸이 전해주는 이야기가 내가 생각했던 틀에서 훌쩍 벗어나 있는 것을 알고 적잖이 놀란 것도 여러 번이었다. 특히 '대한민국 땅에서 여성으로 살아가기'에 관한 장이 그랬다. 요 근래 위험수위를 넘어서고 있는 '혐오 정서'의 만연 속에서 21세기를 살아가는 10대 청소년들에게도 여성문제가 여전히 현재진행형임을 확인할 수 있었기 때문이다. '청춘: 치열하게 삶에 직면하다', '이미지의 시대: 보이는 것의 중요성과 보이지 않는 것의 소중함에 대해 다시 생각해보기'를 쓰면서 이런 놀람은 구체적인 모습으로 내게 다가왔다. 특히 아이의 삶이 내가 생각했던 것보다 훨씬 더 무겁고, 아이의 일상이 훨씬 더 학업의 무게에 짓눌려 있다는 사실을 절감하게 되었다. "고등학교 시절이라면 나도 겪은 바 있으니까"하는 자만 속에서 경솔하게도 나는 딸이 지나고 있는 이 시기를 어쩌면 '당연히' 견뎌내야 하는 과정이라고 안일하게 생각하고 있지 않았나 반성하는 계기가 되었다. 내가 고등학교 시절을 보낸 건 호랑이 담배 먹던 시절과 동급인 '쌍팔년도'적 일이었다는 사실을 간과한 채 말이다. 이 작업을 하지 않았으면 느끼지 못했을 고맙고 소중한 깨우침이었다.

'요즘' 아이들은 어떤 노래에 열광하는 것일까?'는 나름 아이의 관심과 눈높이에 맞춰보려는 주제 선택이었다. 그러면서 생각지 못한 소득이 있었다. 문학 공부를 시로 시작했지만 지금은 현실적인 이유로 시를 거의 방치하고 있는 개인적인 상황에서 아주 오랜만에 시와 노래를 이야기하는 기회였기 때문이다. 기억 저편에 있던 첫사랑을 다시 만난 것처럼 설렜다. '서로 다른 문화들 사이의 대화'와 '톨레랑스: 서로 다름을 인정하며 함께 어울려 사는 세상을 꿈꾸며'는 서로의 다름을 인정하고 함께 살아가는 세상에 대한 바람을 담은 주제이다. 사회와 사회 속에서 살아가는 사람들 사이의 관계에 대해 특히 관심이 많은 딸의 선택이기도 했다. 한마디 덧붙이자면 할 말이 가장 많았던 문학과 문학가의 이야기를 많이 다루지 못해 아쉬움이 남는다. 전공을 한 프랑스 낭만주의 문학이 딸에게 비교적 낯설기도 했고, 한 장에 담아내기에는 이것저것 쓸데없이 너무 많이 알고 있었나 보다. 취사선택에 실패했다.

책을 쓰면서 얻은 가장 큰 수확이라면 역시 딸과의 소통이었다. 한 권의 책을 함께 엮어간 일년 반의 시간은 딸의 생각을 겸허하게 받아들이고 경청하려고 나름 노력한 과정이었다. 그동안 고등학생인 딸과 엄마가 흔히 겪는 마찰이나 감정 소모를 거의 겪지 않고 지난 것 같아 고맙다. 끊이지 않는 시험과 수행의 부담 속에서도 엄마와의 대화의 끈을 놓지 않은 딸에게 수고했다고 전하고 싶다.

인문학이란 세상이 우리에게 던지는 질문에 대한 정답이 하나가 아닐 수도 있음을 이야기하는 학문이다. 인문학을 하다 보면 하나 더하기 하나가 둘이 아니라 하나일 수도 셋일 수도 있다는 사실을 깨닫게 된다. 이 책을 통해 청소년들에게 전하고 싶은 것은 스스로 생각하는 힘의 중요성이다. 딸이 용감하게 세상에 직면하고, 치열하게 고민하고, 나름의 답을 찾아가는 과정에서 엄마와 나누었던 이 보잘 것 없는 대화가 작은 도움이라도 된다면 더 바랄 나위가 없을 것 같다.

마지막으로 이 책의 아이디어를 주었을 뿐만 아니라 책이 나오기까지 꾸준한 조언과 격려를 잊지 않은, 소중한 친구이자 학문적 동료 연세대학교 국어국문학과 박애경 교수에게 감사의 말을 전한다.

2017년 11월
김미성

저자의 말 / 하현주

다른 사람들과 마찬가지로 저 역시 언젠가 한번쯤은 책을 출판하고 싶다는 생각을 가지고 있었습니다. 그러나 그런 소망은 그것이 현실로 이루어지는 것과는 다른 차원의 문제라는 것을 이 책을 쓰면서 깨닫게 되었습니다. 작가들에 대한 경외심이 생기기도 했습니다.

글을 쓰고, 그것을 나의 이름을 걸고 세상에 보여주는 것은 생각보다 엄청나게 큰 용기와 책임감을 필요로 한다는 점을 책을 쓰는 과정에서 배웠고, 그런 면에서 작가들의 대단함을 느끼게 되었습니다. 저 또한 책을 통해 많은 것을 배우고 관점과 가치관을 재정립할 수 있었기에 책이 가진 영향력에 대해서 잘 알고 있습니다. 제가 지금 큰 뜻 없이 쓴 말이 평생 제 등 뒤를 따라다니고, 타인에게 안 좋은 영향을 미치거나 비난을 받지나 않을까 하는 걱정이 실제로 글을 쓰면서 저를 가장 괴롭히고 무섭게 만들었습니다. 단순히 말로 뱉는 것과 달리 그것이 글로 기록되고 많은 이들에게 읽히는 책으로 남는다는 것은 상당한 책임의식을 필요로 한다는 점을 그 전까지는 몰랐습니다.

이 책에서 제가 쓴 부분은 순전히 개인적인 생각이고, 전 그리 특별할 것도 없는 대한민국의 고등학생입니다. 눈에 띄게 아는 것이 많다거나 생각이 깊고 창의적인 부류도 아닙니다. 그렇지만 최대한 주제에 대해서 저와 제 주변의 이야기를 담으려 노력했습니다. 포기하고 싶은 마음도 분명 있었지만, 또 이 글을 쓰고 있는 것을 보니 두려움을 떨치고 한 번 세상과 마주하고 싶다는 열망이 더 컸던 것 같습니다.

책을 쓰며 저의 부족한 지식과 경험에 대하여 많이 반성했습니다. 그럼에도 불구하고 저에게 이런 좋은 기회를 제안하고 지원해준 가족들에게 감사의 말을 전하며 글을 마칩니다.

2017년 11월

하현주

차례

1 장

청춘 : 치열하게 삶에 직면하다

엄마와 딸이 함께하는 인문학

엄마가 현주하고 제일 먼저 하고 싶은 이야기는 청춘, 나이 듦 그리고 세대 간의 소통이라는 문제에 대해서야. 현주는 아직 십대인데, 나이 듦은 너무 먼 이야기라고? 하지만 나이 듦이라는 주제를 청춘의 한 복판에서 한번 생각해봐도 좋지 않을까 싶어. 현주 같은 십대들은 나이 듦이라는 게 아직 피부에 와닿지는 않을 수 있을 거야. 엄마도 현주 같은 십대 때는 나이가 서른 살이 넘을 수 있다는 사실도 와닿지 않았던 기억이 나. 오지 않을 너무 먼 미래라서 말이야.

하지만 엄마가 점점 현실적으로 느끼고 있는 문제이기도 하고 현주도 먼 훗날 겪지 않으면 안 될 일이기도 할 거야. 뿐만 아니라 나이가 들어간다는 건 어쩌면 인간의 조건이기도 해. 인간이 신이 아닌 이상 누구나 늙어갈 수밖에 없고 그건 인간의 숙명 같은 거겠지.

그리스신화에서도 얘기하잖아. 인간과 신이 다른 것은 신이 인간보다 '모든 면에서' 월등해서가 아니라 단지 신은 영원하고 인간은 유한하다는 사실 때문이라고 말이야. 그리스신화를 읽다보면, "신이 뭐 저래?"하는 생각이 들 정도로 문제가 많아 보이거나, 심지어 찌질해 보이기까지 하는 신들도 적지 않지? 반면 트로이전쟁의 영웅 헥토르나 아킬레우스같이 정말 멋지고 능력 있는 인간들도 있고 말이야.

하지만 죽을 수밖에 없는 존재라고 해서 막 살아도 된다는 의미는 아니고, 어떻게 생각해보면 인간의 유한함이 삶을 더 치열하게 살아갈 수밖에 없도록 만드는 것 같기도 해. 그래서 인간의 삶이 의미 있는 거고 말이야. '영원히' 살 수 있다면 그렇게까지 삶을 치열하게 살아갈 필요가 없지 않을까? 오히려 지루하고 권태로운 삶을 대충 살아갈 것 같기도 해. 그날그날의 소일거리를 찾아 시간을 죽이면서 말이야.

좀 전에 말한 것처럼 물론 인간도 생명체인 이상 세월의 흐름에 따라 물리적으로 나이 들어가고, 그에 따라서 육체적으로 쇠락해 가는 건 어쩔 수 없을 거야. 엄마 개인적으로는 "나이보다 몇 년은 젊어 보이시네요."라는 빈말 혹은 예의가 적어도 반 이상 포함된 멘트에 기뻐한다거나, "요새 좀 피곤해 보이세요."하는 말에 낙담한다거나, 요즘 열풍인 '동안외모'에 너무 집착해 젊어 보이려고 애면글면 애쓰기보다는 세월의 흐름을 담담하게 받아들이는 연습을 하는 편이 건강한 정신을 위해서 훨씬 더 필요한 것이 아닐까 생각해. 그럼에도 불구하고 시간이 나를 삼켜버리고 내 몸과 마음을 파괴시키도록 방치한 채 그냥 늙어버리는 것이 아니라 가능한 한 청춘의 정신을 유지하면서 살아갈 수 있으면 좋겠다거나 적어도 성숙하게 나이 들 수는 없을까에 대해서 진지하게 생각해 봐야 하지 않을까 싶기도 하고 말이야.

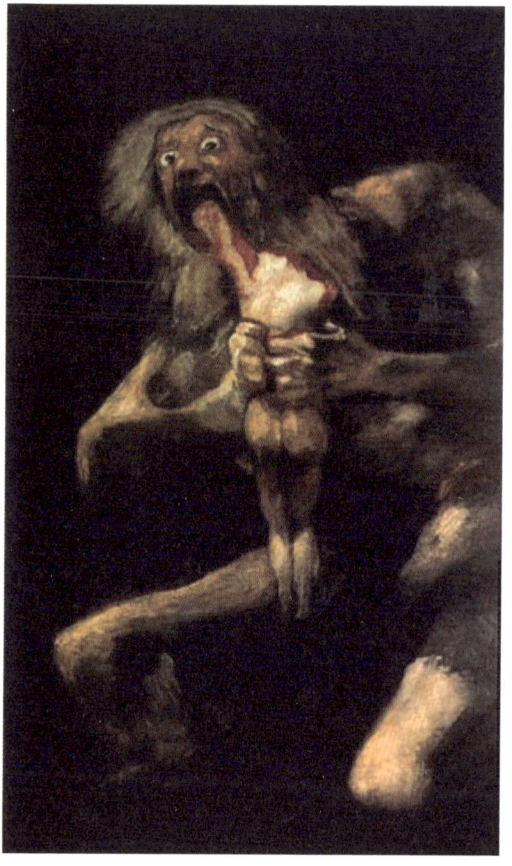

스페인의 낭만주의 화가 고야가 그린 《사투르누스》라는 그림이야. 마드리드의 프라도 미술관에 있는데, 가로 83cm 세로 146cm의 작은 크기의 이 그림에서 뿜어져 나오는 강렬함이 정신이 아득해질 정도로 인상적이었던 기억이 있어. 바라보는 사람을 압도하는 사투르누스의 형형한 눈빛과 그의 산발, 그리고 목이 잘려나간 아이... 정말 강렬한 이미지이지 않아?

사투르누스는 그리스 이름으로는 크로노스라고도 하는데, 우라노스의 아들이자 제우스의 아버지야. 제우스가 올림포스 12신의 시대를 열기 전 사투르누스는 세계를 지배했던 신이야. 그런데 아버지 우라노스를 거세하고 세상의 1인자가 되었던 사투르누스는 그 역시 우라노스처럼 자식들 중 하나에게 세상의 지배권을 빼앗길 거라는 예언을 듣게 돼. 겁이 난 사투르누스는 예언이 말하는 운명을 피해보려고 누이이자 아내인 레아가 아이를 낳는 족족 삼켜버리고 말아. 세상을 지배했던 신 중의 신의 결정 치고는 좀 치졸하지? 고야가 그려낸 게 바로 신화의 이 장면이야. 정말 기괴하고 기분 나쁜 그림이지? 권력욕 때문에 자신의 아이를 삼켜버리는 아버지라니...

그런데 사실 이 그림의 주제가 '식인종 아버지' 혹은 '권력욕이 낳은 처참함'은 아니란다. 사투르누스의 그리스 이름인 크로노스는 '시간의 신'이기도 했어. 그럼 이 그림을 좀 다른 시각으로 볼 수 있을 것 같지 않아? 실제로 이 그림이 의미하는 건 모든 것을 삼켜버리는 시간이야. 엄마는 이 그림을 보고 있으면 모든 것을 파괴해버리는 시간의 냉혹함이 느껴지는 것 같아서 등골이 오싹해. 섬뜩하고 처절하지?

사투르누스 이야기의 후일담을 이야기하자면 그리스신화의 다른 이야기들에서처럼 세상의 지배자 사투르누스도 운명을 피할 수는 없었어. 남편이 자신의 아이를 삼켜버리는 것을 더 이상 보고 있을 수만은 없었던 레아는 뱃속의 것을 다 토해내는 약을 남편에게 주지. 사투르누스는 레아가 준 약을 먹고 아이들을 토해내게 되는데, 아이들은 뱃속에서도 죽지 않고 계속 자라고 있었대. 그리고 이 아이들이 나중에 힘을 모아 아버지를 몰아내고 올림포스 12신의 주축이 되는 제우스, 포세이돈, 하데스, 헤라인 거고 말이야. 이 아이들은 신이었고, 신인 이상 죽지 않고 영원히 살 수 있었어. 그러니까 고야가 그린 이 그림처럼 사투르누스가 아이들을 목이 잘려진 채로 선혈이 낭자한 모습으로 삼킨 것 같지는 않아. 안 그래?

하지만 나이 듦에 대해 생각해보기 전에 먼저 엄마가 생각하는 젊음에 대해서 이야기할게. 나이가 들어간다는 것도 '젊음'과 비교하면 더 실감나게 느껴질 테고, 젊다는 게 뭘까에 대해 생각하다 보면 자연스레 나이 듦이라는 것에도 생각이 미칠 수 있을 테니까 말이야. 엄마 생각에 젊음을 한 단어로 표현하라고 한다면 '설렘'과 '치열함'이 아닐까 해. 나이가 들면서 점점 잃어버리는 것들 중에서 가장 눈에 띄는 건 육체적인 아름다움 혹은 싱싱함이겠지만 정신적인 면에서 '내가 나이 들어가는 구나'하는 생각을 할 때는 가슴 짜릿하게 설레는 대상이 점점 줄어드는 걸 실감할 때야. 하나를 더 덧붙이자면 무언가를 끝까지 밀고나갈 에너지가 점점 고갈되는 걸 느낄 때이기도 하고 말이야. 젊음을 '변화하고 갱신하는 힘'이라고 이야기하기도 하잖아? 엄마 개인적으로도 변화의 힘이 점점 줄어드는 게 느껴질 때 '이미 젊지 않구나!'하는 생각을 하게 되는 것 같아. 그런 측면에서 존재를 뒤흔들 만큼 가슴 벅찬 설렘을 느끼는 대상이 있고, 그것을 위해 현재의 삶을 치열하게 살아내고 있다면 여전히 청춘이라고 불러도 좋을 것 같아.

또 하나 엄마가 이런 주제를 생각한 건 요즘 들어 특히 여기저기서 '꼰대'라는 단어가 많이 사용된다는 생각이 들어서야. "자신의 경험과 생각만이 옳다고 생각하고, 젊은 사람들을 가르치려고 하는 사람들"을 꼰대라고 한다더라. 젊은 사람들의 입장에서는 자신들을 완전한 인격체로 인정하려 하지 않고, 자신들의 의견을 경청하려고 하지 않는 점이 기성세대에게 느끼는 가장 큰 불만 중 하나인 모양이야. 현주는 어떻게 생각해? 말하자면 소통의 문제인 거지. 젊은 세대를 보는 어른들은 무의식중에 자신들의 '성숙함'을 나타내고 싶어하고, 젊은 세대를 여전히 자신들의 가르침이 필요한 존재라고 생각하는 것 같아. 소크라테스 시절부터 "요즘 젊은 것들은..."이라는 한탄을 뱉어냈다는 말이 전해져 내려오는 걸 보면 말이야. 반대로 젊은이들의 입장에서 보면 어른들이 그런 생각을 하는 순간 곧장 '꼰대'가 되는 거지.

그래서 엄마도 내가 어른과 꼰대 사이에서 어느 쪽에 속하는지, 젊은 사람들에게 꼰대라는 이야기를 듣지 않으려면 어떻게 해야 할지 고민 중이야. 점점 취업이 힘들어지고 젊은 세대가 사회에 단단히 뿌리내리는 과정에서 감내해야 할 어려움이 많아지고 있잖아? 안정적인 사회 진입의 어려움 속에서 젊은 세대는 비명을 쏟아내고, 자신들에게 이런 삶의 환경을 물려준 기성세대를 원망하고, '꼰대질'을 혐오하고, 그 와중에 세대 간 단절과 갈등의 골도 깊어지고 있어. 그러니까 세대 간의 소통이 예전보다 더 절실하고 중요해진 게 아닌가 하는 생각도 들고 말이야. 엄마가 가르치고 있는 대학생 언니 오빠들을 봐도 예전 엄마가 대학을 다녔던 시절에 그랬던 것처럼 대학시절 자체를 즐긴다거나 심지어 방황을 할 여유들도 없이 미래를 준비하는 것 같아. 취업 말이야. 그런 모습을 보면 기성세대로서의 책임감과 함께 일종의 미안함과 안타까움을 복합적으로 느끼게 돼. 청춘의 한복판에 있는 현주하고, 완전한 기성세대일 수밖에 없는 엄마하고 젊음과 나이 듦에 대해서 한번 터놓고 이야기해 보자꾸나.

무엇보다도 현주는 지금 대한민국에서 십대를 보내고 있는 청소년이잖아? 그런데 지금의 대한민국을 만든 어른세대의 한 사람으로서 현재의 사회, 경제적인 상황이 젊은이들을 점점 무력하고 화나게 만들고 있는 건 아니지 미안하고 안타까워. 대한민국 역사상 물질적으로 가장 가진 것이 많은 시대, 이 풍요의 21세기에 젊은이들은 대한민국 역사상 가장 치열한 경쟁에 내몰리고 있어. 이 땅의 젊은이들은 '헬 조선'이라는 자조의 말을 쏟아내고 있는 상황이고 말이야. 대학에서 낭만이 사라진 지는 꽤 오래 되었다고들 해. 중·고등학생들 역시 대학생들과 상황이 별반 다르지는 않은 것 같고 말이야. 현주를 포함해서 지금 이곳에서 살아가는 젊은이들에게 '청춘'이라는 단어가 너무 버겁게 느껴지지는 않았으면 하는 게 엄마의 바람이야.

하지만 청춘은 그 시절을 겪어낸 옛날의 청춘, 지금의 어른들에게도 그렇게 만만하게 지나간 시간은 아니었단다. 자기 시대 나름 짊어져야 했던 무게가 있었다고 하면 좀 위로가 될까? 젊은 시절은 살아내는 강도나 이후의 삶에서 가지는 영향력이 같은 길이를 가지는 다른 순간들보다 훨씬 중요한 시간인 건 사실이야. 그게 바로 어른들이 청춘을 예찬하는 이유일 테고 말이야. 청춘을 이야기하면서 너무 무겁게 시작했나? 그럼에도 불구하고 어른들이 보기에도 역시 젊음은 좋은 것 같아. 젊음의 생기와 활력, 어디로 튈지 모르는 무모함과 아름다움이 부러워. 젊음이 포함하고 있는 가능성도 빼놓을 순 없겠지.

삶이 얼마나 치열할 수 있는가 하는 이야기를 하기 위해서 엄마가 좋아하는 화가 반 고흐의 삶과 예술을 예로 들어볼게. 그 김에 미술에 대해서도 좀 이야기해 보려고 해.

예술과 삶의 치열함에 대하여—반 고흐

삶을 치열하게 살아낸 많은 사람들이 있겠지만 엄마는 그 중에서도 예술가들, 엄마의 팬심을 담아서 화가 빈센트 반 고흐에 대한 이야기부터 시작할게. 현주도 잘 알겠지만 빈센트 반 고흐는 우리나라 사람들이 가장 좋아하는 화가들 중 한 명일 거야. 현주는 반 고흐하면 제일 먼저 떠오르는 게 뭐야? 엄마 생각에는 아마 광기에 사로잡힌 천재 화가 정도가 아닐까 하는데, 어때? 정말 그래? 우리를 매혹시키는 건 물론 그의 그림이겠지만 너무도 불행했던 나머지 전설이 되어버린 그의 삶도 빈센트 반 고흐라는 화가의 아우라에 한 획을 더해준 것은 사실일거야. 너무나 가난하게, 처절하게, 치열하게 살다 갔고, 살아생전 단 한 점의 유화밖에 팔지 못했지만 사후의 영광은 너무도 찬란했던 '저주받은 영혼'의 대표적인 예술가가 바로 반 고흐이기 때문이지.

우리나라 가요 중에 조용필씨가 부른 ≪킬리만자로의 표범≫이라는 곡이 있는데, 그 가사 중에 "이 큰 도시의 복판에 이렇듯 철저히 혼자 버려진들 무슨 상관이랴, 나보다 더 불행하게 살다 간 고흐란 사나이도 있었는데"라는 대목이 나와. 써놓고 보니 꽤 오글거리고 중 2병 증상이 좀 보이기도 하는데, 어쨌든 불행한 삶을 살다 간 예술가를 꼽으라면 가장 먼저 떠올릴 수 있는 게 빈센트 반 고흐일 정도이니 그의 삶이 어땠을 지는 짐작이 가지?

팝송에도 비슷한 예가 있어. 현주는 혹시 ≪빈센트≫라는 돈 맥클린의 노래를 들어본 적이 있어? 그러긴 너무 오래된 노래인 것 같긴 하네. 제목이 ≪빈센트≫, 화가 빈센트 반 고흐를 노래한 거야. 노래는 반 고흐의 가장 유명한 작품들 중 하나일 ≪별이 빛나는 밤≫을 이야기하면서 시작해. 영어 가사도 아주 어렵지는 않은 것 같아서 같이 써볼게. 한국말 번역이랑 한번 비교해 봐.

Starry, starry night, paint your palette blue and grey
Look out on a summer's day with eyes that knows the darkness in my soul
Shadows on the hills, sketch the trees and the daffodils
Catch the breeze and the winter chills in colors on the snowy linen land

Now I understand, what you tried to say to me
And how you suffered for your sanity
And how you tried to set them free
They would not listen. they did not know how, perhaps they'll listen now

별이 빛나는 밤. 당신의 팔레트를 푸른색과 회색으로 칠해요.
내 영혼 속 어둠을 아는 눈으로 여름날을 바라봐요.
언덕 위의 그늘들, 나무들과 수선화들을 스케치해요.
눈처럼 하얀 화폭 위에 산들바람과 겨울의 냉기를 색채로 담아내요.

이제 난 이해해요, 당신이 내게 말하려고 한 것을
그리고 온전한 정신을 유지하려고 당신이 얼마나 고통받았는지를
그리고 당신이 그들을 자유롭게 해주려고 얼마나 노력했는지를
그들은 들으려고 하지 않았어요, 그들은 듣는 법도 알지 못했어요, 아마 이제는 그들도 듣지 않을까요.

이 노래는 반 고흐가 온전한 정신으로 삶을 살아내려고 얼마나 노력했으며, 그가 세상 사람들에게 얼마나 이해받지 못했는지를 이야기하고 있어. 그리고 그런 상황에서 그려진 작품들이 우리의 영혼을 얼마나 울리는 지도.

빈센트 반 고흐는 《별이 빛나는 밤》이라는 제목으로 두 점의 작품을 남겨. 두 작품 모두 너무 유명한 그림이니까 본 적 있을 거야. 좀 자세한 제목은 왼쪽 그림은 《론강의 별이 빛나는 밤》이고 오른쪽 그림은 《별이 빛나는 밤, 실편백 나무와 마을》이니까 그래도 좀 차이가 있으려나? 《론강의 별이 빛나는 밤》은 파리 오르세 미술관에, 《별이 빛나는 밤, 실편백 나무와 마을》은 뉴욕 현대미술관에 소장되어 있어.

1888년 2월 남프랑스의 아를에 도착한 반 고흐는 아를의 밤이 가장 아름다운 9월 이 그림을 그렸어. 두 명의 연인과 쏟아져내릴 것처럼 밤하늘에 가득

한 별들, 강물에 비친 불빛의 그림자가 마치 한편의 아름다운 야상곡을 듣는 느낌이지 않아? 국자 모양의 7개의 별 북두칠성도 있는데, 찾았어? 이 그림을 그리던 무렵 반 고흐가 동생 테오에게 보낸 편지에는 다음과 같은 구절이 있어. "타라스콩이나 루앙에 가려면 기차를 타야 하는 것처럼 별까지 가기 위해서는 죽음을 맞이해야 해. 죽으면 기차를 탈 수 없듯이 살아있는 동안에는 별에 갈 수 없어." 그림을 그리면서 반 고흐는 별에 닿고 싶었던 걸까?

오른쪽 그림은 1889년 반 고흐가 생레미의 정신병원에 수용되어 있을 때 그려진 건데, 아를에서 그려진 것보다 훨씬 몽상적이고 환상적인 느낌이 들지? 종탑의 모양이 프랑스 남부의 것은 아니고 고향 네덜란드의 것과 훨씬 닮아있는 것을 보면 반 고흐가 그림에서 표현하는 건 실제로 눈 앞에 펼쳐진 정경이 아니라 그의 머릿속에서 펼쳐진 고향의 모습임을 알 수 있어. 별들이 소용돌이를 이루는 장대한 밤을 그려낸 이 그림은 자연과 사물의 내면에 닿아있는 것 같은 서정성과 신비함을 보여주고 있어.

반 고흐는 1853년에 태어나서 37살이던 1890년에 비극적 생을 마감해. 37살이면 요즘으로 치면 정말 젊은 나이일 텐데도 불구하고 반 고흐는 삼십대부터 벌써 자신이 '늙은이의 외모'를 가지고 있다고 한탄을 하지. 누구보다 삶을 치열하게 살아냈음에도 불구하고, 건강을 돌보지 않은 나머지 아마 반 고흐는 외모에 자신이 없었던 모양이야.

반 고흐가 그림을 시작한 게 27살이니까 꽤 늦은 나이였어. 그가 생을 마친 게 37살이었으니까 반 고흐가 미술에 몸담았던 시간은 10년 정도라고 보면 될 거야. 세계 미술사에 그렇게 커다란 족적을 남긴 화가 치고는 상당히 짧은 기간이지? 심지어 반 고흐는 전문적인 미술 교육을 받은 바도 없었어. 현실의 삶에서 반 고흐는 하는 일마다 실패를 거듭했고 제대로 되는 게 하나도 없었던, 지금의 언어로 말한다면 그야말로 '잉여'이며 '루저'였어. 게다가 여인에게도, 친구에게도 사랑받지 못한다고 느꼈다고 하니까 참 가슴 아픈 삶이었지?

그런데 그런 반 고흐가 '정신적'으로 또 '물질적'으로 의지할 수 있었던 사람이 세상에 오직 단 한 명 있었는데, 바로 네 살 연하의 동생 테오도르 반 고흐였어. 아마 동생 테오가 없었다면 빈센트는 삶을 견뎌내기가 좀 더 쉽지 않았을 테고, 우리가 지금 알고 있는 그림들을 그려내는 것도 불가능하지 않았을까 하는 생각도 들어. 빈센트가 살아낸 치열한 삶의 기록들은 그가 동생 테오에게 보낸 편지에 오롯이 담겨 있는데, 생을 마감하는 1890년까지의 약 5년 동안 형은 동생에게 664통의 편지를 보내. 남아있는 빈센트 반 고흐의 편지 844통 중에서 대부분이 동생 테오에게 보낸 거라고 해도 무방할 정도야. 그의 삶의 마지막 5년 동안에는 사흘에 한 통씩 편지를 보낸 셈인데 정말 엄청나지? 편지 속에서 빈센트는 그림의 진척 상황에 대해서 이야기하고, 경우에 따라서는 계획하고 있는 그림을 스케치와 함께 설명하기도 해. 뿐만 아니라 예술가로서의 포부와 확신, 미래의 불안, 자신이 얼마나 절약하며 사는지, 그럼에도 불구하고 생활비와 물감을 사는데 얼마나 돈이 필요한 지 등등 말하자면 자신의 모든 삶을 담아냈단다.

사실 빈센트 반 고흐가 동생에게 그렇게 많은 편지를 보낸 이유들 중의 하나는 동생이 생활비를 보내주고 있었기 때문이기도 해. 동생에게 보낸 편지에서 빈센트는 자신이 얼마나 돈을 아끼며 살고 있는지, 그럼에도 불구하고 진행하고 있는 그림을 그리기 위해서는 여러 가지

색깔의 물감이 더 필요하고 그걸 사지 않으면 안 된다는 사정을 자세한 계산과 함께 그야말로 구구절절이 설명하곤 했어. 예를 들어 해바라기를 그리려면 노란색 물감이 많이 필요하지 않았겠어? 이삼일에 한 점씩 그림을 완성해 내려면 그만큼의 캔버스도 필요했을 테고 말이야. 동생에게 생활비를 받아쓰는 입장이고 보니 형으로서 자꾸 돈을 달라고 하기는 정말 면목이 없었을 거야. 그래도 의지할 데라곤 동생밖에 없었으니까… 그러니까 형은 돈을 좀 더 보내줄 수 없겠냐는 편지들 속에 앞으로 그림이 좀 팔리지 않을까 하는 희망을 담아 같이 보내곤 했어. 이런 편지들을 보면 '생활인'으로서의 화가의 고뇌가 느껴져 마음이 아려오기도 해.

프랑스 샹송이라서 아마 현주가 들을 기회는 없었겠지만 피에르 바슐레라는 가수는 ≪테오, 난 네게 편지를 써≫라는 노래에서 빈센트 반 고흐에게 이렇게 경의를 보내지.

고갱은 먼 섬으로 떠났어
난 여기 있어 마음은 지옥이야
이 정신병원에서 정말 나가고 싶어
의사는 그건 어렵다고 해
테오 난 네게 편지를 써
내 삶의 밑바닥에서 [...]

테오 잠에서 깨어
난 태양이
미친 사람처럼 빙빙 도는 걸 봤어
난 갑자기 무서워졌어

테오 정신병원 깊숙이에서
자기를 정신병자라고
생각하기는 쉬워 [...]

화상들에게 내 그림들을 보여주고 싶었지만
그들은 시간이 없다고 했어
하지만 난 프로방스지방을 그린 그림이 있었어
그림 속 길은 구부러져 있고, 하늘은 돌출되어 있어

테오 난 완전히 지쳐버렸어 [...]
난 삶이 아파
난 태양이 아파
난 귀가 아파

테오 난 네게 편지를 써
난 삶이 아파
이젠 돈이 다 떨어졌구나 [...]

엄마는 이 노래를 듣고 있으면 마음이 정말 아려오는데 해석으로도 느낌이 좀 전해지려나 모르겠네.

빈센트 반 고흐라고 하면 광기에 휩싸인 천재 예술가라는 이미지가 강할 거라고 생각해. 그리고 그런 이미지를 확고하게 만들어낸 게 폴 고갱과의 불화로 촉발된 불행한 사건이었다는 건 현주도 잘 알거야. 당시 고갱은 반 고흐의 초청으로 아를에 와서 함께 지내고 있었어. 인상주의 화가들의 공동체를 만들자고 한 반 고흐의 초청에 대한 응답이었어. 인상주의 화가들의 공동체가 뭐냐고? 거창하게 들리지만 사실 별건 아니었어. 같이 지내면서 그림을 그리고, 누구라도 그림이 팔리면 그 돈으로 좀 더 같이 지내면서 그림을 그리자는 게 이 공동체를 만든 취지였으니 말이야. 한마디로 공동 수익 공동 지출의 공동체인 셈이지. 이런데 반 고흐의 이런 제안에 응답한 게 고갱 단 한 사람이었던 것도 딱한 일이었어. 사실은 당시 직업도 돈도 없고, 아내와 아이들에게 버림받은 상태였던 고갱은 딱히 갈 곳도 없었던 것 같아. 어쨌든 같이 살게는 되었지만 기질상 너무나 잘 안 맞는 두 사람이었어. 그리고 끝은 비극이었지. 1888년 12월 23일에 – 이 날이 크리스마스 전전날이었던 것도 너무 슬프지 않아? – 있었던 소설보다 더 소설 같은 불행한 사건, 바로 고갱과의 심한 언쟁 끝에 고흐가 자신의 왼쪽 귀를 자르고, 그 여파로 정신병원에 일 년이나 수감되었던 건 너무도 유명한 사건이었으니까 말이야.

그런데 천재 예술가라고 하면 '하늘에서 내려준' 재능을 가지고 태어난 화가라는 생각이 먼저 드는 게 사실이잖아? 그가 얼마나 삶에 치열하게 직면했으며, 얼마나 노력하며 삶을 살아냈는가, 예술을 위해 온 삶을 어떻게 쏟아부었는가 하는 측면은 좀 가볍게 생각하고서 말이야. 그는 자기 자신이 표현한 것처럼 "도가 지나친 엄청난 작업"에 자신의 삶과 이성까지도 모조리 쏟아부으며 치열하게 작업한 화가니까 말이야.

우리가 지금 빈센트 반 고흐의 이야기를 하는 건 청춘과 삶의 치열함에 관해 이야기하기 위해서잖아? 그러니까 불행한 삶을 살다 간 '천재 예술가' 빈센트 반 고흐 말고 치열하게 노력한 '인간' 빈센트 반 고흐에 초점을 맞춰서 이야기를 이어가볼게. 반 고흐가 프랑스에 와서 본격적으로 작품 활동을 한, 그가 비극적인 생을 마감하기 전 5년 동안 남긴 작품이 무려 800점이 넘는다고 해. 이삼일에 한점씩 꾸준히 그림을 그린 셈인 거야. 반 고흐는 단순히 '미쳐버린 천재'가 아니라 초인적이고 놀랄만한 성실함과 치열함으로 삶에 직면하고, 그것을 살아냈던 인간이기도 했던 셈이야. 그가 남긴 작품의 영원불멸함은 하늘이 내린 '재능'에 빚진 부분도 분명히 있겠지만, 엄마의 가슴을 울리는 것은 작품에 바친 그의 피와 땀과 노력이야. 꾸준히 이삼일에 한점씩 그림을 완성하려면 잠을 자는 시간도 밥을 먹는 시간도 아껴서 삶 전체를 그림에 쏟아붓지 않으면 안 되었을 테고, 반 고흐는 실제로 그렇게 했어. 여유롭게 삶을 즐긴다든지 넉넉하고 호화롭고 안락한 생활을 한다든지 하는 생각은 그의 머릿속에는 없었던 거야. 적어도 삶의 마지막 약 5년 동안 그는 치열하게 그림에만 매달렸지. 뜨겁게 그림만을 생각하면서 말이야. 그리고 그가 남긴 많은 작품은 이 노력의 결과물인 셈이야. 아무리 재능을 가지고 태어났다고 하더라도 재능만 가지고 결과를 얻어내는 사람은 없는 법이거든. 엄마는 재능을 꽃피우게 하는 건 그가 삶을 대하고, 살아가는 자세라고 생각해. 다른 말로 하자면 그가 얼마나 삶을 성실하고 치열하게 살아냈느냐 하는 점이라고 할 수 있을 거야. 현주도 안도현 시인이 말한 "너는 누구에게 한 번이라도 뜨거운 사람이었느냐"는 말을 "너는 누구에게, 무엇을 향해 한 번이라도 뜨거운 사람이었느냐"라고 바꿔서 자신에게 한번 질문해 보면 어떨까해. 그리고 그 답이 "YES"라면 다행이야. 삶을 잘 살아가고 있는 것 같으니까 말이야. 만일 그 답이 아직 "NO"라면 날 뜨겁게 만들 수 있는 대상이 뭘까 좀 더 열심히 찾아보렴.

청소년기는 자신을 뜨겁게 만들 수 있는 일을 찾아내는 시기이기도 해. 그게 하루 이틀 뜨거운 것 말고 가능하면 평생에 걸쳐서 말이야.

당연히 반 고흐도 화가가 되기 전까지, 자신을 뜨겁게 만들 대상을 발견하기 전까지 모든 일에 자신을 온통 쏟아부은 건 아니야. 27살이 되어 화가의 길을 발견하게 될 때까지는 일종의 긴 모색의 시간을 보낸 거라고 봐도 될 거야. 하지만 놀랍게도 테오에게 보낸 다음의 편지글이 보여주는 것처럼 '천재' 화가 반 고흐에게도 그림을 그리는 건 쉬운 일이 아니었단다. '천재'라고 해서 좋은 결과물이 하늘에서 '뚝' 하고 떨어진 건 아니라는 이야기일 거야. 반 고흐는 마음에 드는 그림을 그려내기 위해 노력하고 또 노력했어.

"열심히 노력하다가 갑자기 나태해지고,
잘 참다가 조급해지고, 희망에 부풀었다가 절망에 빠지는 일을 또 다시 반복하고 있어.
그래도 계속해서 노력하면 수채화를 더 잘 이해할 수 있겠지.
그게 쉬운 일이었다면, 그 속에서 아무런 즐거움도 얻을 수 없었을 거야.
그러니 계속해서 그림을 그려야 겠다."

1888년 10월 반 고흐는 이번 주에 시작한 작품이 5점이고, 그것을 합하면 현재 작업 중인 작품이 15점에 이른다고 이야기해. 그가 이어서 언급하고 있는, 배경만 손보면 되는 작품 15점을 더하면 한꺼번에 30점을 같이 작업하고 있었다는 셈이니까 엄청나지? 고흐는 작업 중인 15점을 다음과 같이 설명해. 그리고 지금 이 작품들은 이름만 듣고도 거의 누구나 떠올릴 수 있는 엄청난 명작이 되었고 말이야.

2점　해바라기
2점　다른 정원들
3점　시인의 정원
1점　밤의 카페
1점　트랭크타유의 다리
1점　철교
1점　집
1점　타라스콩 사람들의 근면함
1점　별이 빛나는 밤
1점　경작지
1점　포도나무

좀 전에도 말했듯이 반 고흐는 그림이 팔리지 않는 화가였고, 동생이 보내주는 생활비로 살아갈 수밖에 없는 상황이었어. 실제로 반 고흐는 동생에게 보낸 한 편지에서 1년에 2천 프랑씩 쓰면서 50년을 더 산다면 앞으로 10만 프랑이 필요할 거라고 한탄을 해. 그리고는 자기가 그린 그림 한 점을 100프랑에 팔 수 있다고 친다면 1000점을 그려야 한다는 소리가 되니까 좀 더 열심히 그림을 그리지 않으면 안되겠다고 다짐하고 있어.

그림을 1000점이나 그릴 계획을 세우다니... 얼마나 치열하게 작업했을까? 이 대목을 읽으면 엄마는 왠지 가슴이 먹먹해지는 느낌이 들어. 빈센트는 이런 계산을 하고 나서 50년은커녕 미처 5년도 더 살지 못했거든. 뿐만 아니라 반 고흐가 자신의 그림 한 점에 매긴 추정가격을 보면 불쌍할 지경이야. 당시 그림이 전혀 인정받지 못하고 있던 상황이니까 그의 소심함이 이해가 되면서도 말이야. 당시 1프랑이 현재가치로 환산해 보면 6유로에서 8유로 정도였다고 해. 그러니까 1유로를 1300원 정도로 환산해서 계산해보면 그림 한 점 값이 우리나라 돈으로 따져 10만 원 정도라고 생각한 건데 슬프고도 가슴이 아려오지 않아?

동생에게 편지를 보내면서 이런 계산이라도 하지 않을 수 없었던 화가의 마음은 어땠을까? 실제로 화가의 생전에 판매되었던 단 한 점의 유화인 ≪붉은 포도밭≫의 가격이 400프랑이었다고 하니까 팔리지 않는 그림 때문에 동생에게 생활비를 부탁하면서 지나치게 작아졌던 화가가 눈물겨울 뿐이야. 그나마 ≪붉은 포도밭≫은 자기가 생각한 그림값보다 4배나 더 비싸게 팔린 셈이었어. 반 고흐의 작품들은 현재 10만원이 아니라 수백억이 훌쩍 넘어가는 어마어마한 가격으로 거래되고 있으니까 어떻게 생각하면 참 어이없지? 2015년 5월 뉴욕 소더비 경매에서는 반 고흐의 ≪알리스캉의 가로수 길≫이 6630만 달러, 우리나라 돈으로 계산해 보면 약 727억 원에 팔려서 화제가 되기도 했으니까 말이야.

그럼에도 불구하고 반 고흐가 자신의 그림에 대한 확신만은 변치 않았던 걸 보면 경외감마저 들게 되지. 그리고 정말 반 고흐는 치열하게 작업해. 그에게 그림은 단순한 탈출구나 위안 정도가 아니라 삶과 죽음, 이성과 광기의 경계선에서 그의 온 삶과 존재를 지탱해주는 최후의 보루 같은 것이었기 때문이지. 자신을 믿어주는 사람은 세상에 오직 단 한 명뿐이었고 말이야. 형을 믿어준 세상의 단 한 사람, 동생도 대단하지? 심지어 테오는 아들이 태어나자 형과 같은 이름인 '빈센트 반 고흐'라는 이름을 지어주는데, 형에 대한 믿음이 없었으면 절대로 하지 못했을 선택이었을 거야. 세상 사람들의 편견처럼 형을 단순히

'미치광이'로 생각했으면 갓 태어난 하나뿐인 아들에게 형과 같은 이름을 붙여줬겠어?

에스파스 반고흐 - 1888년 12월 23일에 있었던 고갱과의 격렬한 다툼에 이어서 반 고흐는 자신의 왼쪽 귀를 자르는 '대 참사'를 일으키고 말아. 그 직후 보내졌던 아를의 병원이야. 반 고흐의 유명한 그림 ≪붓꽃≫은 이곳 정원에 핀 붓꽃을 보고 그린 그림이라고 해. 좀 비슷해? 지금은 에스파스 반 고흐라 불리며 문화공간으로 사용된단다.

≪밤의 카페≫의 배경이 되었던 곳이야. 지금도 그 모습 그대로 보존되어 있고, 들어가서 차 한 잔 마시고 간단한 식사도 할 수 있어. 세계 각국의 반 고흐 팬들이 아를에 가면 꼭 들르는 곳들 중 하나이기도 해. 반 고흐의 그림하고 비슷해?

1888년 그려진 반 고흐의 유명한 그림 ≪밤의 카페≫야. 이 그림은 지금 네덜란드 오테를로의 클롤러 뮐러 미술관에 있단다. 이 그림을 그릴 무렵 동생인 테오에게 보낸 편지에서 반 고흐는 "밤의 정경이나 밤의 효과를 그 현장에서 내는 것, 한걸음 더 나아가서 밤 그 자체를 그리는 것, 이것이 현재 내가 갖는 흥미의 중심이야."라고 썼어.

아를의 병원에 머물던 반 고흐는 그곳에서 쫓겨나 아를 인근의 생레미라는 곳에 있는 생폴 정신병원으로 옮겨가. 그곳에 있는 반 고흐의 동상이야.

반 고흐는 생레미의 생폴 정신병원에서 일 년가량 머물면서 많은 걸작을 남긴단다. 이를 근교로 아를에서 차로 한 시간가량이면 닿을 수 있는 곳에 있어.

생레미 정신병원에 있는 반 고흐의 방이야. 정신병원이니까 창 밖에는 창살이 있어. 이곳에서 창밖을 보면 정원이 보이는데, 과연 화가는 무슨 생각을 하면서 이곳에서의 삶을 견뎌냈을까?

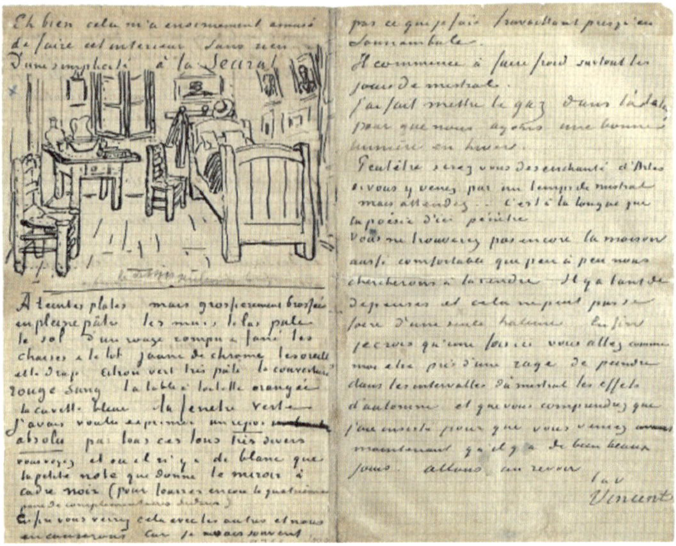

빈센트 반 고흐는 동생에게 보낸 한 편지에서 그의 유명한 그림 ≪아를의 반 고흐의 방≫을 스케치와 함께 설명하고 있어. 빈센트는 이 방을 다음과 같이 묘사해. "벽들은 창백한 라일락색이고, 바닥은 지치고 빛바랜 붉은색이야. 의자들과 침대는 크롬 같은 노란색이고 베개와 침대 시트는 아주 창백한 라임색이야. 모포는 핏빛 붉은색이고 화장대는 오렌지색이고 세면대는 푸른색, 창은 초록색이야." 그리고 이렇게 덧붙였어. "이 모든 다양한 색조로 나는 절대적인 휴식을 표현하고 싶었어."

≪아를의 반 고흐의 방≫. 반 고흐가 생각한 것 같은 절대적인 휴식이 느껴져?

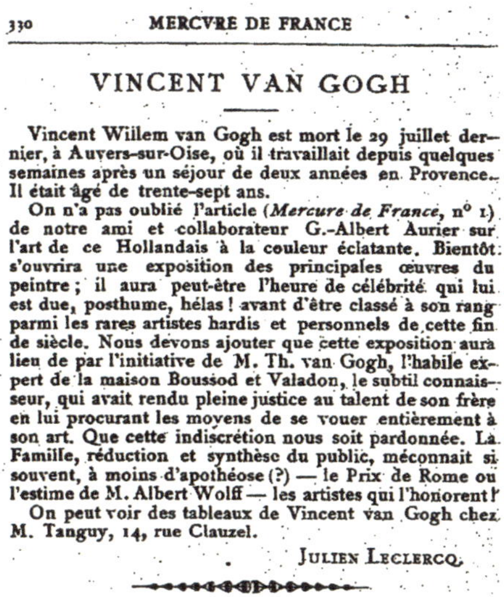

330 MERCVRE DE FRANCE

VINCENT VAN GOGH

Vincent Willem van Gogh est mort le 29 juillet dernier, à Auvers-sur-Oise, où il travaillait depuis quelques semaines après un séjour de deux années en Provence. Il était âgé de trente-sept ans.

On n'a pas oublié l'article (*Mercure de France*, n° 1) de notre ami et collaborateur G.-Albert Aurier sur l'art de ce Hollandais à la couleur éclatante. Bientôt s'ouvrira une exposition des principales œuvres du peintre ; il aura peut-être l'heure de célébrité qui lui est due, posthume, hélas ! avant d'être classé à son rang parmi les rares artistes hardis et personnels de cette fin de siècle. Nous devons ajouter que cette exposition aura lieu de par l'initiative de M. Th. van Gogh, l'habile expert de la maison Boussod et Valadon, le subtil connaisseur, qui avait rendu pleine justice au talent de son frère en lui procurant les moyens de se vouer entièrement à son art. Que cette indiscrétion nous soit pardonnée. La Famille, réduction et synthèse du public, méconnait si souvent, à moins d'apothéose (?) — le Prix de Rome ou l'estime de M. Albert Wolff — les artistes qui l'honorent !

On peut voir des tableaux de Vincent van Gogh chez M. Tanguy, 14, rue Clauzel.

JULIEN LECLERCQ.

반 고흐가 죽고 나서 프랑스의 유명한 잡지 ≪메르퀴르 드 프랑스≫지에 실린 기사야. 사실 자신은 잘 몰랐지만 반 고흐가 생전에 그렇게 열망했고 확신했던 그의 예술에 대한 재평가와 평단과 대중의 극찬은 바로 그의 눈앞에 있었어. 기자가 전하고 있는 이 전시회 이후 반 고흐의 명성은 점점 확고해졌으니 말이야.

빈센트 반 고흐

빈센트 빌럼 반 고흐는 지난 7월 29일 프로방스에서 2년간의 체재 후 몇 주 전부터 작업해왔던 오베르 쉬르 우아즈에서 숨을 거두었다. 37세였다.

우리는 이 네덜란드인의 선명한 색채로 표현된 예술에 대한 우리의 친구이자 공저자인 G. 알베르 오리에의 기사를 잊지 않았다. (≪메르퀴르 드 프랑스≫, 제1호) 곧 화가의 중요 작품들의 전시회가 열릴 것이다. 가슴 아프게도, 사후에, 아마 그는 곧 그가 받아 마땅한 명성의 시간을 누리게 될 것이다! 그의 지위에 어울리도록 이 세기말의 대담하고 독창적이며 비범한 예술가들 가운데 분류되기 전에도. 우리는 이 전시회가 Th. 반 고흐의 주도로 개최될 것이라는 사실을 덧붙여야 한다. Th. 반 고흐는 형이 전적으로 자신의 예술에 열중할 수 있도록 생활비를 부담함으로써 형의 예술의 가치를 완전히 인정했던 ≪부소와 발라동≫사의 능력 있는 전문가이며 명민한 감식가이다. 우리의 이런 비밀 누설이 용서받기를. 대중들의 축소이자 총합인 가족은 로마상(賞)* 이나 알베르 볼프씨의 평가와 같은 극도의 예찬(?)을 누리지 못한 한에는 너무도 자주 가족을 영광스럽게 한 예술가들의 진가를 인정하지 않았다.

우리는 빈센트 반 고흐의 그림들을 클로젤가 14번지 탕귀 화랑에서 볼 수 있다.

줄리앙 르클레르

어른? 꼰대? — 나이 듦, 그리고 젊은 세대와의 소통에 대하여

위에서 엄마는 빈센트 반 고흐의 삶을 치열함이라고 이야기했어. 그리고 청춘과 젊음을 치열함이라고 정의했고. 자신이 목표하는 것을 향해 치열하게 노력하고, 격렬하게 돌진하는 것, 그것이 바로 청춘의 특징이자 특권일 거야. 하지만 나이가 듦에 따라서 끊임없이 치열하게만 살기는 점점 육체적으로 버거워짐을 느끼게 될 수밖에 없단다. 그럼이제 젊음과 나이 듦, 젊은 세대와 나이 든 세대 간의 이야기를 해보면 어떨까?

---

* 로마상은 회화, 조각, 판화, 건축, 음악 등의 분야에서 매년 최우수 학생을 선발해 로마에 저액 국비 유학을 보내는 상이야. 프랑스의 유명한 예술가들 중에는 이 상 수상자로 지정되어 로마 유학을 한 분이 아주 많단다. 이 상을 받는 건 당연히 굉장한 영광이었지.

일찍이 몽테스키외는 "불행한 인간의 조건이여! 정신이 겨우 성숙한 지점에 다다르면, 육체는 쇠약해지기 시작하는구나!"라고 정신과 신체의 불일치를 통탄했어. 낭만주의 최고 화가 들라크루아 역시 "나이가 가져다주는 정신의 힘과 또한 나이의 결과인 육체의 쇠약 사이의 이 기이한 불협화음은 언제나 나를 놀라게 한다. 그것은 내게 자연의 법령들 중 하나의 모순으로 여겨진다."라고 나이가 듦에 따라 인정할 수밖에 없는 한계에 대해서 슬퍼한 바 있지. 청춘을 치열하게 보낸 사람들 역시 일정한 시기가 오면 더 이상 젊은 시절만큼의 열정과 치열함을 갖기에는 육체가 허락하지 않는 것을 느끼게 되기 때문일 거야. 하지만 나이든 사람들이 겪어낸 세월에서 얻을 수 있는 것, 그걸 사람들은 "정신의 성숙" 혹은 "경험으로 체득한 삶의 지혜"라고 불러왔어. 고대 로마의 정치가이자 저술가였던 키케로는 저서 『노년에 대하여』에서 다음과 같이 이야기해.

> "인생은 정해져 있다. 자연의 섭리에 따라서 단 한 번 정해진 길을 가야만 한다. 그리고 인생의 매 단계마다 정해진 특성이 있게 마련이다. 그리하여 유년기의 나약함, 청년기의 격렬함, 중년기의 원숙함은 각 시기에 거두어져야만 하는 자연스러움을 지니고 있다."

키케로는 유년기의 나약함, 청년기의 격렬함, 중년기의 원숙함을 각 시기의 특징으로 꼽았어. 어쨌든 나이든 사람들은 젊은 세대보다는 많은 것을 겪었을 테고, 지적으로도 성숙해져서 좀 더 깊은 성찰을 할 것으로 기대되어 온 게 사실이야. 뭔가 원숙함의 결실 같은 것을 가지는 존재로 생각되어온 거지.

하지만 21세기에 접어들면서 상황은 아주 달라져버렸어. 요즈음은 인터넷과 첨단기기의 발달로 인해서 나이 든 사람들이 이런 신기술에 완전히 무지하거나 젊은 사람들에 비해서 한참 서툰 사람들로 인식되기 시작한 거야. 말하자면 나이 든 사람들의 지식이나 경험이 예전처럼 그렇게 만사형통이 아닌 시대가 된 거지. 그들이 겪고 쌓아온 지식이나 경험들이 부분적으로 시대착오적인 것으로 판명나기 시작하면서 나이 든 사람늘이 "원숙한 존재"가 아니라 "자기가 가진 상대적인 지식을 사사건건 들이대는" 이른바 "꼰대"라는 비호감의 존재로 비춰지기 시작한 거야. 물론 이 이야기를 시작하면서 말한 것처럼 예전에도 나이 든 사람들이 젊은이들의 '버릇없음'을 한탄한 많은 이야기가 전해지지만 요즘처럼 젊은 사람들이 대놓고 나이 든 사람들의 경험과 연륜을 존중하지 않는다거나 심지어 비꼬기까지 한 적이 언제였을까를 생각해보면 엄마는 거의 예를 찾아보기 힘들지 않은가 해.

한 신문에서는 '꼰대탈출 10계명'이라는 걸 정리해 놓기도 했더구나. 같이 한번 보면 좋을 것 같아.

첫째, 많이 듣고 적게 말하라.

꼰대는 말이 많고, 상대방이 듣든지 말든지 자기 하고 싶은 얘기만 늘어놓기 때문이래. 반대로 많이 들으면 판단의 자료가 풍부해지고. 엄마 생각에도 이건 중요한 지적인 것 같아.

둘째, 같은 말을 두 번 이상 되풀이하지 말라.

아랫사람들이 자신의 얘기를 충분히 숙지하지 못했을 거라는 두려움에서 중언부언과 동어반복이 나온다네. 한마디로 말해서 잔소리 금지!

셋째, 영화 감상이나 공연 관람 등의 문화체험을 통해 감수성을 키워라.

틈날 때마다 젊은 층이 현재 무엇을 좋아하는지 문화의 트렌드가 뭔지 영화나 공연 관람 같은 문화체험을 많이 하라는 이야기야. 역시 인정! 문화체험을 통한 감수성 키우기는 비단 젊은 사람들과의 소통이라는 문제뿐만 아니라 자신의 삶을 풍부하게 한다는 의미에서도 좋은 취미활동이니까 말이야.

넷째, 신문은 논조가 다른 두 종류 이상을 읽어라.

어느 한쪽 신문만 읽는다면 편향된 사고와 꼰대의 사고에 빠지기 쉽기 때문이래. 요즘은 젊은 사람 혹은 나이 든 사람 할 것 없이 종이신문을 구독하는 사람들이 거의 없잖아? 인터넷신문의 클릭으로 기사를 접하는 게 일반적이니까 말이야. 그것도 기사의 제목에 이끌려서 그 기사를 클릭하는 경우가 대부분일 거야. 그래서 클릭수를 높이기 위해서 기사의 제목도 점점 더 자극적이 되어가고 말이야. 무슨 말을 하려는 건지는 알겠는데 종이신문 쇠락의 시대에 이건 좀 비현실적인 진단인 듯.

다섯째, 음악과 문학을 가까이하라.

생각이 여유로워지고, 언어가 풍부해지기 때문이래. 좋은 얘기긴 한데, 음악과 문학으로 그 경지까지 이르려면 시간이 엄청 필요할것 같긴 해...

더구나 2015년 유엔 조사에 따르면 한국인의 독서량은 192개국 중 166위라고 하잖아? 대한민국 성인 열 명 중 아홉 명은 하루에 십분도 책을 읽지 않고, 성인 네 명 중 한 명은 일 년에 단 한 권의 책도 읽지 않는다는 통계수치로 짐작해보면 역시 실천이 쉬워 보이지는 않아.

여섯째, 젊은이들은 한심하다는 생각을 버려라.

요즘 이십 대들은 해방 이후 가장 치열하고 잔혹한 경쟁 시스템을 통과한 스마트한 세대라는 걸 인정하래. 맞는 말이야. 인정!!

일곱째, 어리다고 쉽게 반말을 쓰지 말아라.

반말은 수평적이고도 평등한 소통을 방해하는 요소이기 때문이라는 점 역시 인정! 오죽하면 "나이가 벼슬"이라는 말도 있겠어? 나이가 어리다고 '가르쳐야 할' 좀 부족한 존재가 아니라는 점을 인정하고, 대등한 인격 대 인격으로 대하는 자세는 정말 중요한 것 같아.

여덟째, 규칙적인 운동을 통해 체중을 관리하라.

배가 나오면 외모 자체가 꼰대스러워지기 때문이라고… 근데 이건 좀… 엄마 생각엔 나이가 들면 호르몬의 작용이 달라지고, 기초대사량이 줄어들기 때문에 어느 정도 체형이 변하고 젊은 시절과 같은 체중과 몸매를 갖지 못하는 건 어떻게 보면 자연스러운 현상인 것 같거든. 하지만 일단 "꼰대스러운 이미지" 탈출 정도로 이해하도록 하자.

아홉째, 과식과 과음을 피하라.

비만하면 무식해지고(?), 과음하면 말이 많아지고 말실수를 하기 쉽기 때문이래. 좀 전의 "배나옴 방지"하고 비슷한 맥락에서 과식과 과음을 조심해야 하는 건 꼰대가 되는 걸 피하기 위한 것만은 아닐 거야. 취중 말실수 조심도 젊은 사람이나 나이 든 사람 모두에게 해당되는 문제일 테고. 그런데 비만하면 무식해진다니… 엄마도 살을 빼야겠어…

열 번째. 유머감각을 키워라.

유머감각은 의사소통을 풍요롭게 해주며 상대방이 혹시라도 가지고 있을 나에 대한 경계심을 무너뜨리는 지름길이 되기 때문이란 거야. 이것 역시 처세술이라는 측면에서 나이에 상관없이 모두 적용되는 덕목인 것 같아.

역시 꼰대가 되는 걸 피하려면, 말하자면 젊은 세대와의 소통에 성공하려면 제일 중요한 게 자신의 주장만 늘어놓기 보다는 젊은 세대의 말을 '경청하고' 그들을 인격체로 존중해주는 것이라는 생각이 들어. 그런데 이건 젊은 세대도 마찬가지일 거야. 기성세대를 대할 때 "어른들이란 역시!"라거나 "나이 든 사람들은 역시 꼰대야!"라는 선입견을 벗어버리고 대하려는 노력이 필요할 것 같아. 소통은 일방적인 게 아닐 테니까 말이야. 소통을 하려면 '서로의' 말을 들어주고, 이해하려는 마음가짐과 자세가 가장 중요할 것 같아. 젊은 세대만 이해받고 싶은 건 아니고, 분명 부모 세대도 젊은 세대에게 이해받고 싶은 지점이 있으니까 말이야. 쉽지는 않겠지만 인격체 대 인격체로 서로를 존중하고, 서로를 이해하려고 진심을 담아 노력하는 과정이 꼭 필요할 것 같아.

21세기에 느끼는 청춘의 치열함과 미래

사회는 치열하고, 진취적이고, 적극적이며, 창의적일 뿐만 아니라 매우 열심히 자신만의 인생을 개척해나가는 청춘을 기대해. 젊은이들에게 나라의 미래가 있다며, 그렇지 못한 젊은이들을 보며 "나라꼴이 어떻게 되려고 이러나……." 라며 한탄하기도 하지. 나 역시 청춘이 다른 나이대에 비해 조금 더 기회가 많고 잃을 것이 없다는 점에는 동의하는 바야.

엄마가 말해준 청춘에 대한 이야기는 나에게 많은 생각을 하게 하는 것 같아. 하지만 청춘의 설렘은 나뿐만이 아니라 다른 청소년들에게도 낯선 이야기일 수 있다고 생각해. 모든 일을 마치고 밤에 잠자리에 들 때도 내일에 대한 기대감이 아닌 불안감과 걱정이 우선적으로 들고 당연하게도 스트레스를 받아. 시험이 끝나고 나서도 해방의 기쁨과 함께 친구들과 즐거운 시간을 보내자고 계획을 짜다가 학원, 봉사, 대회 등의 스케줄이 잡히면 물거품이 되고는 해. 이번 주에 제출해야 하는 수행평가 과제나 시험 등으로 일상이 잠식당하고 말지.

수레바퀴 아래 깔리지 않기 위해

헤르만 헤세의 『수레바퀴 아래서』라는 책을 굉장히 인상적으로 읽은 적이 있어. 이 책은 한스 기벤라트라는 주인공을 중심으로 진행돼. 한스는 어렸을 때부터 아주 총명한 영재였고, 대부분의 시간을 공부와 시험을 위한 준비로 보내는 아이였어. 아버지와 교장선생님의 강요로 한스는 가장 똑똑한 아이들이 간다는 신학교에 차석으로 합격하여 진학하게 되지. 그리고 엄격한 규율의 신학교에서 하일러라는 친구를 만나게 돼. 정형화된 사회의 요구에 자신을 맞추던 한스는 신선한 충격을 받아. 하일러는 성적에도 별로 신경 쓰지 않는 엄청나게 자유분방한 아이였거든. 하일러는 한스에게 새로운 세계였을 거야. 그러나 하일러가 학교에서 치우는 장난이나 하일러와 어울려다닌 후 떨어진 한스의 성적 등으로 인하여 하일러는 학교에서 좋은 평가를 받지 못하고, 경고에 이어 정학에 이르게 되지. 그렇지만 하일러의 부재가 한스를 원상태로 돌려놓지는 않았어. 이미 몸과 마음이 심하게 병들어 있던 한스는 결국 학교를 자퇴하게 돼.

고향에 돌아온 한스는 처음에 새로운 환경에 적응하지 못해. 어린 시절을 온통 공부로 보낸 탓에 한 번도 인간관계를 형성해보거나 주체적인 삶을 살았던 적이 없기 때문이야. 뼈아픈 첫사랑의 아픔에 몸부림치기도 하고, 일을 시도해보기도 해. 하지만 어느 날 밤 죽은 채로 발견되고 말아. 자살이라고 하는 사람들도 있고, 타살이나 자연사라고 하는 사람들도 있지만 그것이 크게 중요하지는 않아 보여. 결국 한스를 죽음으로 몰고 간 것은 끝없이 그를 억압한 사회였거든.

"지치면 안돼. 그러면 수레바퀴 밑에 깔리게 될 지도 모르니까." 책 내용 전체를 관통하는 문장인 동시에 내가 가장 인상적이었던 구절이야.

여기서 수레바퀴는 한스를 죽음으로 내몬 어른들과 사회를 말해. 더 심각한 점은 이 책에서 한스에게 참혹한 수레바퀴였던 자들은 대부분 문제점을 파악하지도 못한다는 거야. 『수레바퀴 아래서』가 헤세의 자전소설이라는 것을 알고 난 뒤에는 더 새롭게 보이기도 해. 줄거리를 보니까 우리나라의 현실과 비슷한 점이 있지 않아?

대한민국의 한스 기벤라트

대학수학능력시험, 즉 수능이 얼마 남지 않았어. 수능이 다가오면 학생과 학부모들뿐만 아니라 전 국민의 화젯거리가 수능이 되고, 수험생을 배려함과 동시에 격려의 말을 건네지. 고3, 그리고 수험생이라는 신분은 우리나라에서 특별한 위치를 차지해. 수능 당일의 경우 영어 듣기 시험에 방해가 될까봐 비행기가 아예 착륙을 하지 않는다고 해. 전 국민이 이런 태도를 보이는 것은 자신도 이 힘든 과정을 겪었기 때문이지 않을까? 이는 우리나라에서 수능, 그리고 대학 진학이 얼마나 중요한 것인지 보여주는 사례 중 하나야.

학생이 공부를 하는 것은 당연하다는 말을 자주 하는데, 나는 이 정도로 전국의 초중고등학생이 공부에 매몰된 것은 비정상적인 현상이라고 생각해. 이와 더불어 거의 80%에 육박하는 기이한 대학교 진학률 역시 좋지 않은 현상이라고 생각해. 대학교 진학만이 사회적으로 안정적인 삶을 보장하는 것이 바람직하지 않기 때문이야. 굳이 계속 공부하거나 연구를 진행하고 싶지 않은 학생들은 바로 취업현장에 뛰어들어가도 되고, 꼭 전문직을 해야 하는 것이 아닌데도 말이야. 학생들로 하여금 학창시절 12년을 오직 대입만을 바라보게 하는 우리나라의 사회현실과 통념이 학생들 스트레스의 가장 큰 원인 중 하나가 아닐까 싶어.

공부를 떠나서도 걱정이 많은데, 나도 고등학생이지만 당장 어떤 대학교를 가서 어떤 전공을 택할지, 어떤 직업을 가질지에 대한 고민이 많아. 성인이 되면 정말 자립해야 할 때가 오는데, 당장 돈을 벌 수 있을 지부터 확신이 안 들고, 내가 이렇게 공부를 해도 미래는 워낙 변화무쌍하니까 내가 원하는 직업을 갖지 못할 것 같은 불안감이 무척 커. 하고 싶은 일과 잘 하는 일 간의 괴리도 분명 존재할 테고. 어쨌든 아직까지는 가족과 사회의 보호 아래 있지만 주체적인 개인으로서 내가 사회에 잘 적응할 수 있을 지도 모르겠어. 이는 모든 학생뿐만 아니라 갓 성인이 된 대학생들, 그리고 2-30대들이 공통으로 안고 있는 고민이기도 할 거야.

청춘의 현주소는 상당히 암울하다고 생각해. '청춘'이라는 단어가 본디 '만물이 푸른 봄철', 또는 '십대 후반에서 이십대에 걸치는, 인생의 젊은 나이 또는 그 시절'이라는 의미잖아? 이를 통하여 우리는 옛 조상들이 10대에서 20대의 소년, 소녀, 청년들을 보며 인생의 봄을 떠올렸음을 짐작할 수 있어. 하지만 우리나라에서 인생의 봄을 진정으로 만끽하지 못하고 있는 청춘들이 대다수인 것은 분명해. 그리고 나는 이 현실과 현재 청춘들의 좌절을 단순히 개인의 책임으로 돌려서는 안되며, 사회가 함께 노력해야 한다고 생각해.

『수레바퀴 아래서』를 읽고 써본 독후감을 살짝 보여줄게. 한스에게 보내는 추모사 형식으로 써본 건데 어떨지 모르겠어.

소년을 추모하며

- 헤르만 헤세의 『수레바퀴 아래서』를 읽고 -

안녕하십니까? 오늘은 처음 보는 얼굴이 많습니다. 여기 모인 이들 모두 나이도 피부색도 생김새도 다르지만 오늘 같은 목적으로 모인 것이라는 생각을 하니 많은 인파에 눈물이 앞을 가립니다. 소년의 죽음을 추모하고 앞날의 번영과 행복을 비는 자리에 참석해주신 여러분께 우선 감사의 말을 드립니다. 소년이 세상과 이별한 지 50년도 더 지났는데 왜 이제 와서 추모식을 진행하느냐는 질문은 삼가 주십시오. 같은 사람으로서 다른 사람의 죽음을 애도하는 것은 시간의 제약을 받지 않는 뜻깊은 일입니다. 오히려 소년이 우리의 마음속에 이렇게 오랜 시간 살아있다는 것에 의미를 느끼는 것은 어떠한지요?

소년을 보내기 전에 소년의 생애를 간략히 요약하여 설명해드리려 합니다. 저와 여기 모인 분들이 무슨 자격이 있다고 소년의 인생을 멋대로 정리하고, 정의하며, 조의를 표하는지 묻는 분들께 답변드립니다. 진심 어린 위로와 애도의 표시는 시간과 친분의 제약을 받지 않습니다. 게다가 우리는 소년의 인생 이야기를 알고 있는 이들입니다. 소년의 인생에 공감하고, 소년의 아픔을 공유했으며, 소년을 통해 우리의 삶을 되돌아보고, 이에 대한 감사를 표하는 관계인 것입니다. 이 정도면 충분한 대답이 되었으리라 예상됩니다.

너무 서론이 길었습니다. 소년에 큰 애착을 가지고 있던 터라 저와 더불어 소년을 아끼는 분들을 깎아내리는 말에는 너무 예민하게 반응하게 되는 것 같습니다. 바로 본론으로 넘어가겠습니다.

소년은 검은 숲에서 자라난 영특한 아이였습니다. 어릴 때부터 그의 총명함은 눈에 띄어 고을 내에서 매우 유명했으며, 그 덕분에 소년은 신학교에 좋은 성적으로 입학하게 됩니다. 학교는 엄격한 규율을 자랑하기로 유명했으며, 수업과 공부는 반복되었습니다. 강압적인 분위기 속에 강제되는 공부는 소년을 핍박했고, 고통 속에서 몸부림치게 했습니다. 자유와 휴식, 그리고 여가를 전혀 누릴 수 없던 소년은 이내 더 이상 학교를 다니지 않게 되고, 온갖 멸시와 실망감이 이를 뒤따릅니다. 아아, 이 얼마나 불행한 유년시절입니까? 소년은 이에 평생 고통받다 생을 마감합니다. 아아, 얼마나 슬픈 결말입니까?

소년의 이름은 한스 기벤라트입니다. 아니, 헤르만 헤세입니다. 아니, 다시 한스 기벤라트-헤르만 헤세-대한민국의 청소년-한스 기벤라트-헤르만 헤세입니다. 이게 어떻게 된 일인가요?

우리는 남겨진 자료를 통해 한스 기벤라트라는 소년이 헤르만 헤세라는 소년과 동일인이라 유추하고 있습니다. 즉, 우리는 한스 기벤라트의 유년기를 통해 헤르만 헤세의 유년기 역시 느끼고 있는 것입니다. 이름이 두 개이던, 원래부터 동일인이던 그렇지 않던 사실 우리에게 중요한 것은 아닙니다. 다만 우리는 이 자리에서 그 소년을 위로하면 되는 것입니다.

잠시 묵념의 시간을 갖도록 합시다. 소년이여, 편히 쉬길.

과연 소년은 죽음 전 어떠한 것을 세상에 남기려고 했을까요? 이 질문 전에 아까 제가 했던 말에 의문을 가지는 분들이 또 계실 겁니다. 소년의 이름이 어떻건 간에 왜 '대한민국의 청소년'이라는 이질적인 존재가 포함되어 있냐는 질문입니다. 이에 대하여 설명해드리기 전에 무례하지만 저부터 또 다른 질문을 하나 던지려 합니다.

대한민국의 청소년 여러분, 안녕하십니까? 안녕(安寧)이란 본디 '아무 탈 없이 편안함'이라는 명사로, 이를 바탕으로 하여 만들어진 것이 '안녕?'이라는 인사말이라고 합니다. 소년과 비슷한 처지에 있는 이들이여, 혹시 계속되는 입시와 내신, 반복되는 수업과 강요되는 공부로 지치지는 않으셨는지 궁금합니다.

소년을 생각하면 그들이 떠오릅니다. 지금 이 순간에도 자유와 휴식, 그리고 여가를 전혀 누리지 못하고 강요되는 공부 속에서 이를 포기할 경우 뒤따르는 멸시와 실망감을 견디는 우리나라 국민들입니다. 비단 청소년의 문제가 아닌 사회 분위기 전체의 문제입니다. 끊임없는 경쟁과 대립 구도 속에서 몸과 마음은 빠른 속도로 병들고 있습니다. 이는 비단 개인의 문제가 아닌 사회의 문제, 세계의 문제로까지 확대되어 현대인들을 좀먹게 하고 있습니다.

소년이 위대한 이유는 여기에 있습니다. 우리에게 변화의 필요성을 전한 것입니다. 소년은 배려심과 이타심이 출중했을 것이 분명합니다. 자신의 인생을 반복하는 이가 없도록 많은 이들에게 자신의 뜻을 전달했으니 말입니다. 이것이 소년의 유산입니다. 역시 영특한 아이입니다.

이렇기에 우리는 지금까지도 소년을 기억하고, 이 자리에 서서 그를 추모하고 있습니다. 그렇다면 소년을 기리기 위해 우리는 무엇을 해야 할까요? 소년의 유산을 지키는 것이 그 첫걸음이 아닐까 조심스럽게 생각합니다. 우리는 불행한 유년시절을 위로해야 합니다. 그리고 그 과정 속에서 변화를 촉구해야 합니다. 낡은 교육제도의 철폐를 주장하고 소년 소녀들의 자유와 행복을 위하여 투쟁해야 하는 것입니다.

벌써 시간이 이렇게 다 되었습니다. 이 연설 외에도 추모식에는 할 것이 많으니 말이지요. 정말 애석하게도 저는 오늘 소년을 제 마음 속에서 떠나보내려 합니다. 그러나 소년의 뜻을 마음에 새기고 지금 제 주변에 있는 다른 소년 소녀들을 위로하고 그들의 유년시절을 추모하려 합니다.

저에게 이렇게 대단한 깨달음을 준 소년에게 감사를, 누구보다 고통받고 힘들었을 소년에게 위로를, 그리고 불행한 유년시절의 반복에 종말을!

이제 정말 마지막으로 소년과 이별하려 합니다. 묵념의 시간을 갖도록 합시다.

소년이여, 편히 쉬길.

다시 딸에게

1점 차이로 등급이 갈리는 치열한 내신 싸움으로 같은 반 친구들은 미래까지 함께 할 소중한 동반자라기 보다는 내 꿈에 걸림돌이 되는 경쟁자이고, 최선을 다해 현재를 살아도 막상 성적표를 받아보면 결과는 좀처럼 나아지지 않고, 그럼에도 불구하고 미래를 위해서 또 달려야 하는 게 대부분 대한민국 고등학생들의 현실이라는 걸 엄마도 잘 알아. 그리고 현주가 오늘을 살아가는 게 바로 그런 상황의 한가운데이고 말이야.

바로 어제도 엄마하고 나눈 카톡의 내용이 이런 거였어. 생각만큼의 결과를 얻지 못한 시험 성적을 엄마한테 말할 때면 현주는 “엄마 미안해!”라고 하는데, 어제도 그랬어.

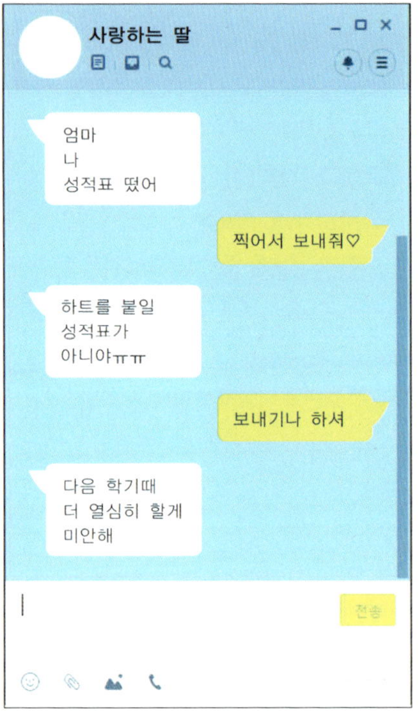

현주 표현에 의하면 수학 등급을 '열었고', 제일 속상한 건 누구보다 자신일 텐데 어제도 현주는 "엄마 미안해!"를 말했어. 늘 말하지만 엄마에게 미안할 일이 아닌데 말이지. 그리고 성적이 잘 나오지 않았다고 엄마가 딸을 사랑하지 않게 되는 것도 아닌데 말이야. 더 열심히 할 수 없을 만큼 현주가 열심히 하고 있다는 걸 누구보다도 엄마가 잘 아는데, 엄마한테 미안해하지 않아도 되는 데 말이야.

현주는 어린 시절부터 하고 싶은 일이 분명히 있었고, 다행스럽게도 세부적인 변화는 있었지만 큰 방향은 그대로 유지되어 왔던 것 같아. 이런 식으로 말이야. 현주의 초등학교 때 꿈은 배움의 기회를 갖지 못하는 세계의 어린이들이 마음껏 공부를 할 수 있도록 도움을 주는 국제기구를 만드는 것이었어. 기억나지? 유엔이나 국제기구에 취직하는 게 아니었고 말이야. 초등학생답게 뭔가 포부가 비현실적이면서도 원대했던 것 같아. 그렇지? 그리고 여전히 현주가 하고 싶은 일은 사람들이 어우러져서 잘 살 수 있는 세상을 만드는 데 도움이 되는 일인 걸 알고 있어. 사회조직이나 기구를 통해서 말이야. 고등학생답게 그 모습도 구체적이 되었고 말이지. 현주도 말한 것처럼 4차 산업혁명 시대에 현주가 꿈꾸는 미래의 삶에 학벌이라는 게 얼마나 직접적인 도움을 줄 수 있을지는 엄마도 잘 모르겠어. 이른바 스펙이라는 게 없는 것 보다는 있는 게 더 안심이 되니까 혹은 사회생활에 유용하게 쓰일 거라고 기대하는 폼 나는 한 장의 증명서를 얻는 셈이니까 정도의 막연하고 현실적인 이유 밖에는 댈 수가 없기도 해.

하지만 엄마가 말한 치열함이라는 건 삶을 대하는 진정성 있는 자세야. 자기가 무엇을 하면서 살아가고 싶은가를 발견하는 것도 쉬운 일은 아니야. 어디로 가는 지 알지도 못하면서 무작정 열심히 뛰기만 하는 게 능사는 아니니까 말이야. 적어도 자기가 어느 곳을 향해 가고 있는 지, 자기가 서 있는 곳이 어디 쯤인지는 잊지 말아야 할 것 같아. 하지만 뭘 하고 싶은지를 알지 못하는 상황에서 다만 어렵고 힘들기 때문에 현실을 피해버리는 건 삶을 살아가는 권할 만한 방향은 아닌 것 같아. 이게 하고 싶어서가 아니라 저걸 하기 싫어서 좀 편해 보이는 쪽을 기웃거리는 것 말이야. 현주는 다행히도 어려서부터 분명한 방향이 있었고, 그 꿈은 한 번도 잃어버린 적이 없는 것 같아. 좀 돌아간다고 해서 목적지에 도달하지 못하는 것은 아니야. 그러니 미래가 지나친 두려움과 압박으로 다가오지 않았으면 해.

요즘 빡빡하고 치열한 경쟁의 도시를 벗어나 시골로 들어가 전원의 삶을 택한다던가, 슬로우 라이프를 추구하는 사람들도 적지 않은 걸로 알고 있어. 하지만 경쟁을 선택하지 않았다고 해서 그런 사람들이 삶을 진정성 있게 살지 않는 건 아니야. 자신이 선택한 삶을 넉넉하고 여유 있지만 진지하게 살아내는 것, 그게 그들의 치열함이라고 생각해. 자신의 삶에 대해 고민하고, 이웃을 돌아보고, 순간순간 진심을 다해 살아간다면 그걸로 된 게 아닐까? 그런 면에서 현주는 아주 잘 하고 있고, 치열한 경쟁을 치러낼 수밖에 없는 대한민국의 교육제도를 만든 어른들 중 한 사람으로 교육이 정치논리로 좌우되는 현실이 안타깝고 미안할 뿐이야.

현주 이야기를 들으면서 우리나라의 청춘은 역시 성적과 경쟁을 빼고는 이야기할 수 없는 거구나 다시 한 번 절감하게 돼.

2 장

대한민국 땅에서 여성으로 살아가기

엄마와 딸이 함께하는 인문학

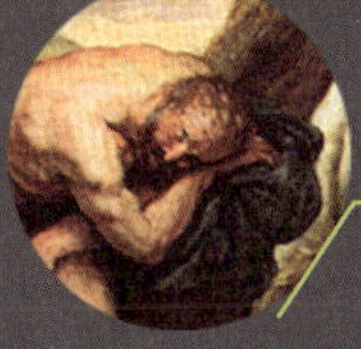

이 장에서 엄마가 현주하고 하고 싶은 이야기는 '대한민국 땅에서 여성으로 살아가는 것'에 관해서야. 엄마는 대한민국 땅에서 여성으로 살아왔고, 현주는 대한민국 땅에서 여성으로 살아가야 하니까 말이야. 엄마의 경험에 의하면 '대한민국 땅에서 한 명의 여성으로 살아가는 것'은 '대한민국 땅에서 한 명의 인간으로 살아가는 것'과는 다른 지점이 분명히 있는 것 같아.

아리스토텔레스 이래로 수천 년간 남성은 이성적이며 우월한 존재, 여성은 감성적이며 열등한 존재라는 이분법이 서양의 사상을 지배해 왔고, 그건 동양도 예외가 아니었어. "나는 생각한다. 고로 존재한다."는 말 들어 봤어? 이 말은 라틴어 표현인 "Cogito, ergo sum"의 첫 부분을 따서 데카르트의 코기토라고 부르기도 해. 어쨌든 이 말은 인간의 이성을 우주의 중심에 두는 이성중심주의의 정점이었어. 다른 존재와 비교해 인간의 우월성이 생각 즉, 이성적 사고에 존재한다는 거야. 육체적인 능력이 다른 동물들보다 딱히 나을 것이 없는 인간이 세상의 중심이 된 건 인간에게 이성이 있었기 때문이고 말이야. 그 말은 곧 이성적이지 않다면 다른 동물과 다를 바 없다는 이야기이기도 했어.

그런데 남성과 비교해 여성은 이성적으로 사고할 수 있는 존재가 아니라는 게 오랜 편견이었어. 그런 오랜 역사적 맥락 속에서 감성적 존재라고 치부된 여성들은 남성보다 열등한 존재로 낙인찍힌 채 오랜 세월을 견뎌올 수밖에 없었고 말이야. "여성이 과연 남성보다 이성적이지 않은 존재인가?" 백번 양보해서 그런 사실을 받아들인다고 하더라도 여성의 특성이라고 폄하되어온 "감성이 과연 이성보다 열등한 가치일까?" 등등 많은 질문이 가능할 거야. 하지만 이건 또 다른 이야기니까 여기서는 문제의식을 갖는 것으로 만족하자.

인간이 살아온 긴 역사 속에서 적어도 21세기 대한민국의 모습을 본다면 여성의 상황이 많이 개선된 건 사실이야. 조선시대 혹은 심지어 불과 수십 년 전과 비교해 본다고 하더라도 특히 교육의 기회라는 측면에서 보면 남녀차별이 거의 사라졌다고 해도 틀리지 않을 거야. 적어도 오직 딸이라는 이유로 오빠나 남동생을 위해 희생을 강요받는다든가 하는 일은 없어졌으니까 말이야. 사실 과거 자녀들을 모두 교육시킬 수 있는 경제적 형편이 안 될 때 교육의 수혜를 받을 수 있는 '집안의 대표선수' 자리는 남자, 특히 장남이 차지하는 게 집안과 사회의 불문율이었어. 이 사람들은 집안을 일으키고 자자손손 번창시킬 임무를 지고 있었고 말이야. '대표선수'로 선발될 기회를 잃어버린 많은 누이들은 공장 등에서 고된 노동을 하거나, 버스 '차장' 혹은 '식모'로 폄하되는 남의 집 살이 등 하여튼 힘든 육체노동으로 돈을 벌어 집안의 생활을 돕는 게 일반적이었어. 누이들이 이렇게 힘들게 벌어 집에 보내는 돈 속에는 물론 집안의 남성들이 이성적인 존재로 성장해 가는데 필요한 교육비도 포함되어 있었고 말이야. 하지만 대한민국 경제의 성장과 함께 상황은 많이 호전되었고, 현재는 "남녀평등을 이야기하는 게 아직도 의미 있어?" 라든가 특히 군대 문제 등과 관련해서 "남자가 오히려 역차별 받고 있는 것 같아." 등등의 이야기를 심심치 않게 들을 수 있는 것도 사실이야.

하지만 정말 그럴까? 대한민국에서 '여성'에 관한 이야기는 더 이상 의미 없는 대화의 주제일 뿐인 걸까? 엄마는 그렇지 않다고 생각해, 아쉽게도 아직은... 많은 대한민국의 딸들에게 '대한민국 땅에서 여성으로 살아가는 것'은 여전히 녹록치 않은 일이고, 미래의 전망도 마냥 핑크빛만은 아닐 것 같은 생각이 들어. 같은 여성으로서 현주하고 여성에 대해 이야기해보는 건 처음인 것 같아서 엄마는 좀 설레기도 하네. 현주가 부쩍 큰 것 같은 생각도 들고. 자 그럼 옛날이야기부터 시작해볼까?

유구한 역사를 자랑하는 '여성 혐오'

현주는 '여성 혐오'라는 말 들어봤어? 최근 부쩍 많이 듣게 되는 '여성 혐오'라는 단어는 좀 오해하기 쉬운 단어이기도 해. 이 단어를 보고 처음 떠오르는 대로 "여성을 혐오해.", 즉 "난 여자를 싫어해." 혹은 "난 여자를 별로 안 좋아해." 하고는 아주 다른 의미를 가지기 때문이야. "저 게이 아니에요. 여자 엄청 좋아하는 걸요."라고 말하는 남성들도 사실 '여성 혐오'에 빠져있는 건 얼마든지 가능하니까 말이야. '여성 혐오'는 영어로는 미소지니(misogyny), 프랑스어로는 미조지니(misogynie)

라는 단어를 번역한 건데, 세지윅이라는 학자는 "여성에 대한 폭력과 멸시뿐 아니라 남성과 동등한 성적 주체로 결코 인정하지 않는 모든 방식의 여성에 대한 타자화, 객체화"를 여성 혐오라고 정의해. 그러니까 여성이 열등한 존재라는 사실을 강조하고, 여성의 어리석음, 변덕스러움, 수다스러움, 거짓말, 이익을 얻어내기 위해 남성에게 부리는 교태와 아양, 지각없음, 음란함, 낭비벽 등등 수많은 결점을 여성 고유의 특성으로 열거해내는 모든 말들은 '여성 혐오'의 맥락 속에서 이해가 가능해. 결론적으로 여성은 남성에 비할 바 없는 열등한 존재이고, 남성과 동등한 성숙한 역할을 할 수 없는 존재라는 이야기지.

그런데 사실 '여성 혐오'는 최근에 생겨난 말은 아니야. 모권이 강력했던 구석기시대가 지나고 가부장 사회가 자리 잡기 시작하던 무렵부터라고 생각하면 '여성 혐오'의 전통은 실로 유구한 역사를 지녔다고 할 수 있을 거야. 엥겔스가 이야기하는 모권제 사회가 무너지고 "여성의 역사적인 대패배"가 이루어진 시절의 이야기인 거지. 수렵과 채집의 구석기시대가 끝나고 사람들이 한 곳에 모여 정착해 살기 시작하면서 가부장 제도와 사유재산 제도가 뿌리내리면서라고 보아도 될 테니까 말이야. 인류의 문화와 같이 했다고 해도 과장은 아닐 거야. 엄청나지? 너무너무 오래된 일이라서 언제부터 '여성 혐오'가 시작되었는지 기록으로 남아있는 건 당연히 없어. 하지만 오랜 역사에 관한 공통의 기억을 담고 있는 신화에는 모계사회의 파괴와 함께 진행된 여성성의 비하와 여성의 추락 과정에 대한 흔적이 오롯이 남아있어. 신화의 이야기들도 '여성 혐오'라는 맥락 속에서 보면 다른 이해가 가능하거든. 우선 그 이야기부터 시작해볼게.

생명력의 원천인 대지의 여신으로 위풍당당했던 원시 신화의 위대한 어머니 여신들은 그리스신화로 넘어오면서 남신들의 들러리 정도로 역할이 축소되고 변형되고 말아. 그 중에서 헤라 여신이 제일 독보적일 거야. 올림포스의 일인자 제우스의 부인 말이야. 그런데 원래 헤라 여신은 제우스를 최고봉으로 하는 올림포스 12신의 시대가 열리기 전부터 그리스 반도의 토착신으로 숭배되던 대지의 어머니 여신, 즉 대지모신(大地母神)이었어. 그렇게 위풍당당하고 위엄 있던 헤라 여신은 그리스신화에서는 남편의 끊이지 않는 애정행각으로 고통받는 최고신의 아내로 추락하고 말아. 여신으로서는 '찌질'하기까지 한 질투의 화신이라는 역할을 제일 중요한 임무쯤으로 생각하는 것 같기도 하니까 말이야. 헤라 여신은 "결혼생활의 수호 여신"이라는 닉네임을 갖고 있기도 한데, 여신이 결혼생활을 수호하는 방법은 마치 여러 편의 막장드라마를 보는 것 같아. 정작 바람기 많은 남편에게는 어떤 응징도 복수도, 심지어 잔소리도 하지 않은 채 상대방 여성의 머리채를 잡고 싸우거나, 아니면 상대 여성의 집이나 직장을 찾아가서 난동을 부려 망신을 주거나, 그것도 아니면 얼굴에 물이라도 시원하게 끼얹어주는 '아줌마'들이 활약하는 막장드라마 말이야. 그리고 우리에게 익숙한 드센 아줌마의 역할이 헤라 여신의 몫이었고. 그런데 최고의 여신인 만큼 헤라의 질투심과 복수심은 여간 가혹한 게 아니었어. 인간 세상의 여인네들처럼 머리채를 잡는 정도로는 끝나지 않았거든. 엄마는 그 여인들 중에서도 가장 불쌍한 게 나중에 이집트의 왕이 된 에파포스의 어머니 이오인 것 같아.

이오 이야기

제우스의 사랑을 받고 난 후에 이오의 운명은 한마디로 말해서 고난의 연속이었어. 정말 눈물 없이는 볼 수 없을 정도였거든. 눈치가 백단이었던 헤라는 이오가 제우스의 사랑을 받았다는 걸 알았어. 제우스는 정정당당 '남자답게' 나서서 사랑하는 여인을 지켜주는 대신 잔머리를 굴려 이 여인을 암소로 변신시켜 버리고 말아. 나름 사랑하는 여인을 보호하려는 생각에서 나온 묘수였다고 변명할 순 있겠지만 엄마 생각에는 세상의 구설수에 오른다든가, 헤라와의 관계에서 우위를 잃는다든가 하는 피해를 보지 않겠다는 보호본능에서 나온 비겁한 선택에 지나지 않는 것 같아.

어쨌든 이 응급조치는 서툴기 짝이 없는 것이었고, 이오의 상황을 최악으로 만들고 말아. 제우스는 암소를 사랑한 적이 없노라고 둘러댔지만 헤라가 한 수 위였어. 암소가 마음에 드니 자기에게 선물로 달라고 고집한 거지. 제우스는 거절할 명분을 찾지 못했어. 암소는 헤라를 상징하는 동물이기도 했으니까 말이야. 이번에도 연인의 처지보다는 자신의 안위를 우선에 둔 제우스의 선택 때문에 불쌍한 이오는 연적의 손아귀에 들어가고 말아. 이후에도 제우스는 기나긴 이오의 고난에 직접 뛰어들어 해결해주려는 생각은 손톱만큼도 하지 않아. 나쁜 남자!!!

헤라는 눈이 100개나 달려 있어서 50개의 눈을 감고 있다고 하더라도 나머지 50개의 눈은 언제나 뜨고 있을 수 있는 아르고스라는 괴물을 이오의 감시자로 만들어. 아르고스는 감시에는 정말 최적화된 존재였어. 이오는 암소가 된 채 24시간 옴짝달싹하지 못하게 된 거지. 이오의 처지를 보다 못한 제우스는 헤르메스를 시켜서 이오를 아르고스의 감시에서 벗어나게 도와줘. 하지만 그게 이오가 헤라에게서 완전히 해방된다는 의미는 아니었고 어떻게 보면 더 큰 시련의 시작이었어. 이오를 순순히 보내줄 헤라가 아니었기 때문이지.

헤라가 보낸 등에 떼가 온몸에 달라붙어 공격하는 바람에 이오는 거의 미칠 지경이 되고 말았던 거야. 등에는 파리 비슷하게 생겼는데 모기처럼 사람을 물어 심한 가려움증에 시달리게 하는 해충이란다. 너무 괴로웠던 나머지 가만히 있을 수가 없어진 이오는 냅다 달리기 시작했는데, 이오가 가려움에 몸부림치며 달려간 거리가 어마어마해. 이오는 터키의 이스탄불에 있는 보스포러스 해협을 건너서 소아시아로 갔다가 이집트에 도착하고 나서야 제우스의 아들인 에파포스를 낳고 마침내 원래의 모습을 되찾게 되었다고 전해져. 그리스-터키-이집트라니! 지금도 보스포러스 해협은 아시아와 유럽을 나누는 경계의 역할을 하지. 그래서 이스탄불은 유럽과 아시아를 함께 품은 도시로 유명하고 말이야. 그런데 이 보스포러스라는 이름이 "암소의 건널목"이라는 의미를 지닌 건 현주도 미처 몰랐지? 그리스와 터키를 나누는 만의 이름이 이오니아만이고 말이야.

헤라 여신의 응징이 정말 무시무시하지? 그렇긴 하지만 정의를 내세운 여신의 응징이라기보다는 '속 좁은' 아줌마의 질투처럼 보이는 건 어쩔 수 없는 것 같아. 세상 만물의 모태가 되었던 위풍당당하고 강력했던 어머니 여신은 대체 어디로 가버린 걸까?

르네상스 시대 이탈리아 화가인 코레조가 그린 ≪제우스와 이오≫라는 그림이야. 제우스는 이오와 사랑을 나누기 위해서 구름으로 변신했다고 해.

한 예만 더 들게. 아테나는 아마 그리스 여신들 중 가장 사랑받는 여신일 거야. 유네스코가 지정한 세계문화유산 1호가 바로 아테나 여신에게 바쳐진 파르테논 신전이잖아? 파르테논 신전이 있는 그리스 최고의 도시 아테네의 이름도 도시의 수호신인 아테나에서 비롯된 거라는 사실은 현주도 잘 알지? 그런데 이 아테나 여신은 탄생부터 범상치가 않았어. 갑옷과 투구 차림의 완전무장을 하고 어머니의 뱃속이 아니라 아버지 제우스의 '머리' 속에서 자라 아버지의 머리를 깨고 태어났기 때문이야. 완전무장을 하고 태어난 아테나는 어떤 전쟁에서도 지는 법이 없었어. 실제로 전쟁의 신 아레스도 아테나와의 대결에선 언제나 패배할 수밖에 없었단다. 그래서 아테나는 승리의 여신을 의미하는 아테나 니케라고 불리기도 해. 무섭고 피비린내 나는 전쟁의 신을 제압하는 게 여신이라니 좀 아이러니하지? 미국의 유명한 스포츠 브랜드 나이키, 남프랑스의 유명한 휴양도시 니스의 이름이 모두 이 승리의 여신 아테나 니케의 이름에서 영감을 받아 지어진 거야. 멋진 모습으로 승리를 이끄는 여신이라니 여성이 반할 만큼 멋지지 않아? 요즘 많이 사용하는 단어로 걸크러쉬인가?

하지만 그리스 여신들 중에서는 특이하게도 전통적인 남성의 역할들 중 일부를 수행하는 아테나 여신은 아쉽게도 가부장제와 남성우월주의의 열렬한 신봉자이기도 했어. 심지어 여신은 "나는 진심으로 남성 편이며, 전적으로 아버지 편이오."라고 공언하기도 했으니 말이야. 이렇게 '남성적' 모습으로 나타나는 아테나 여신은 아이를 출산하는 대신 수많은 남성 영웅들을 지켜주는 영웅들의 수호신 역할을 했어. 그러니까 강력한 "승리의 여신"이자 순결한 "처녀 신"이기도 한 여신에게는 일반적으로 말하는 '여성성'이라는 건 거의 부여되어 있지 않았던 거야. 아테나는 태생부터 여성성이 제거된 채 애매모호한 성 정체성으로 기억되었던 거지. 그 점이 그리스의 여신들 중에서도 아테나 여신의 독보적 존재감을 이루는 특성이기도 할 테고 말이야.

강력한 가부장제를 보여주는 그리스신화에서 헤라 여신이나 아테나 여신이 보여주는 것처럼 "태초의 강력한 어머니 여신"의 모습이 사라지고 적당히 변형되거나 수용 가능한 면이 강조되어 살아남은 경우는 그나마 다행이라고 할 수 있을 거야. 왜냐고? 그런 것조차 가능하지 않았던 다른 많은 경우에는 여신들은 흉측하고 무시무시한 악마나 괴물 같은 걸로 변했고, 영웅들에 의해서 살해되거나 제거되어야 하는 '악'이 되었기 때문이야. 실제로 그리스신화에 나오는 악마적인 존재는 거의 모두 여성성을 지니고 있다고 보아도 될 정도야.

그 예는 셀 수 없이 많은데, 그 중에서 하나만 이야기해 본다면 영웅 페르세우스가 처단하는 괴물 메두사가 대표적일 거야. 머리카락 대신에 혓바닥을 날름거리는 뱀이 머리를 감싸고 있는 끔찍한 모습의 메두사는 원래는 아름다운 여인이었다고 해. 하지만 포세이돈은 아테나 여신의 신전에서 메두사와 사랑을 나누는 실수를 저지르고 말아. 감히 처녀신인 자신의 신전에서 사랑을 나누다니!!! 아테나 여신은 분노했고, 분노의 화살은 큰아버지뻘인 포세이돈이 아니라 메두사에게로만 향하고 말아. 헤라 여신이 그랬던 것처럼 말이야. 그것도 너무 가혹하게. 여신의 분노를 산 메두사는 무시무시한 괴물의 형상으로 변해버린 거지. 신화에서 묘사하는 것처럼 머리카락은 뱀이고 용의 비늘과 멧돼지의 어금니를 지녔을 뿐만 아니라 손은 청동이고 황금날개가 달려있기 때문에 날아다닐 수도 있었다는 메두사를 상상해보면 정말 끔찍한 모습이었을 것 같아. 아테나는 큰아버지 포세이돈에게는 뭘 어떻게 했냐고? 신화에는 아무런 이야기도 전해지지 않아…

그리고 나중에 메두사는 청년 페르세우스가 영웅이 되어가는 과정에서 반드시 처단해야 할 괴물이 되고 말아. 사실 메두사는 이런 끔찍한 외양을 지녔다는 것 말고는 딱히 나쁜 일을 저지른 적이 없는데도 말이야. 그럼에도 불구하고 우리는 영웅이 괴물을 물리치는 장면에서 무의식중에 환호를 보내게 돼. 메두사는 강력하고 흉측한 악이었기 때문이야. 이렇게 여성은 억눌러야 할 인간 내면의 본능적 동물성이나 이겨내야 할 유혹을 의미했고, 그게 바로 청년이 영웅이 되는 과정에서 괴물은 살해되어야 마땅한 존재가 된 이유라고 할 수 있을 거야. 유명한 신화학자인 캠벨은 이렇게 설명해.

> "신화에서 여성의 기능은 체계적으로 평가절하되었다. 상징적이고 우주론적인 의미에서만 그러한 것이 아니라, 개인적이고 심리적인 면에서도 그러했다. [...] 사실 서사시나 드라마, 로맨스 속의 여성 인물들이 단순한 객체로 축소되어 있는 것을 보면 놀랄 지경이다. 설사 주체로서 기능을 한다 하여도, 그들이 어떠한 행동을 주도할 때면 그들은 악마의 화신이나 남성 의지의 단순한 동맹자로만 묘사된다."

이렇게 '악마의 화신' 혹은 주체적으로 사고하고 판단하는 능력을 기대할 수 없는, 단지 출산과 양육이라는 육체적 기능으로 한정된 '남성 의지의 단순한 동맹자'였던 여성은 남성의 삶에서 진정한 동반자로 여겨질 수는 없었어. 그리고 서양문화의 요람이라 불리는 그리스 시대부터 시작된 '여성 혐오'는 그 이후로도 수천 년간 끈질기게 이어져오고 있단다. 첨단 기술의 놀라운 발달을 이룬 21세기 현재까지도 말이야.

열등한 존재 여성과의 사랑은 가능하지 않아!

그리스사회는 여성의 열등함에 대해서 이견 없이 동의했어. 심지어 여성비하의 뿌리 깊은 감정은 그리스에서 동성애를 보편적인 문화이자 가장 이상적인 사랑의 형태로 생각하게까지 만들었단다. 그건 그리스인들이 성적으로 문란했다거나 소수 취향의 사람들이 특이하게 많았다거나 하는 이유가 아니었어. 오히려 그리스인들의 '이성적' 사고의 결과라도 보아야 할 거야. 왜냐하면 그들은 단순한 감정적 설렘이나 두근거림, 상대방에게서 느끼는 매력 같은 데서 사랑의 원천을 본 게 아니었어. 그들에게 있어서 가장 이상적인 사랑의 형태는 진리를 탐구하고, 서로가 성숙한 인간으로 발전해 가는 삶의 과정에서 서로의 발전에 도움이 될 수 있는 것이어야 했으니까 말이야. 어떻게 보면 엄청 고차원적인 사랑관이라고 할 수 있지?

그런데 불행하게도 그리스의 남성들은 '이성'이 깃들어 있다고 인정할 수 없었던 열등하고 불완전한 여성들과는 이런 고차원적 사랑의 관계를 기대할 수 없다고 생각했어. 더 아쉬운 건 플라톤이나 아리스토텔레스처럼 우리가 이름만 들어도 알 수 있는 대철학자들의 생각도 별반 다르지 않았다는 사실이야. 그들에게 여성은 탐욕과 본능밖에는 남아있지 않은 존재였고, 심하게 말하면 동물과도 별반 다르지 않았던 거야. 그래서 사랑은 남성과, 아이를 낳고 혈통을 이어가는 것은 여성과 하는 "사랑 따로 결혼 따로"의 문화가 기본적인 사랑의 패턴이 되었던 거고 말이야. 그 결과 영혼의 교감이라든가 하는 "인간 대 인간"으로서의 고차원적인 관계가 전혀 인정될 수 없었던 여성에게는 자손 재생산이라는 도구적인 역할 밖에는 주어지지 않았던 거지.

철학자 플라톤은 『향연』에서 이렇게 설명해. 사랑에 빠진 두 남성은 서로에게 부끄럽지 않은 행동을 하려고 한대. 뿐만 아니라 서로가 서로를 위해 용감해진다는 거지. 사랑하는 사람을 위해서 용감하게 되는 건 에로스 신이 그에게 훌륭한 사람이 되도록 덕을 불어넣어 주었기 때문이고 말이야. 그리고 사랑만이 사람으로 하여금 남을 위해 자신의 삶을 바치게 한다고 이야기해. 그런데 플라톤의 설명에 따르면 에로스의 최고의 형태인 천상의 에로스는 남성에게로 향하고 용맹과 지력이 뛰어난 자를 좋아한다는 거야. 여성들에게는 해당사항이 없었던 거지. 어때? 그리스인들의 독특한 사랑관이 철학적으로 설명이 되는 것 같아?

그럼 도대체 왜 그리스인들은 여성과 결혼하지 않으면 안 된다고 생각했을까? 그건 말할 필요도 없이 순수한 부계 혈통의 안전한 보존을 위해서였어. 태어난 아이가 자기 자식이라는 확신이 필요했던 거지. 골치 아픈 "출생의 비밀" 같은 문제는 전혀 개입될 수 없게 말이야. 이렇게 여성은 이성과 인격의 주체라기보다는 철저히 대를 이어가기 위한 도구로 인식되었던 거야. 그리스 출신의 고대 로마의 작가였던 루키아노스는 사랑과 결혼에 대해서 이렇게 이야기해.

> "결혼은 남자에게 생계를 떠맡아야 한다는 필연적인 의무인 동시에 가정의 행복을 산출하는 귀중한 무엇이다. 그러나 남자의 소년에 대한 사랑은 나의 의견으로는 신성한 권리를 구가하는 한 인간의 자유로운 이성의 산물이다. 그러므로 결혼은 앞으로도 영원히 존재할 것이지만 동성 간의 사랑은 지혜로움의 상징으로 남게 될 것이다. 여자들에게는 절대로 생각조차 불가능한 완벽한 진리와 더불어."

"여자들에게는 절대로 생각조차 불가능한 완벽한 진리"를 이상으로 삼는 남성 간의 사랑과 "의무"이자 짐으로 다가오는 여성과의 결혼이라는 이분법적인 상황 속에서 파트너로서의 남성과 여성의 존재감에는 하늘과 땅 만큼의 격차가 있었고, 세월이 아무리 흘러도 이 격차는 좀처럼 줄어들지 않았단다. 그렇지만 그건 고대 그리스라는 호랑이 담배 먹던 시절의 이야기가 아니냐고? 물론 남성 간의 동성애에 대한 찬양은 그리스의 독특한 문화였고, 일부일처의 가부장제를 근간으로 하는 가족제도를 사회의 기둥으로 생각한 기독교 세계에서 동성애는 거의 자취를 감추었다고 보아도 될 거야. 적어도 '사랑의 가장 고차원적인 형태'는 아니었으니까 말이야. 하지만 여성은? 여성에 대한 혐오는 여전히 끈질기게 계속되고 있다는 게 엄마 생각이야. 21세기를 살아가는 한 사람의 여성으로서 너무너무 슬프게도 말이야.

초기 기독교의 위대한 사상가이자 철학자인 성 아우구스티누스는 『과수원의 꿈』이라는 글에서 심지어 이렇게 말했어.

> "여자는 튼튼하지도 않고, 안정되어 있지도 않고, 증오심에 가득 차 있고, 나쁜 악성을 마음의 양식으로 삼는 일종의 짐승이다. [...] 여자는 모든 다툼과 불화, 부당함의 원천이다."

'위대한 사상가이자 철학자'께서 여자는 일종의 짐승이라니! 하지만 더 슬픈 건 이게 그분 혼자만의 특별난 생각이 아니었다는 사실이야… 심지어 6세기 말 열렸던 마콘 종교회의에서는 "여성이 영혼을 갖고 있는가? 그렇지 않은가?" 즉 "여성이 인간에 속하는가?"에 대해서 치열한 논쟁이 벌어진 일도 있었어. 이런 주제가 그 근엄한 종교회의의 토론 대상이 될 수 있었다는 사실이 놀라울 거야. 하지만 당시에는 너무나 진지하고 다양한 이견이 존재하는 문제였어.

> "585년 마콘에서 열렸던 종교회의에서 한 주교가 여성이 인간에 속하는지에 대해 의심을 제기했다. 그는 하여튼 만일 여성이 인간의 일부를 이룬다고 하더라도 적어도 여성은 남성보다는 아주 열등한 본성을 지닌다고 생각했다. 이 점에 대해서 논의하기 위해서 여러 번의 회의가 열렸다. 의견은 나뉘었다. 하지만 결국에는 여성의 지지자들이 승리했고, 아마도 여성에 대한 친절로 주교님들은 남성의 동반자가 인간의 일부를 이룬다고 결정했다."

여성을 영혼을 가진 '인간'으로 인정해도 될 것인가 하는 문제가 종교회의의 주제로 다루어질 만큼 여성은 한심한 존재였던 거야! 마치 제국주의 시대에 노예로 마구 부려먹던 흑인들을 인간과 원숭이 사이에 존재하는 어떤 존재로 생각했던 것처럼 말이야.

루벤스가 그린 ≪헤르메스와 아르고스≫라는 그림이야. 헤르메스가 아르고스를 잠들게 만들어 이오를 탈출시키려고 하고 있어. 이오가 변신한 흰색의 암소도 보이지? 그런데 루벤스는 아르고스의 몸에 백 개의 눈을 그려 넣지는 않았어. 좀 징그러워 보일까봐 그랬을까?

아테나 여신이 아버지 제우스의 머리를 깨고 태어나는 장면을 묘사한 거야.
이 장면은 고대 그리스 시절에 만들어진 토기에 남아있어.

메두사의 머리를 자른 영웅 페르세우스의 모습이야. 페르세우스는 메두사의 머리를 자신의 방패에 달고 다녔는데, 메두사의 눈은 누구든 시선이 마주치는 사람들 돌로 변하게 만들어 버리는 어마어마한 힘을 가지고 있었기 때문이었다고 해.

메두사는 머리카락은 뱀이었을 뿐만 아니라 용의 비늘과 멧돼지의 어금니로 무장한 무시무시한 괴물이었어. 이 괴물을 처단한 게 바로 제우스의 아들인 영웅 페르세우스였어. 정말 끔찍한 모습이지?

아폴론과 히아킨토스의 사랑 이야기

그리스인들의 '고차원적인 사랑'의 형태였던 동성애는 신화에도 적지 않게 흔적을 남기고 있어. 제우스가 사랑했던 트로이의 왕자 가니메데스도 잘 알려져 있고, 트로이전쟁의 영웅 아킬레우스의 연인 파트로클로스도 유명하지. 그런데 신화에 남아있는 남성들 간의 사랑 이야기 중에서 아마 가장 애달픈 게 아폴론과 히아킨토스와의 러브스토리가 아닐까 해. 이 러브스토리는 아폴론이 그리스신화 최고의 비주얼 담당 남신이면서도 별다른 사랑 이야기가 없기 때문에 더 절절하게 느껴지는 것 같기도 한데 말이지. 어쨌든 신화는 이렇게 말해. 아폴론은 미소년 히아킨토스를 사랑했대. 하지만 히아킨토스를 사랑한 또 다른 신이 있었으니 바로 서풍의 신 제피로스였어. 동서고금의 난제라고 할 그 유명한 삼각관계가 시작된 거지. 그것도 삼각관계의 주인공 세명이 모두 남성이었고 말이야. 히아킨토스의 사랑을 얻지 못한 제피로스는 짝사랑에 지친 나머지 질투에 사로잡혀 끔찍한 일을 저지르고 말아. 서풍, 즉 바람의 신이었던 제피로스는 자신의 재능을 발휘해서 아폴론이 던진 원반이 히아킨토스를 향해 날아가게 만들고 만 거야. 아폴론은 자기가 던진 원반으로 연인을 죽음으로 몰아넣게 되고, 히아킨토스는 연인이 던진 원반에 맞아 비극적 최후를 맞게 되었고 말이야. 설사 내가 갖지 못한다 하더라도 절대로 다른 이에게 연인을 양보할 수는 없다는 제피로스의 엇나간 사랑이 히아킨토스를 죽음으로까지 몰고 간 거야. 아폴론은 상심에 빠진 나머지 연인을 한 송이 꽃으로 만들어 기억했다고 해. '슬픔'이라는 꽃말을 가지고 있는 히아신스가 바로 그 꽃이고 말이야.

히아킨토스의 죽음으로 상심에 빠져 있는 아폴론을 그린 그림이야. 죽은 히아킨토스 옆에 피어난 꽃이 보이지? 바로 히아신스란다.

여성은 여성으로 태어나는 것이 아니라 만들어지는 것이다

남성보다 열등한, 부정적인 존재라는 여성에 대한 편견은 20세기 중엽까지는 거의 '상식'이었고, 요즘 많이 쓰는 말로 '팩트'였어. 그런데 20세기에 들어서면서 여러 상황들이 변하고, 수천 년을 참아온 여성들이 드디어 목소리를 내기 시작해. 시몬 드 보부아르는 1949년 여성학의 고전으로 일컬어지는 『제2의 성』을 발표하고 여성해방이라는 생각에 불을 지피게 되지. 출간과 함께 큰 반향을 일으킨 이 책에 영향을 받지 않은 페미니스트들은 없다고 해도 틀린 말은 아닐 거야. 많은 학자들이 현대 페미니즘의 사상적 근원을 이 『제2의 성』에서 찾고 있기도 하고 말이야.

'제2의 성'이 뭐냐고? 그야 물론 여성이지. '제2의 성'이라는 건 물론 '제1의 성'이 전제되어야 가능한 표현일 거야. 현주도 쉽게 짐작할 수 있겠지만 '제1의 성'은 물론 남성일 테고 말이야. 세상을 바라보는 가치관과 시선의 기준이 되는 '남성'적인 것과 비교해서 남성과는 '다른' 그렇기 때문에 열등한 '제2의 성'은 오랜 기간 소외되어 왔던 성, 바로 여성인 거지. 남성이 1, 여성이 2인 건 우리나라에서도 비교적 익숙한 관습이라고까지 할 수 있을 것 같아. 남성의 주민번호가 1로 시작하고, 여성의 주민번호가 2로 시작하는 것처럼 말이야.

『제2의 성』 첫머리에서 보부아르는 피타고라스를 인용해. 아마 현주도 수학에서 배웠을 피타고라스의 정리로 유명한 수학자이자, 철학자인 피타고라스는 여성에 대해서는 수학에서만큼 통찰력이 있지 않았던 모양이야. 이런 '망발'을 남기셨으니 말이야.

"질서와 광명과 남자를 창조한 선의 원리, 그리고 혼돈과 암흑과 여자를 창조한 악의 원리가 있다."

탁월한 업적을 내셨던 많은 분들 중에서 오로지 여성에 대해서만 이런 말도 안 되는 생각을 갖고 계셨던 경우는 정말 너무 많아서 밤새 예를 들 수도 있을 것 같아. 『제2의 성』 발간은 많은 '남성' 심지어 '남성 지성인'들까지도 술렁이게 만들었어. 이 책을 비난하고, 조롱하고, 힐난한 남성-사람들이 수없이 많았으니까 말이지. 보부아르 자신도 이 당시에 사람들이 "미친 듯이 분노했다."고 회상했을 정도니까 말 다했지 뭐. 프랑수아 모리악이라는 작가는 《피가로》라는 신문에 "우리는 말할 수 없이 비참하다."라고 기고했고, 『이방인』의 작가로 유명한 알베르 카뮈는 "당신은 프랑스 남성들을 웃음거리로 만들었소!"라고 분노하기도 했단다.

사실 페미니즘이라는 걸 '무섭고, 기세고, 전투적인, 한마디로 여성답지도 사랑스럽지도 않은 여성들의 한무리가 가지고 있는 과격한 생각' 쯤으로 치부해버리는 일이 아직도 적지 않은 것 같아. 20세기 중엽의 사정은 더 심했지. 하지만 페미니즘은 인류 역사와 함께 시작된 '여성 혐오'에 저항하는 처절한 몸부림으로 시작되었어. 여성들에게 주어진 세계를 남성들의 시각으로가 아니라 여성들의 관점에서 보아야 한다는 너무나 당연한 외침이었던 거지. 『제2의 성』의 가장 유명한 구절은 바로 이걸 거야.

> "여성은 여성으로 태어나는 것이 아니다. 여성으로 만들어지는 것일 뿐이다."

여성이 '열등한' 존재로 여겨진다면 생물학적으로, 본성적으로 그렇게 태어났기 때문이 아니라 사회적 · 문화적으로 그렇게 키워졌고, 규정되어 왔기 때문이라는 이야기야. 현주는 아마 "당연한 것 아니야?"라고 생각할 수도 있는 이 문장은 하지만 20세기 중엽에는 전혀 '당연한 것'은 아니었어. 1000페이지도 넘는 책이니까 한두 마디로 이 책을 요약하는 건 쉽지 않아. 그래도 한번 요약을 시도해 본다면 『제2의 성』에서 보부아르는 여성들이 어떤 영역에서 그리고 어떤 방식으로 남성 지배적인 세계에서 억압받는지 보여주었고, 여성이 된다는 것, 여성으로 살아간다는 것이 무엇을 의미하는지를 광범위하게 다루었다고 이야기할 수 있을 거야. 여성이 인간인가에 대한 논쟁이 벌어졌던 종교회의가 열린 후에도 500년 이상이 지났지만 보부아르가 보기에 20세기 중엽에도 여전히 "인류는 남성"이었기 때문이야. 그리고 이렇게 결론을 내려.

> "남자는 주체이고 절대이며, 여자는 타자이다."

그러니까 여성은 남성과 대등한 존재로서 서로 다름을 인정받지도, 대등한 상호관계를 맺을 수 있는 존재로 평가받지도 못했다는 거지. 여성은 주체이자 절대인 남성에 복종하지 않으면 안 되었고 말이야. 그러면서 여성들은 자기 자신으로 존재하는 것이 아니라 남성이 정의한 대로 스스로를 의식하게 되었어. "남자들이 쥐고 있는 경제적 특권, 그들의 사회적 지위, 결혼의 위세, 한 남자의 후원의 유용성" 이 모든 것이 여성들로 하여금 열렬히 남자들의 마음에 들고 싶어 하도록 만들었다고 보부아르는 이야기해. 그리고 여성들은 남성을 위해, 남성에 의해 열등한 '제2의 성'이 되었다고 말이야. 여성들이 스스로 자신의 정체성에 대해 정의내리지 못하는 상황은 끈질기게 지속되어 왔고, 여성들은 남성들의 시선과 가치를 통해서 규정되었던 거야. 남성이 지배하는 문화는 여성들을 모든 면에서 억압받는 존재로 만들었어.

21세기 대한민국에서도 여전히 강력한 '여성 혐오'

언뜻 보아 한국사회에서 남녀평등은 이미 실현된 것처럼 생각되기도 해. 심지어 절대 변하지 않을 것 같이 보였던 남아 선호 사상이 이미

휘청거리고 있고, 심지어 남아 선호에서 여아 선호로 바뀐 게 아니냐는 이야기들을 농담처럼 주고받기도 해. 여성이라는 이유만으로 교육 기회를 박탈당하는 일은 이제 거의 없고, 여성들은 남성과 동등한 교육의 기회를 누리고 있다고 봐도 틀리지 않을 것 같아. 그뿐만이 아니야. "로스쿨 여성 합격률이 남성보다 높다." "외무고시 여성 합격률 67.7% 역대 최고" "9급 공무원 필기시험 여성 합격률 52.9%" 등 몇몇 통계가 보여주는 것처럼 적어도 사회에 진입하는 순간의 남녀 격차는 많이 줄어든 것처럼 보이는 것도 사실이거든.

하지만 좀 더 파고들어가 보면 여성들은 아이의 출산 혹은 양육이라는 이유로 경력이 단절되는 경우가 많고, 재취업 역시 만만치 않은 게 현실이야. 재취업에 성공한다고 하더라도 정규직과는 임금 격차가 엄청난 비정규직인 경우가 태반이고 말이야. 직장을 그만두지 않고 "끝까지 버텨낼 수 있는" 확률이나 승진의 기회 같은 걸 생각한다면 머리는 더 복잡해질 거야. 하지만 수천 년간 남성 우위는 너무도 확고하고 끈질기게 이어져 왔고, 도전에 직면한 적도 없었어. 그런데 최근 고용불안 등의 경제상황과 맞물리면서 여성들과 경쟁을 하지 않으면 안 되게 된 한국 남성들, 특히 젊은 남성들은 여성들에게 '위협'받고 있다고 느끼는 것 같아. 대한민국의 젊은 남성들이 여성을 진정한 경쟁자로 절감하게 되는 초유의 사태에 직면한 거지. 남성들은 여태껏 그들이 당연시하며 누려오던 권위와 사회적 역할을 여성들에게 빼앗길 수도 있다는 위기의식을 갖게 되었거든. 여성과의 경쟁에서 패할 수도 있다는 불안과 걱정이 생겨났고 말이야. 그리고 불행하게도 이런 위기의식과 열등감은 강한 여성 혐오로 나타나고 있는 것 같아.

엄마가 기억하는 한 대한민국에서 여성 혐오에 관해서 가장 많은 말들이 쏟아져 나오는 게 요즈음이 아닌가 하는 생각이 들어. 특히 익명의 공간 인터넷에서 떠도는 여성 혐오의 말들은 섬뜩하기까지 해. 몇 가지 예만 들어볼게.

2015년 대한민국을 떠나 이슬람 테러단체 IS에 가담했던 김모군을 기억해? 김군은 터키로 떠나기 전에 "지금의 시대는 남자가 차별을 받는 시대다(However, the current era is the era that male are being discriminated against)"라며, "페미니스트를 증오하기 때문에 IS가 좋다(i hate feministe So I like the isis)"라는 메시지를 SNS에 남겼잖아? 그 이후에 살아있는 김군을 다시 볼 수 없게 되었기 때문에 그에게 이 말의 본뜻에 대해 더 물어볼 기회는 영영 사라져 버렸고, 여전히 이 생각이 변할 것 같지 않은 지에 관해서도 더 이상 알 수 없게 되었어. 하지만 대한민국이라는 국가를 떠나, 가족과 친구를 비롯해 그동안 애정을 쏟아왔고, 관계 맺어왔던 모든 것을 버리고 말도 안 되는 이슬람 테러단체에 합류해 자신의 목숨까지 걸기로 결정한 이유가 IS강령에 대한 근본적인 확신이 아니라 정말 페미니스트에 대한 증오감 때문이었다면 엄마는 어이가 없을 정도로 상황이 심각하다고 생각해.

또 하나 예를 들어본다면 2016년 5월 대한민국을 떠들썩하게 했던 "강남역 화장실 묻지 마 살인사건"을 빼놓을 수 없을 거야. 현주도 잘 알지? 이 사건으로 여성 혐오라는 단어는 연일 매스컴을 장식하는 키워드가 되기도 했고 말이야. 사건의 가해자였던 남성은 흔히 정신분열증이라고 알고 있는 병, 즉 조현병이라는 정신질환을 앓고 있었다고 해. 더구나 그 남성은 평소에 여성들이 자신을 무시했다는 망상에 빠져있었고 말이야. 그리고 비극적인 그 날 강남역 지하철 화장실에 숨어있던 그 남성은 우연히 화장실에 들어간 한 여성을 무참히 살해하고 만 거야. 그런데 그 남성은 다른 6명의 남자가 화장실에 들어왔다가 나갈 때까지 숨어있다가 그 후 들어온 여성을 살해한 걸로 밝혀지면서 더 큰 논란을 가져왔지. 완전한 '묻지 마' 범죄는 아니었고, 목표로 한 범죄의 대상은 분명 불특정의 여성이었기 때문이었어. 그 남자는 범죄의 원인을 여성들 잘못으로 돌렸어. "여성들이 나를 무시"했다고 진술하면서 말이야. 공식적으로는 정신분열증을 앓고 있던 한 남성의 망상이 불러일으킨 사건으로 마무리가 되었지만 이후 온라인과 오프라인을 막론하고 뜨거운 논쟁이 이어졌어. 그 사건 이후 평소 널리 퍼져있었던 여성 혐오의 사회적 분위기가 이 사건의 원인이라는 주장과 정신질환자의 일탈적인 범행일 뿐이라는 주장이 팽팽히 맞섰고, 결국에는 여성과 남성 간의 대결구도로까지 번지게 되었던 거야. 이 사건의 원인을 여성 혐오에서 찾든지, 아니면 정신분열증에서 찾든지 참 어처구니없고 가슴 아픈 일이었던 것만은 분명해.

이런 범죄가 아니더라도 여성 혐오는 대한민국을 강타하고 있다고 보아도 될 것 같아. 적어도 젊은이들이 주축이 되어 활동하는 온라인에서는 더 강력하게 말이야. 그 중에서도 여성 혐오의 가장 극단적인 모습을 볼 수 있는 곳이 2009년 설립된 일간베스트 사이트일 거야. 흔히 '일베'라고 하잖아? '일베'는 여성 혐오의 원인을 "의무를 지지 않고 권리만 누리려고 하기 때문"이라고 밝히고 있어. 평등의 원칙에 위반된다는 거지. 하지만 '일베' 같은 비밀스럽고 극단적인 경우가 아니라고 하더라도 여성 혐오의 표현들이 넘쳐난다는 게 더 문제인 것 같아.

대표적으로 명사 뒤에 '~녀'를 붙여서 어떤 특성을 지니는 여성들을 통칭해 표현하는 신조어도 그런 표현이 아닐까 해.

이런 표현들은 2000년대 중반 이후에 쏟아져 나오기 시작했는데, 아마 제일 유명한 게 '된장녀'라는 표현이 아닐까 해. 대중문화사전에서는 '된장녀'를 이렇게 설명하고 있어.

> "된장녀란 말은 2006년 야후 코리아가 조사한 인터넷 신조어와 유행어 1위에 오른 단어다. 된장녀는 웬만한 한 끼 밥값에 해당하는 스타벅스 커피를 즐겨 마시며 해외 명품 소비를 선호하지만 정작 자신은 경제적 활동을 하지 않기에 부모나 상대 남성의 경제적 능력에 소비활동의 대부분을 의존하는 젊은 여성을 비하하여 일컫는 말이다."

2000년대 중반 이후에는 비슷한 방식으로 '~녀'를 붙여 해당 여성에 대한 혐오의 감정을 표현하는 단어들이 매년 셀 수도 없이 만들어졌어. 2005년에는 애완견의 배설물을 치우지 않고 지하철에서 하차한 한 여성에게 '개똥녀'라는 이름이 붙었고, 당시 온라인을 시끌벅적하게 만들었어. 지하철에서 휴대전화 카메라로 이 장면을 촬영한 한 네티즌이 관련 동영상을 ≪애견인의 무개념 실태≫라는 제목으로 자신의 블로그에 올린 게 계기가 되어 전 국민적인 유명세를 얻게 되었지. 이 일반인 여성은 이름과 얼굴뿐만 아니라 그야말로 완전히 신상이 탈탈 털리고 말았어. 2006년에는 캐나다에 유학을 갔다가 돈을 벌기 위해 포르노 영화에 출연했던 영어강사의 사건에서 나온 '강사녀'라는 말이 사용되기도 했고 말이야. 2007년에는 '군삼녀'라는 단어가 유행했어. 모 방송국 아침 프로에서 군복무 단축 관련 설문조사에 대해 이야기하다가

군 복무기간 18개월 가지고 뭘 배우겠냐며 군복무를 3년 이상은 해야 한다고 주장한 여성을 가리킨 말이라고 해. 네이버의 오픈사전을 찾아보니 이해하기 쉽게 다음의 '활용된 예문'도 같이 첨가되어 있었어.

영미 : 아 나 알바하는 거 너무 힘들어 죽겠어
철수 : 몇 시간이나 일하는데?
영미 : 5시간 정도 하는데 생각보다 너무 힘드네.
철수 : 알바 그거 5시간 해서 돈 벌리니? 10시간은 해야 돈 좀 받을 거 아니야. 사회생활 배우는 데 그거 가지고는 안 되는 거야.
영미 : 너 참 군삼녀 같은 아이구나!!

"경험해보지도 않았으면서 남의 일에 대해 함부로 말하는 사람을 칭하는 단어"인 이 '군삼녀'는 안 그래도 군문제로 예민한 대한민국 남성들의 공분을 샀지.

2008년에 유행한 단어는 '신상녀'였어. 서인영이라는 가수가 MBC 예능프로그램인 ≪우리 결혼했어요≫에 출연해서 신상품을 좋아하는 여성이라는 의미의 '신상녀'라는 신조어를 탄생시킨 주인공이었어. 그녀가 "내 아가들"이라고 부르며 애지중지하는 모습을 보여준 100켤레에 가까운 구두가 큰 화제를 낳으면서 만들어진 단어야. '쇼핑을 좋아하는 된장녀'로 비난받을 여지도 있었지만 정작 그녀는 "그게 뭐 어때서?"라는 솔직담백한 멘트 때문에 '남자의 경제력을 빌어 명품을 사려고 하는 여성이 아니라 자신의 능력으로 자신이 좋아하는 것을 즐기는 당당한' 여성쯤으로 오히려 팬들의 공감을 얻기도 했어.

'신상녀'하고 비교되는 부정적인 단어로는 '명품녀'가 있어. 한 케이블 TV 프로그램에 출연한 여성이 현재 직업 없이 부모님이 주시는 용돈으로 수억 원대의 명품 쇼핑과 호화로운 생활을 즐긴다는 소개를 받으며 특별 게스트로 출연하면서 주목받은 단어인데 "나는 부모님이 주시는 용돈만으로 이 같은 명품생활을 유지해요. 지금 입고 있는 것만 4억, 목걸이는 2억, 자동차는 3억이에요. 톱스타들도 구매하기 힘든 명품을 색깔별로 갖고 있어요."라는 취지로 방송에서 말하면서 "4억 명품녀"라는 닉네임을 갖게 되었지. 그리고 특이하게도 이 여성의 신분이 드러난 건 온라인상에서 신상이 '털렸기' 때문이 아니라 관계 당국이 그녀의 신상을 조사하면서였어. 이 '명품녀'에 대한 논쟁이 얼마나 뜨거웠던지 '명품녀'는 정치의 장으로도 진출했거든. 한 국회의원이 국회에서 "서민에게 상실감과 박탈감을 주는 '명품녀'에 대해 과세할 생각이 없느냐"고 질의했고, 당시 국세청장은 "사실 여부를 확인한 뒤 엄정하게 처리하겠다."고 답변한 이후였지. 그리고 이어진 조사에서 밝혀진 건 이 방송이 조작된 것이었다는 사실이었어. 당시의 신문은 사건을 이렇게 전해.

> "관계 당국이 직·간접적으로 파악해본 결과 김씨 부모는 김씨가 방송에서 밝힌 대로 부유하지 않으며 김씨 역시 미혼이 아니라 결혼한 유부녀로 드러났다. 또 남편은 전문직에 종사하는 봉급생활자로 역시 부유한 생활을 하는 것은 아닌 것으로 전해졌다. 한편 김씨의 주변인들은 "김씨가 방송사의 대본대로 읽었을 뿐"이라고 증언하는 반면, 엠넷은 "조작이나 대본 강요는 전혀 없었다"고 주장해 논란이 계속되고 있다."

역으로 생각해보면 '명품녀'라는 콘셉트는 없는 사실을 만들어 낼 만큼 방송에서 탐나는 아이템이었다는 말이기도 할 거야.

그리고 명품을 좋아하는 한국 여성이라는 공식은 최근에는 국제적으로도 이름을 떨치는 모양새야. 프랑스의 유명한 명품 하우스 디올사에서는 청담동의 플래그십 매장 ≪하우스 오브 디올≫에서 디올사의 스테디셀러이자 간판 상품인 '레이디 디올' 핸드백을 다양한 작품으로 표현한 전시회를 열었어. 그런데 이 전시회의 한 작품이 우리나라 사람들의 분노와 항의를 사게 되었던 거지. 바로 ≪한국 여자≫라는 제목이 붙은 사진 작품 한 점이 문제가 되었어. 이 작품에서 '한국 여자'는 검정색 원피스에 하이힐을 신은 젊은 여성이 빨간색 레이디 디올 핸드백을 들고 "놀이터 룸 소주방", "소주방 룸비 무료" 같은 간판이 즐비한 유흥가에 홀로 서 있는 모습으로 표현되어 있었거든. 이 사진은 곧바로 '유흥가 앞 명품녀' 사진이라고 불리게 되었어. 이 사진은 "아무도 지나다니는 사람이 없는 허름한 유흥가에 이 젊고 아름다운 여성은 왜 장소와는 전혀 어울리지 않아 보이는 세계 최고 명품 하우스의 의상을 입고, 수백만 원짜리 핸드백을 들고 서있는 걸까?"하는 질문을 누구나 한 번쯤 품어보게 만들었어. 새벽녘처럼 보이는 어슴푸레한 사진의 색조는 누구나 한번 품어보게 되는 의심을 확신으로 바꿔주는 사진의 또 다른 장치이기도 했고 말이야. 사진이 이야기하고자 하는 건 정말 '명품을 손에 넣기 위해 무슨 짓이라도 할 준비가 되어있는 한국 여성'이었을까? 근면한 노동이 아니라 여성성을 이용한 손쉬운 방법, 향락산업의 힘을 빌어서라도 말이지. 디올 측은 거센 비난 여론이 일자 대한민국 사람들의 심기를 엄청 불편하게 만든 이 사진 전시에 대해 사과하고 작품의 전시를 중단했단다. 한마디 사족을 덧붙이자면 이 사진을 찍은 사람은 한국 남자였어.

조금 맥락을 달리해서 여성들의 외모를 조롱의 대상으로 삼는 '~녀'들도 있는데, 대표적인 게 영화 ≪반지의 제왕≫ 이후로 네티즌들 사이에서 많이 사용되고 있는 '오크녀'가 아닐까 해. '오크녀'는 '오크'와 '~녀'의 합성어로 진짜 못생긴 여성을 가리키기도 하지만 못생긴 여성이 예쁜 척을 할 때도 사용하는 단어라고 해. 네이버 사전을 찾아보니까 친절하게도 '폭탄'이라는 동의어가 보충 설명되어 있더구나. 상장폐지녀의 준말인 '상폐녀'는 30대 이상의 여성들을 가리키는 말인데, 주식시장에서 상장폐지된 주식처럼 가치가 없는 여성이라는 뜻이라고 해. 물론 외모적인 경쟁력을 의미하는 걸 거야. 남녀 불문하고 육체적으로 가장 아름다울 나이가 20대임은 분명할 테니까 말이야. 하지만 30대 이상의 여성이 왜 가치가 없다는 걸까? 100세 시대를 이야기하는 지금 30대부터 여성이 가치가 없어진다면 남은 70년을 살아가는 여성들은 뭐라는 말이지? 무가치한 상태로 70년을 버텨내야 한다니…

이완 작 ≪한국 여자≫ 일명 '유흥가 앞 명품녀'

대한민국 온라인상에 몰상식하고 개념 없는 여자들을 가리키는 신조어가 이렇게 많이 떠돌고 있는 걸 확인해보니 상황이 얼마나 심각한지 피부에 와닿는 것 같아. 그런데 지금까지 예로 든 단어들은 좀 유행이 지난 단어들이고 비슷한 맥락에서 만들어져서 요즈음 가장 많이 사용되는 건 '김치녀'라는 단어가 아닐까 해. '김치녀'는 신기하게도 우리나라를 상징하는 '김치'를 매개로 해서 "이기적이고 계산적인 한국 여성"을 강조하고, 이걸 대한민국 여성 전체의 특징으로 만들어버리는 단어야. '김치녀'는 "성적으로도 문란하면서 소비사치를 일삼고 남성의 경제력에 기생하려는 속성을 모두 갖춘 한국 여성"을 의미한다고 해. 2000년대 중반 사용되던 '된장녀'의 연장선상에서 이해하면 될 거야. 김치하고 된장이 얼마나 좋은 음식인데, 이런 이름을 붙이다니!!

간단히 훑어만 봤는데도 '~녀'들이 정말 많다는 게 실감되는구나. 여성에 대한 혐오적인 감정을 간단하고 분명하게 담아내기에 이 '~녀' 만한 게 없는 모양이야. 잠깐 훑어보는 것만으로도 이 모든 '~녀'들이 공통적으로 가리키는 게 한마디로 말해서 여성들이란 가장 기본적인 개념조차 장착되어 있지 않은, 남성에 비해서 열등한 존재이고 따라서 남성과 동등한 역할을 할 수 없다는 점이라는 걸 알 수 있을 거야. 그리고 이런 '~녀'들이 거의 모두 20대 여성들을 겨냥했다는 것도 말이야. 물론 현주는 아직 10대지만 곧 20대 여성이 될 테고, 앞으로 얼마나 더 많은 '~녀'들이 생겨날 지도 모르는 상황에서 이런 유의 비난에서 마냥 자유롭지만은 않을 수도 있을 거야. 그게 바로 엄마가 걱정하는 부분이고 말이야.

페이스북에는 '김치녀'라는 제목의 커뮤니티가 3개나 검색되는데,

가장 인기가 많은 커뮤니티는 15만 명 이상이 '좋아요'를 눌러준 나름 인기 있는 곳이더구나. 페이스북의 정보 페이지에는 "①책임과 의무를 외면한 채 권리만 타령하는 여자 ②지 불리할 때만 남녀평등 외치는 여자 ③남자를 돈으로 보는 여자 ④여자는 되고 남자는 안되고 이런 이중잣대 가지고 있는 여자"로 '김치녀'를 정의하고 있어. 또 자신의 소속을 남성가족부로 밝히고 있는 이 커뮤니티의 주인장은 "여성 혐오가 아니라 이 시대가 낳은 양성평등과 남성인권을 운동하고자 페이지를 개설했고" '김치녀'는 "대한민국 일부 개념 없는 여성임을 알린다."고 친절하게 부연 설명하고 있기도 해. 자신들은 모든 대한민국 여성들을 겨냥한 것이 아니라 '일부 개념 없는 여성'만이 '김치녀'이며 자신들의 공격 대상임을 밝히고 있는 거지.

이 페이스북 커뮤니티와 ≪일베≫사이트와의 연관성을 분명하게 증명할 수는 없지만, 두 곳 모두에서 여성 혐오에 대한 논리의 근거로 사용되는 게 한 두 사건의 실례, 즉 '팩트'의 제시와 특히 군대 문제와 결부된 '양성평등'이라고 할 수 있어. 소수의 예를 '팩트'로 제시하면서 한국 여성 전부의 특성으로 만들어버리는 거지. 그리고 군대 문제를 거론하며 남성들이 역차별을 당하고 있고, 따라서 양성평등이 이루어져야 한다는 거야. 일부를 보고 전체를 판단하라고 주장하는 모양새고, 따라서 논리의 비약이야. 이 장을 처음 시작하면서 이야기한 것처럼 수천 년간 여성은 열등한 존재로 규정되었고, 그에 따른 차별에 시달리며 살아왔어. 하지만 이런 역사적 맥락은 무시한 채 현 상황의 몇몇 '팩트'를 강조하고, 자신이 겪어야 하는 상황만을 근거로 역차별이라고 분노를 터트리면서 양성평등을 주장하며, 여성에 대해 혐오의 말을 쏟아내는 게 현재 대한민국 여성 혐오 담론의 공통점이라고 할 수 있어.

사회구조적인 측면의 고려는 무시한 채로 개인적 차원의 절대적 평등을 주장하는 거지. 남성이 힘과 권력을 가지는 것이 너무나 당연시되어왔던 긴 역사 속에서 아직 성공적으로 사회에 진입하지 못한 젊은 한국 남성들 일부에서 느끼는 위기의식이 그 바탕에 존재한다고 할 수 있을 테고 말이야. 힘을 가진 강한 남성이라는 전통적인 남성상에 부합하지 못하는 남성들의 열등감, 위기감이 여성에 대한 공격으로 표출된 거지. 엄마가 보기에 대한민국은 여전히 힘과 권력이 남성들에게 주어진 사회이고, 21세기 대한민국에서도 여성은 여전히 '제2의 성'으로 존재하는 것 같은데도 말이야.

그럼에도 불구하고 21세기를 살아가는 젊은이들이 여성 혐오의 말들을 쏟아내는 건 연애, 결혼, 출산을 포기한 '3포 세대'를 지나 여기에 다 내 집 마련과 인간관계까지 포기한 '5포 세대', 아르바이트로 하루하루를 이어가는 '88만원 세대' 등으로 칭해지는 젊은 세대의 절망과도 관련된다고 할 수 있을 거야. 하지만 자신의 절망의 원인을 자기반성 혹은 사회시스템 속에서 찾는 것이 아니라 외부의 어떤 존재에게 분노를 폭발시키는 형태로 표출하는 건 위험할 뿐만 아니라 전혀 해결책을 제시해 주지 못해. 잠시 화풀이 대상에게 분노를 풀어낸다고 근본적인 문제가 해결되는 건 아니기 때문이지.

현주도 고3이 되고 대학의 과를 정할 때 좀 더 현실적으로 미래의 직업 선택에 대해서 고민해볼 테고, 20대가 되면 더 피부에 와닿을 수 있는 문제일 거야. 그리고 미래에는 여성성의 가치에 대한 재고찰도 분명히 이루어져야 할 테고 말이야.

엄마는 주로 20대의 이야기를 해봤는데, 10대가 느끼는 여성 혐오는 어떤지 궁금해. "과연 아직 중학교나 고등학교를 다니는 10대가 여성 차별이나 여성 혐오에 대해 느껴본 적이 있을까?"라는 질문도 포함해서 말이야.

10대의 입장에서 생각해본 여성의 과거와 미래

엄마와 같은 여자로서 여성에 대한 신화, 역사 그리고 최근 우리나라의 여성 혐오 문제에 대해 글로 이야기하게 된다고 생각하니 떨리기도 하고 부담스럽기도 해. 우선 어떠한 글을 써서 남들에게 보여준다는 것 자체가 굉장한 책임을 요구하는 일이기도 하고, 글의 주제 역시 가벼운 것이 아니어서 그런 것 같아. 그렇지만 여자로서, 또 대한민국에 살아가는 한 사람으로서 꼭 다루고 싶은 주제였기에 조심스럽게 내 이야기를 풀어나가볼게.

요즘 우리나라 사회를 분열시키는 갈등이 무엇이 있을까? 1장에서 이야기한 세대갈등 역시 요즘 중요한 갈등 중 하나이고, 해결되어야 할 문제이지만 개인적으로 요즘 가장 뜨거운 건 여성 혐오 관련 논쟁이라고 생각해. 특히 젊은 층 사이에서 아주 예민하고 뜨거운 감자인 것 같아. 내 친구들 사이에서도 종종 이야깃거리로 나오는 것은 물론이고, 인터넷의 반응 등을 보면 어쨌든 심상치 않은 화젯거리임에는 분명하지.

다른 갈등도 역시 마찬가지이지만, 이런 갈등의 경우 특히 조심해야 할 것이 소수의 의견을 일반화한다거나 편을 가르고 이분법적으로 사고하면서 양진영의 대결이라며 극단적으로 이 문제를 묘사하는 것이야. 이런 사고는 갈등을 해결하는 데에는 전혀 도움이 되지 않을뿐더러 문제의 본질 자체를 흐리기 때문에 자제해야 한다고 생각해. 이것을 미리 말하는 이유는 이 주제와 관련된 논쟁의 대부분이 여성 혐오 문제에 대한 근본적인 문제나 해결 방법을 말하는 것이 아니라 남자와 여자 사이의 대결구도로 치달았기 때문에 이렇게 진전 없고 사회 분열만 일으키는 현재의 상황에 도달한 것 같기 때문이야.

우선적으로 이 논쟁에 대하여 어떠한 말을 하기 전에 확실히 답을 알고 가야 할 질문은 "과연 우리나라에 여성차별이 존재하느냐?"라고 생각해. 나는 분명히 우리 사회에 여성차별이 존재한다고 느끼는데, 이것 자체를 부정하는 사람들도 있는 것 같아. 최근에는 민법 개정으로 상속도 아들이나 딸이나 같은 비율로 받고 있고, 특히 군대 문제와 관련해서 남성들의 역차별을 이야기하고, "페미니즘이 아직도 필요해?"라는 말도 심심치 않게 들을 수 있어. 조선시대하고 비교해 본다면 지금 우리나라 여성들의 상황이 많이 나아진 것은 사실이지만 여성비하는 우리 같은 청소년들도 여전히 느끼는 문제야.

우리나라는 역사가 긴 국가로, 한반도에서 다양한 국가를 거치며 지금의 대한민국이 완성되었어. 엄청난 이민의 유입이나 국가 크기 등의 변화가 없었기에 옛 문화나 전통을 지금까지도 비교적 잘 보존할 수 있었지. 그중에서도 가장 최근의 국가인 조선은 철저한 유교국가로, 유교를 나라의 이념으로 삼고 국가를 운영했어. 물론 세계의 다른 나라들도 역시 그랬지만, 당시 여자는 시민이라고 취급도 받지 못했고, 그저 남자의 소유물 그 이상도 이하도 아니었어. 유교의 기본 도덕 사상인 삼강오륜만 보아도 부위부강(夫爲婦綱)과 부부유별(夫婦有別)을 남편과 아내 사이에 마땅히 지켜야 할 도리라고 이야기하며 가부장적 통치체제를 구축하고, 여성의 상대적 열등을 강조했어. 여성은 정절을 강요당하며 바깥에 자유롭게 나갈 수도 없었고, 지식 습득에도 제한이 있었으며, 제사나 재산상속에도 참여할 수 없었고, 족보에서도 차별을 받았어. 삼종지도(三從之道)라는 말을 통해 당시 여성의 사회적 지위를 짐작할 수 있어. 여자는 시집가기 전에는 아버지를 따르고, 시집가서는 남편을 따르고, 남편이 죽은 뒤에는 자식을 따라야 한다니, 지금 생각하면 말도 안 되는 소리야.

어쨌든 내 짧은 한국사 지식으로 설명했지만, 이러한 역사적 배경이 있는 여성차별은 여전히 해결되지 못한 채이고, 가부장적 제도는 아직도 현대의 많은 여성들을 고통받게 하고 있어. 이것을 떠나서도 현재도 여성차별은 분명히 존재하고 있고, 이는 엄마가 더 잘 설명해주었다고 생각해. 그러고 보면 여성차별은 동양과 서양을 통털어서 오랜 시간 계속되어 온 전 인류의 문제임이 분명해. 문제를 해결하기 위해서는 일단 문제 인식을 잘 하는 것이 중요한데, 여성차별은 분명히 존재하고 이는 반박할 것이 아니라고 생각해.

그렇다면 다음 질문으로 넘어가 볼게. 우리나라에 여성차별 문제가 존재한다면, 이것은 어떠한 방식으로 사회에 내재되어 있으며 이를 해결하기 위해서는 어떠한 태도를 취해야 할까? 이 질문과 관련해서 내 친구가 나에게 들려준 이야기를 그 예로 들어줄게. 다른 학교에 다니는 친구가 학교에 대자보를 붙이고 싶은데 너무 고민된다고 나에게 의견을 물어본 적이 있었어. 대자보의 내용은 그 학교의 여학생들이 그동안 선생님들이나 남학생들에게 들은 여성의 상품화 취급 및 비하 발언을 정리한 것이었지. 아이들이 많이 참여하지는 못했는데, 그중 한 명이 대자보 작성에 참여했다는 소문이 돌자마자 엄청나게 욕을 먹어서 다른 아이들 역시 학교생활과 친구관계에 차질이 생길까봐 그만두었다는 거야. 그 친구는 자기뿐만 아니라 대부분의 여자아이들이 평소에도 "여자는 공부를 못하면 얼굴을 뜯어고쳐서 업소에 몸이라도 팔아야하지 않겠냐?" "걔 자봤을 것 같이 생겼다." "와꾸는 예쁜데 가슴이 없다." "여자는 집에서 애나 돌보면 된다." 등의 발언을 들었다면서, 처음에는 화를 냈지만 그렇게 말할 때마다 당사자들은 발뺌을 하거나 "너 메갈이냐?"며 오히려 여학생들을 극단주의자로 몰아갔다고 했어. 이제는 비하 발언 같은 것은 담담히 받아들이는데, 가만히 있어야 그런 말을 덜 들을 수 있어서 그렇대. 그렇지만 용기 있는 내 친구는 절대 익숙해지면 안 되는 문제라서 대자보를 작성하는데 참여했다고 하면서, 학교생활 전부를 걸고 이름을 적었으며 너무 무섭다고 그랬어. 이 이야기를 듣고 나는 너무나도 충격을 받았어. 솔직히 나도 여성비하 발언을 많이 듣고, 은연중에 있는 여성차별을 너무 잘 느끼고 있는데 이렇게까지 심각한 줄은 몰랐었거든. 물론 사회의 영향을 많이 받았겠지만, 청소년들 사이에 퍼져있는 여성관이 얼마나 잘못되었는지 더욱 잘 인식하게 되었고, 이것이 비단 내 주변의 문제가 아니며 다들 보복이나 타인의 반응이 두려워 쉬쉬하는 분위기가 된 것이 너무 충격적이었지.

이 문제에 대해서 경각심을 느끼고 다른 학교나 지역에 사는 친구들하고도 이야기해보았는데, 역시 비슷한 생각을 가지고 있었어. 성인들만의 문제가 아니라 청소년들 사이에서도 남녀 갈등이 정말 심각한 문제로 부상하고 있다는 것이 첫 번째 공통점이었고, 두 번째는 성 평등이 요즘 여학생들의 엄청난 관심사라는 것이야. 여성의 사회적 지위 향상을 주제로 이야기하는 힐러리의 연설 영상을 수업시간에 들려주는 선생님을 상대로 학생들이 "교직원이 메갈이어도 되냐?"는 불만을 토로하는 사회가 과연 정상적인 사회일까? 성 평등에 대해서 이야기하는 남학생에게 "너는 남자는 남자끼리 뭉쳐야지 왜 반박하냐?"는 따위의 이야기를 하는 사람은 여성차별 문제의 본질을 인식은 하고 있는 것인가 궁금해.

여성에게 참정권이 주어지고 사회 속에서 여성의 기능이 변화한 것은 20세기부터라고 배웠어. 즉 산업혁명으로 육체적 힘이 지배하던 세계가 점점 기능이 약화되고 대신 사회는 여성의 노동력이 필요해졌기 때문이라는 거야. 세계사 시간에 배운 내 기억에 따르면 특히 그 계기가 된 게 제1차 세계대전이었지, 아마? 전쟁이 나고 남성들은 전쟁터로 나갈 수밖에 없었어. 남성들이 일터에서 일을 할 수 없게 되니까 그 빈자리를 여성들이 채웠던 거야. 그런데 일을 하면서 보니까 여성이 남성보다 뒤지지 않았던 거지. 그런 과정을 겪으면서 사회적 역할이 점점 강화되었어. 유럽에서 여성의 인권 신장과 선거권을 외치던 참정권자들이 나타난 것도 이 시기였어.

재미있는 글을 읽었던 적이 있어. 바로 여성 인권 신장에 가장 큰 영향력을 끼친 발명품 중 하나가 세탁기라는거야. 세탁기는 몇천 년간 세계의 모든 여성들이 시달려왔던 가사노동 중 큰 부분을 차지했던 빨래에서 여성들을 조금이나마 해방시켜줬다고 해. 그 이외에도 그 전에는 여성들의 손으로 이루어졌던 것들을 기계가 대체하면서 여성들의 사회진출의 걸림돌을 제거했다는 의견들도 많지. 어찌되었건 아예 인간의 범주에 속하지도 않았던 여성들은 근대 사회에서 현대 사회로 넘어오면서 조금이나마 나은 권리를 보장받을 수 있었어.

그러나 문제는 아직도 존재하지. 사람들의 인식 속에 아직도 정체되어 있는 여성에 대한 관념들뿐만 아니라, 여성이 사회에서 완벽한 권리나 자유를 누린다고 하기에는 여전히 부족하다고 생각하거든. 정치적이나 사회적 기반도 30년 전보다는 훨씬 개선되고 있다고 해도, 취업시장이나 회사에서 여성에 대한 유리천장이 아직도 존재한다는 것은 부정할 수 없어.

이러한 문제를 해결하기 위해 우리는 어떠한 태도를 취해야 할까? 개인적인 차원에서는 우선 여성 혐오 문제를 공론화시키고, 그 심각성을 인지해야 할 것 같아. 너무 무겁고 민감한 주제라는 이유로 타인의 시선을 의식해 이 문제에 대한 토의를 피하거나 적극적으로 자신의 의견을 표출하는데 거리낌을 느끼는 사람들이 많아. 현존하는 문제라는 인식과 더불어 문제점을 느꼈을 때 분명하게 공론화하는 태도가 중요할 것 같아.

특히 출산과 보육의 문제는 정부나 사회가 좀 더 좋은 방안을 마련해줘야 일과 가정생활을 양립하면서 삶을 영위할 수 있지 않을까 해.

다시 딸에게

최근 몇 년 사이에 심심치 않게 보도된 대학가 '단톡방 사건'을 접하고 엄마는 정말 참담한 심정이었어. '단톡방'은 모바일 메신저 '카카오톡' 단체 대화방을 말하는 거잖아? 남학생들끼리 만든 단체 대화방에서 이루어진 언어 성폭력 문제가 대학가 곳곳에서 잇따라 터진 건 현주도 알고 있을 거야. 국민대에 이어 고려대, 서울대, 연세대, 서강대 학생들이 '단톡방'에서 같이 공부하고 매일 마주하는 여성 동기 등을 상대로 성희롱적인 발언을 수차례 주고받아 문제가 된 사건이었지. 그리고 부끄럽게도 이런 사건들이 끊이지 않고 계속되고 있고 말이야. 여학우들을 성별에 근거해 생식기로 일컫거나 성행위의 대상으로 취급하는 단톡방의 수많은 대화들은 너무나 쓰레기 같아서 몇 가지 예를 들어 여기에 옮겨 적기도 싫을 정도야. 사정이 이렇다 보니 매일 얼굴을 마주 대하는 여학생을 동료나 친구로 여기기는 하는 걸까라는 의문이 드는 것도 사실이고 말이야. 문제가 된 단톡방 사건이 벌어진 곳이 이른바 SKY라고 불리는 명문대를 다수 포함하고 있다는 것도 사회적으로 생각해볼 문제일 수 있을 거야. 하지만 더 큰 문제는 이 정도로 반복되어 발생한다면 이게 일회적이고 특별한 일부 남학생들의 문제가 아니라는 점이야.

슬픈 예감은 왜 틀리지 않는 걸까? 여성을 상품화하고, 성적인 면과 결부해 희롱하고, 비하하는 발언들이 고등학생들에게까지 만연되어 있다는 건 엄마도 처음 안 사실이야. 이런 얘긴 평소에 현주가 엄마에게 해주지 않은 이야기니까. 성하고 관련된 이야기를 하기에 엄마는 제일 적당하면서도 제일 껄끄러운 상대일 거야, 그렇지?

하여튼 대학교에서와 비슷한 행태들이 고등학교에서도 벌어지고 있다는 사실은 엄마를 너무나 놀라고 슬프게 만들었어. 그리고 문제는 그런 이야기들을 나누는 남학생들도 자신들이 무슨 말을 하는지, 그 말이 상대의 인격에 얼마나 상처를 주는 일인지 느끼지 못하는 것처럼 보인다는 사실이야. 심지어 2016년에 벌어진 모 대학교 '단톡방' 사건의 경우에는 그간의 사정이 밝혀지고, 자신들이 나눈 대화 내용이 언론에 보도되면서 학교 교수님이나 친구들에게도 실명이 알려지고 하면서 공론화되니까 가해자 남학생이 정신적 충격을 운운하며 병원에 입원하더구나… 가해자 남학생의 미래에 스크래치가 갈 것을 우려하고 행동을 결정하는 부모님은 덤이고 말이야. 그럼 자기들이 몇 달 혹은 몇 년간이나 인격적 모욕을 가해온 여학생이 얼마나 충격을 받았을까에 대한 고려는 전혀 없이 말이야. 그런 경우 대부분의 피해자는 심각한 정신적 외상을 입고 정신과 치료가 필요한 상태가 되거나, 문제가 된 집단에서 완전히 잊히기 위해서 학교를 중단하거나, 거주지나 학교를 옮기는 등 훨씬 더 심각한 피해를 입는데도 말이지.

물론 이런 사건이 이렇게 만연하게 된 것에 대해 사회심리학적인 분석과 설명이 먼저 이루어져야 할 거야. 원인을 정확하게 진단해야 고칠 수 있는 방법을 고민해볼 수 있지 않겠어? 몇몇 학자들이 여성들과의 경쟁에서 뒤처질 수 있다는 불안의식이 여성 혐오의 바탕에 존재한다는 진단 정도만 하고 있을 뿐 아직 학계에서 이에 관한 연구가 본격적으로 이루어진 적이 없는 걸로 알고 있어. 엄마는 사회학자나 심리학자는 아니지만 인문학자로서 뭔가 놓치고 있었다는 생각에 현주 보기가 부끄러워. 지금부터라도 이 문제를 적극적이고 진지하게 고민해 볼게.

그런데 이런 사건이 일어났을 때 특히 남자 어른들은 심각한 문제로 생각하고 접근하는 것이 아니라 가벼운 장난 정도로 인식하고 사건을 대한다는 생각이 들어. 우선 이런 접근 방법부터 고쳐야 할 것 같아. 마치 학교폭력이 일어났을 때 아이들의 가벼운 장난이었다는 변명이 제일 먼저 나오는 것처럼 말이야. 학교는 학교의 '명예'를 더럽히지 않기 위해 솜방망이로 때린 '장난'이었다는 식으로 가능하면 조용히 사건을 덮으려고 하고 말이야. 그리고 오히려 전학을 가거나, 대학생의 경우라면 휴학을 하는 등 2차적인 피해를 입는 건 늘 피해자이고 말이지. 이것 역시 수천 년간 깊숙이 각인되어 내려오고 있는 가부장적인 DNA의 영향으로 내려지는 반응과 결정들인 걸까?

하지만 현주가 말한 것처럼 법이나 산업적인 구조가 점차로 개선되고 있는 건 사실이고, 수천 년간 지속되어 온 생각이 바뀌는 데는 시간이 걸릴 수밖에 없다는 이야기를 그나마 위안으로 삼아보자. 이런 말밖에 할 수 없어서 미안해.

현주 이야기를 들으면서 여성 상위를 이야기하는 지금도 아직 본격적인 사회생활을 시작하지 않은 십 대들마저도 여성문제에 대해 느끼고 생각하고 있다는 사실을 확인할 수 있었어. 사실 많이 답답하고 화가 나네...

3 장

'요즘' 아이들은 어떤 노래에 열광하는 것일까?

'요즘' 아이들이 듣는 노래는 어떤 노래야?

이 장에서는 "과연 젊은이들은 어떤 노래를 좋아하고 노래에 대해 어떤 생각을 가지고 있는 것일까?" 하는 질문에 대한 이런저런 생각을 담아내보면 어떨까 해. 현주는 귀에 이어폰을 꽂고 음악을 들으면서 공부하는 경우가 많잖아? 사실 엄마가 학생이던 무렵에도 음악을 들으면서 공부하는 친구들이 적지 않게 있었던 걸로 기억하는데, 엄마는 조용한 걸 선호하는 편이라 공부할 때 음악을 듣지는 않았거든. 사실 엄마는 엄마의 경험을 토대로 해서—엄만 음악을 들으면서 공부하는 방식을 선택하지 않았으니까— "이어폰으로 음악을 들으면 공부하는데 집중이 덜 되는 것이 아닐까?"하고 꽤 오랫동안 심각하게 염려를 한 적도 있어. 잔소리를 할까 말까 몇 년을 망설이다가 현주의 방식을 인정하기로 했는데, 몰랐지? 엄마 잘한 거야?

학교 수업시간을 제외하고도 현주가 하루에 공부하는 시간을 생각해보면, 현주가 음악에 노출되어 있는 시간이 얼마나 많은 지 짐작이 갈 거야. 사실 이어폰을 끼고 버스나 지하철에서 서 있거나 앉아 있는 수많은 사람들을 보고, 카페나 식당, TV나 라디오, 길가의 가게나 심지어 길거리를 지나다가도 무차별적으로 들려오는 음악을 듣다 보면 음악을 빼고 현대인들의 일상을 말할 수 없을 정도로 음악은 사람들의 삶에 깊숙이 들어와 있다는 생각이 들어. 컴퓨터, 스마트폰, MP3 등의 매체를 통해서 음악을 즐기는 것에 훨씬 익숙한 현주 같은 십 대 청소년들은 말할 것도 없고 말이야. 청소년들의 경우에는 아무래도 어른들보다 시간적, 금전적, 상황적으로 스트레스를 풀어낼 여건에 제약이 있을 수밖에 없고, 그런 상황에서 제일 손쉽게 접할 수 있는 작은 일탈의 출구이자 휴식처가 음악일 수도 있을 테고 말이야. 좋아하는 가수나 곡에 대해 이야기하면서 친구들하고 공감대를 형성하고, 더 친해지는 계기가 될 수도 있다는 점도 무시하지 못할 거야. 엄마는 인간이 기계가 아닌 이상 아무리 '24시간이 모자란' 고등학생이라고 하더라도 그게 뭐가 되었든 긴장을 풀어주고 휴식을 줄 수 있는 매개가 있으면 좋겠다고 생각하고, 현주는 그게 음악인 것 같아. 뭐라도 찾았으니 다행이야.

그런데 청소년들이 늘 들으면서 가까이 하는 음악은 베토벤이나 모차르트, 쇼팽이나 리스트 등의 클래식보다는 아무래도 대중가요일 가능성이 많을 거야. 대중가요를 유행가라고도 하잖아? 그만큼 노래가 불려지고 '히트하는' 그 시대의 정치 · 사회 · 문화적 맥락과 불가분의 관련을 맺고 있다는 의미일 거야. 그러니까 '요즘' 아이들이 먼 '서양'에서 '200년 혹은 300년 전에' 만들어진 음악에 보다는 지금 이곳에서 만들어진, 자신들이 좋아하는 멜로디와 리듬에 맞추어 자신들이 공감하는 이야기를 담아낸 노래에 더 열광하는 건 어쩌면 당연해 보이기도 하고 말이야. '자신들의 이야기'를 금방 만화를 찢고 튀어나온 것 같은 멋진 '오빠'들이 눈이 번쩍 뜨일 만한 퍼포먼스와 함께 '칼 군무'를 추면서 불러준다면 몰입의 정도는 말할 수 없이 높아질 테고 말이야. 더구나 요즈음에는 대중가요의 위상도 예전과는 비교도 할 수 없을 만큼 훌쩍 높아져서 클래식만 다루던 음악 교과서에도 ≪여행을 떠나요≫나 ≪얼굴 찌푸리지 말아요≫, ≪풍선≫, ≪뭉게구름≫, ≪마법의 성≫을 비롯해서 대중가요들이 적지 않게 실려 있는 형편이기도 하고 말이야. 사실 엄마는 ≪sorry, sorry≫나 ≪소원을 말해봐≫, ≪Nobody≫ 같은 노래를 교과서에서 볼 수 있을 줄 몰랐거든. 대중가요의 가수들을 '딴따라'라고 비하해서 부르던 시절이 있었다는 게 믿기지 않을 정도야. 요즘 가수들은 높은 하늘에 떠서 더할 나위 없이 반짝반짝 빛나는 '스타'이며 그들이 사회 전반에 미치는 영향력은 웬만한 정치가들 못지않을 거야. 서태지를 '문화대통령'이라고도 부르잖아. 그러고 보면 고급음악과 대중음악을 나누고, 음악에서 '위계'를 말하는 건 이미 의미가 없어진 시대에 살고 있다는 게 정말 실감이 나.

시와 노래의 뿌리는 동일하다 – 중세의 음유시인들

이렇게 현주가 음악하고 같이 하는 시간이 많으니까 엄마가 좋아하는 노래하고 현주가 좋아하는 노래는 어떻게 다른지 본격적으로 이야기해 보자꾸나. 현주가 좋아하는 노래를 옆에서 같이 듣거나, 현주가 좋아하는 가수들의 노래를 가끔 찾아서 들어볼 때면 엄마한테 제일 먼저 떠오르는 건 "우리나라 말이야? 영어야? 도대체 무슨 말인지 가사를 알아들을 수가 없어!"하는 생각이란다. 실제로 요즘 젊은이들이 즐기고 좋아하는 노래에서는 어른 세대가 젊은 시절 좋아한 노래에서보다 노랫말의 중요성이 덜한 것만은 사실이라는 생각이 들어. 좋은 노래가 되는 요소들 중 마음에 와 닿는 가사가 차지하는 비중은 크지 않아 보이니까 말이야. 심지어 대중가요 가사의 자극적 노랫말이나, 문맥이 전혀 통하지 않는 비문(非文)들, 꼭 필요하지 않아 보이는 데도 무차별적으로 사용되는 외국어, 특히 영어 단어들, TV 화면에 가사를 적어주지 않으면 알아들을 수 없는 이국적(?) 발음으로 무장한 인기 스타들… 엄마에게는 좀 다가가기 힘든 음악적 상황이긴 하거든. 엄마가 가끔 ≪뮤직뱅크≫나 ≪인기가요≫ 같은 가요 프로그램을 곁눈질하다가 깜짝 놀란 건, 분명 우리나라 노래인데 가사를 자막으로 꼭 표시한다는 점이었어. 자막이란 외국영화를 볼 때나 필요한 건줄 알았는데 말이야.

심지어 언젠간 현수가 TV 볼륨을 완전히 낮추고 가요 프로그램을 시청하고 있는 걸 보고는 정말 신기하다고 생각한 적도 있었어. 다른 것도 아니고 가요 프로그램인데 말이야! 현수한테 물어봤더니 시청에 전혀 문제가 없다고 하더라고… 현주도 그래? 가요 프로그램의 자막을 보면서 "청각장애인들의 편의를 위한 건가?"하고 잠깐 생각해본 적도 있지만 그건 아니었어. 청각장애인을 위한 자막 서비스라는 설명은 어디서도 찾아볼 수 없었으니까 말이야. 좀 다른 얘기긴 하지만 가요 프로그램의 자막은 단순한 정보 전달의 역할을 넘어서서 프로그램의 재미를 위해 필수불가결한 요소가 된 요즘 TV 예능 프로그램의 자막과도 다른 것 같아. 예능 프로그램에서 제작진은 자막을 통해서 출연자의 심리상태를 표현하고, 그들이 처해 있는 상황을 센스 있게 묘사하고, 그 상황에서 연출자의 느낌이나 견해를 전해주는 등 시청자와 소통하고, 예능 프로그램의 재미를 배가시켜주는 역할까지 하잖아? 심지어 "연출자가 바뀌어 자막이 재미 없어졌고, 프로그램도 별로가 되었다."는 인터넷의 댓글도 심심치 않게 있는 걸로 알아. 하지만 가요 프로그램의 자막은 시청자와 소통을 위한 것 같진 않고, 외국영화의 자막처럼 정보 전달이라는 역할로 그치는 게 아닌가 싶어. 그렇다면 방송국에서는 왜 그런 친절을 베푸는 걸까? 아마 자막의 도움을 받지 않고서는 노래를 이해할 수 없는 엄마 같은 사람들을 위해서겠지. 마치 외국어를 대하는 사람처럼 말이야… 반면 아무래도 ≪뮤직뱅크≫나 ≪인기가요≫보다는 타깃 연령대가 좀 높은 ≪유희열의 스케치북≫에는 자막이 없더라고. 그런 걸 보면 아무래도 좀 더 젊은 층이 즐기는 음악의 노랫말이 언뜻 들어 의미 파악이 어려운 것만은 사실이 아닐까 해.

엄마가 노래에서 멜로디나 리듬보다 노랫말에 유독 민감한 건 아마 엄마가 시를 전공해서 그런 것 같기도 해. 특히나 엄마가 전공을 한 서양에서는 예전에는 음유시인이라고 불린 사람들이 악기에 맞춰 노래를 불렀어. 이 사람들의 이름이 방랑가수가 아니라 음유시인인 데서도 아마 짐작이 가겠지만, 그때 그 사람들이 부른 노래가 바로 시의 조상이 되었거든. 그 사람들이 시인의 조상이자 가수의 조상이라고 할 수 있을 거야. 시인이자 가수였던 음유시인들은 이 마을 저 마을을 다니면서 즉흥적으로 노래를 지어 불렀던 일종의 '싱어송 라이터'들이었던 셈이지. 그러니까 시하고 노래는 같은 뿌리를 가지고 있다고 봐도 될 거야. 더 옛날로 거슬러 올라가 보면 그리스신화의 아폴론 역시 '시와 음악의 신'이었고 말이야. 그런 전통의 영향인지 실제로 프랑스에서는 예전 유명한 시인들의 작품은 거의 모두 가곡이나 대중가요의 노래로 만들어졌다고 봐도 무방할 정도야. 엄마가 좋아하는 시인의 작품들을 거의 모두 노래로 들을 수 있으니까 말이야. 우리나라도 그런 경우들이 종종 있긴 하지. 70년대에 김소월 시인의 시가 노래로 만들어졌고 꽤 히트하기도 했는데, 사실은 엄마도 어릴 때라 기억이 많이 나지는 않아. 엄마 기억에 제일 인상 깊게 남아있는 건 고등학교 교과서에도 수록되어 있는 정지용 시인의 ≪향수≫라는 시에 곡을 붙인 노래야. ≪향수≫는 식민지 시절 점령국인 일본으로 유학을 떠난 시인이 고향을 그리면서 쓴 글이야. 1927년에 발표된 시라 맞춤법이 지금하고 좀 달라서 낯선 느낌이 들 수도 있을 거야. 정지용 시인은 우리나라 시인들 중 가장 화려하고 유려한 시어를 구사한 시인이라는 찬사를 듣는 시인이기도 해. 그 중에서도 ≪향수≫는 독보적으로 아름다운 시라는 생각이 들어.

넓은 벌 동쪽 끝으로 옛이야기 지줄대는
실개천이 휘돌아 나가고 얼룩백이 황소가
해설피 금빛 게으른 울음을 우는 곳
그곳이 참하 꿈엔들 잊힐리야.

질화로에 재가 식어지면
뷔인 밭에 밤바람 소리 말을 달리고,
엷은 조름에 겨운 늙으신 아버지가
짚벼개를 돋아 고이시는 곳,

그곳이 참하 꿈엔들 잊힐리야.

흙에서 자란 내 마음
파란 하늘빛이 그립어
함부로 쏜 화살을 찾으러
풀 섶 이슬에 함추름 휘적시던 곳
그곳이 참하 꿈엔들 잊힐리야.

전설 바다에 춤추는 밤물결 같은
검은 귀밑머리 날리는 어린 누의와
아무렇지도 않고 예쁠 것도 없는
사철 발 벗은 안해가
따가운 햇살을 등에 지고 이삭 줏던 곳,
그곳이 참하 꿈엔들 잊힐리야.

꿈에도 잊히지 않는 고향을 그리워하는 시인의 마음이 절절히 느껴지지 않아? 우리말도 너무 아름답고 말이야. 여기선 아마 교과서나 참고서에는 수록되어 있지 않을, 이 시에 대한 엄마 나름의 감상을 하나 덧붙여 볼게. 시인은 고향을 떠나 큰 도시로 유학을 가 있고, 고향을 지키는 것은 시인의 '아내'잖아? 심지어 '아무렇지도 않고, 예쁠 것도 없는' 아내 말이야. 아마도 집안 어른들의 결정에 따라 어린 나이에 결혼을 했을, 고향에 남겨둔 아내가 그리 예뻐 보이지는 않았나봐. 심지어 아주 가난해서 이 아내는 고된 일을 하는 것도 모자라 신발마저 없이 '사철 발 벗은' 상태이지. 그것도 풍족한 수확을 보장하는 곡식 베기가 아니라 지주들이 대규모의 수확을 하고 난 후 땅에 떨어져 있는 이삭을 주우면서 말이야. 한 움큼의 이삭을 줍기 위해서는 가을 뙤약볕 아래서 허리를 수없이 굽혔다 폈다 하는 과정을 반복하지 않으면 안 되는 이삭줍기가 얼마나 고된 노동인지는 밀레의 ≪이삭줍기≫라는 그림에서도 알 수 있을 거야. 아내는 이렇게 힘들게 고향에서 가족을 부양하지만 '그리 예쁠 것은 없고' 말이야. 이렇게 아내에게 가족에 대한 임무와 대리 효도를 맡겨놓고서 시인은 아마 '아름답고 매력적인 신여성'과 도시에서 사랑을 나누었을 수도 있을 거라고... 현주는 어떻게 생각해? 너무나 아름다운 명시이지만 여성의 입장에서 생각해보면 좀 분통이 터지는 장면이기도 해.

밀레의 ≪이삭줍기≫라는 그림이야. 얼핏 고향과 전원의 삶에 대한 찬가로 오해하기 쉬운 그림이기도 해. 하지만 이삭 한 줌을 모으기 위해 수없이 허리를 굽혔을 검게 그을린 무표정한 얼굴의 여성들을 자세히 보면 이 그림이 가난한 농민들의 고단하고 비참한 삶을 묘사한 그림이라는 걸 알 수 있어.

미안, 이야기가 옆길로 샜네. 다시 노래로 돌아와 보자. 이 ≪향수≫는 우리나라에서 시인의 시가 대중가요 곡으로 만들어져 성악가와 대중가요 가수가 같이 노래한 최초의 시도가 아니었나 해. 가수 이동원 씨가 당시 서울대 음대 교수였던 성악가 박인수 교수와 함께 '콜라보'한 작업으로 유명했지. 시인의 시에 대중가요 작곡가가 음을 붙이고 대중가요 가수와 성악가가 같이 노래를 부른 최초의 시도였으니까 말이야.

최근으로 시간을 거슬러 올라와보면 안치환이라는 가수는 2016년 ≪안치환 정호승을 노래하다≫라는 앨범을 발매하기도 했어. 앨범의 곡이 모두 정호승 시인의 노래로 채워져 있는 앨범인데, 우리나라에서도 한 시인의 시만으로 꽉 채워진 CD를 보게 되어 엄마는 꽤 반가웠어. 이 앨범에는 가슴을 울리는 여러 편의 시들이 노래로 만들어져 실려 있는데 현주도 한번 들어보고 어떤지 엄마에게 알려줬으면 좋겠어. 그중에서도 엄마가 제일 좋아하는 ≪수선화에게≫라는 시는 이래.

울지마라
외로우니까 사람이다
살아간다는 것은 외로움을 견디는 일이다
공연히 오지 않는 전화를 기다리지 마라
눈이 오면 눈길을 걸어가고
비가 오면 빗길을 걸어가라
갈대숲에서 가슴 검은 도요새도 너를 보고 있다
가끔은 하느님도 외로워서 눈물을 흘리신다
새들이 나뭇가지에 앉아 있는 것도 외로움 때문이고
네가 물가에 앉아 있는 것도 외로움 때문이다

산 그림자도 외로워서 하루에 한 번씩 마을로 내려온다
종소리도 외로워서 울려 퍼진다

시인의 외로움이 절절히 느껴지지? 아마 현주는 아직은 이런 외로움을 느껴본 적이 없을 것 같기도 한데… 어때? 시의 제목이 ≪수선화에게≫ 인걸 보면 시인은 아마 시를 쓰면서 그리스신화의 나르키소스를 떠올린 것 같아.

옛날 나르키소스라는 아주 아름다운 목동이 있었는데, 워낙 외모가 출중했던 탓에 수많은 요정들과 여인들의 연모의 대상이 되었다고 해. 하지만 정작 그는 아무도 거들떠보지 않았대. 심지어 사랑을 경멸했다는 거야. "으이, 나쁜 남자 같으니!" 요정들은 머리끝까지 화가 났지. 그래서 나르키소스가 사랑에 빠지게 해달라고, 그리고 그 사랑의 대상을 절대로 소유할 수 없게 해달라고 신에게 빌었어. 그리고 마침내 사랑의 신의 배려로 요정들의 소원은 이루어졌어. 나르키소스가 사랑에 빠진 거야. 그런데 불행하게도 그가 사랑에 빠진 대상은 자기 자신이었다고 해. 사랑하는 대상을 '절대로' 소유할 수 없게 되어버린 거지. 어느 날 나르키소스는 샘물에 비친 자신의 모습에 반해버렸고, 불가능한 사랑에 지쳐버린 나머지 애를 태우다가 그만 죽어버렸어. 그리고 그 자리에서 피어난 꽃이 바로 수선화였다는 거야. 샘을 바라보다가 얼굴만 들어도 사라져버리는 연인 때문에 나르키소스는 샘가를 떠날 수가 없었거든. 그래서 수선화의 꽃말은 "자기사랑, 자존심, 고결, 신비"이고 말이야. 좀 짠한 이야기지?

다른 사람과 사랑을 나눈다는 건 서로가 서로의 세계 속으로 깊숙이

들어가는 걸 허용한다는 의미일 텐데 나르키소스는 그걸 할 수 없었거나 혹은 하지 않았던 거야. 꽃말처럼 자신밖에 사랑할 수 없었던 나르키소스는 자신 안에 갇혀버린 거지. 자기애가 너무 강한 나머지 타인과 소통하려고 하지 않는다면, 외로워지는 건 어찌 보면 당연한 결과일 테고 말이야.

그런데 "외로우니까 사람이다"라고 노래하는 정호승 시인은 신화를 조금 달리 해석해 낸 것 같아. 이 '외로움'을 인간이라면 누구나 살아가면서 견뎌내야 할 숙명으로 이야기하고 있기 때문이야. 심지어 하느님도 외로워서 가끔 눈물을 흘린다니 말 다 했지 뭐. 그럼에도 불구하고 시에서도 외로움을 달래줄 수 있는 건 역시 타인의 존재일 수밖에 없다고 결론 내리고 있어. 그게 잠시 뿐일 지라도, 혹은 그로 인해서 더 외로워진다고 하더라도 말이야. 그래서 산 그림자가 하루에 한 번씩 마을로 내려오고, 종소리가 마을로 울려 퍼지는 것 아닐까? 다른 사람에게로 다가가 보려고 말이야. 이런 식으로 엄마는 노래를 들을 때 연주나 리듬, 박자, 가수의 음색 등등 '음악적'인 요소 말고도 가사의 의미를 곱씹는 경우가 많아.

엄마가 전공을 한 프랑스시를 가지고 만든 샹송 중에 엄마가 제일 좋아하는 건 ≪내 가슴에 눈물이 흐르네≫라는 노랜데, 레오 페레라는 가수가 부른 곡이야. 클로드 드뷔시가 작곡한 가곡 버전도 있는데 워낙 유명한 곡이니까 현주도 나중에 한번 찾아서 들어봐. 다른 감미로운 노래들도 많지만, 엄마가 이 노래를 좋아하는 건 원래 엄마가 좋아하는 시를 노래로 만들어서야. ≪내 가슴에 눈물이 흐르네≫는 폴 베를렌이라는 시인의 시인데, 베를렌은 특히 시의 음악성을 아주 중시한 시인이기도 했어. 그래서 노래로 만들어지기 전에도 시 자체가 음악성이 뛰어난 작품이기도 하단다. 한번 음미해 봐.

도시에 비가 내리듯
내 가슴에 눈물이 흐르네
내 심장을 파고드는
이 우수는 뭘까?

대지에 지붕 위에
부드러운 빗소리!
권태로운 내 가슴에
오 비의 노래여! [...]

어때? 아름답지? 가끔 비오는 날 커피 한 잔을 앞에 놓고 있으면 떠오르는 시인데, 내리는 비가 괜히 시인의 눈물 같아서 울적해지기도 하고 그렇단다. ≪수선화에게≫도 그렇고 ≪내 가슴에 눈물이 흐르네≫도 그렇고 시인들은 외로울 때 시상이 막 떠오르는 모양이야.

어쨌든 엄마는 노래를 들을 때 멜로디나 리듬도 물론 무시할 수 없지만, 그 멜로디에 어우러진 노랫말을 곱씹는 편이고 노래 가사에서 비문(非文)이 들리거나, 맥락 없는 단어들이 나열되었다고 느낄 때 노래에 몰입할 수 없게 되는 건 사실이야. 엄마 취향이니까 이해해줘!

남발되는 영어, 맥락 없는 가사들

지금 대한민국의 청년문화를 설명하는데 아이돌 음악과 힙합 음악을 언급하지 않을 수 없을 것 같아. 아이돌 음악에 대해서는 현주가 엄마보다 훨씬 많이 알고 있으니까 좀 이따 설명해줘.

꼭 시처럼 아름다운 노랫말이라고 한정 짓지 않더라도, 대중음악을 비평하는 전문가들도 가사에 많은 의미와 비중을 두어온 것이 사실이야. "가사를 통해 그것을 생산해 낸 사회적 힘을 거꾸로 읽어낼 수 있다"고 생각했기 때문일 거야. 하지만 특히 1990년대 이후 우리나라에 힙합과 랩이 소개되기 시작하면서 가사의 의미보다는 비트나 멜로디와 함께 어우러진, 단어가 가지는 소리 자체가 중요해지는 경향이 더 강화된 것 같아. 힙합과 랩은 원래 미국 뉴욕 할렘가 흑인들의 길거리 문화에 뿌리를 두고 있잖아? 1970년대 중반, 일단의 아프리카 출신 흑인 청년들은 뉴욕 할렘가와 같은 대도시 변두리에서 살아가는 삶의 고단함, 사회적 배제, 학업의 실패와 같은 박탈감, 상실된 존엄성에 대해 분노했고, 절망했고, 자신들의 이야기를 좀 들어달라고 사회에 외치기 시작했어. 그게 힙합 운동의 시작인 거지. 말하자면 힙합 음악을 통해 그들은 자신들과 같은 처지의 흑인들에게는 자각을 촉구했고, 힙합 음악은 백인 주류사회에 외치는 적개심에 가득 찬 저항이자 반항이었던 거야. 어느 정도였냐면 전직 갱단의 일원이었던 유명한 힙합가수도 드물지 않으니까 말이야. 갱스터 랩이라는 용어가 있는 걸 보면 현주도 짐작이 갈 거야.

하지만 주류사회는 그들의 외침을 귀 기울여 경청하려고 하지 않았지. 그러니까 힙합의 랩 가사는 아무것도 듣고 싶어 하지도, 들으려고도 하지 않는 사회에 내던진 절망의 외침이었던 거고, 자신들이 그곳에 있음을 알리는 일종의 노크 소리였던 거야. "똑똑" 혹은 "안에 누구 없어요? 저 여기 있어요, 들어가도 될까요?" 정도로 이해하면 될까? 자신들의 존재를 알리는 것, 그냥 소리내기가 중요했던 거지. 랩이라는 단어가 원래 "광광 두드리다"라는 의미를 가진 것도 우연은 아니겠지?

그러니까 래퍼의 랩은 "내 랩의 가사를 잘 들어봐. 이 가사는 이런 의미가 있고 당신들은 그걸 이런 식으로 해석해야 해."라고 하는 것이 아니었던 거야. 오히려 래퍼가 속사포같이 쏟아내는 단어들은 자신의 외침을 귀 기울여 들어주지 않는 사람들, 더 나아가 심지어 듣는 그 자체를 거부하는 사람들을 겨냥하는 '총알'과도 같았던 셈이야. 들으려고 하지 않는 사람들에게 표준어의 규범에 따라 메시지나 의미를 전달하는 것이 의미 없이 느껴졌던 거고, 자신들은 이 표준어에서 배제되어 있었을 뿐만 아니라 이 언어의 규범 자체가 구속으로 느껴졌을 테고 말이야. 어쨌든 상황이 이렇다 보니 흑인들의 힙합은 사회적으로 강제된 언어인 규범적 표준어와 단절되어 살아가는, 소외되고 반항적인 변두리의 청춘들이 세상에 대고 그들의 불만을 거친 언어로 쏟아내기 시작한 분노의 표현이었던 거야. 그들에게 표준어와 표준 문법의 규칙은 일종의 새로운 형태의 노예사슬이었던 셈이고, 이 사슬에 균열을 가하는 것, 그러니까 언어를 파괴하는 것 역시 랩이 겨냥한 일종의 저항일 수 있고 말이야. 래퍼는 이미 이해받기 위해서가 아니라 랩을 한다는 사실에 의해서 자신의 존재에 의미를 부여한다고 볼 수 있으니까 말이지.

그 결과 흑인들의 힙합에서는 가사가 전달하고자 하는 메시지, 즉 의미의 내용이 아니라 리듬을 가진, 싱커페이션과 운문에 의해 생성되는 음향효과가 더 중요하게 되어버린 거지. 이게 바로 랩에서 표준어의 규범이 파괴되고 은어와 비속어, 그리고 욕설이 남발되는 이유일 테고 말이야. 현주도 잘 알겠지만 특히 영어로 되어있는 몇몇 랩의 가사를 보면 민망한 나머지 번역이 불가능할 정도로 문장이 파괴되고, 욕설이 남발되어 있는 경우도 적지 않잖아? 하지만 래퍼는 이 파괴된 언어를 한자 한자 또박또박 발음하는 게 아니잖아? 심지어 엄마는 나중에 보면 분명 우리나라 말인데도 불구하고 랩 가수가 속사포같이 뱉어내는 노랫말을 알아들을 수 없는 경우가 허다할 뿐만 아니라 심지어 한국말을 하는 건지 영어를 하는 건지 구분이 안 될 때도 있어서 좀 황당한 경우도 적지 않거든. 그건 다른 나라의 경우도 많이 다르지 않을 거라고 생각해. 래퍼는 마치 웅얼대는 주술사처럼 비트에 맞춰서 파괴된 단어들을 쏟아내는 거고, 랩은 사회에 가하는 일종의 충격요법이라고 보면 될 거야. 그 결과 랩의 언어는 역설적으로 그 리듬과 비트에 힘입어 한 사회에서만 이해되는 특별한 언어를 넘어서서 전 세계에서 통용되는 보편적인 언어가 된 거야. 단어가 가지는 의미보다 그 소리로 말이야. 지금은 힙합을 빼고 전 세계 젊은이들의 문화를 이해할 수 없게 되었다고 해도 틀린 말은 아닐 거야. 그러고 보면 가장 비주류였던 것이 주류의 중심부를 당당히 차지한 대표적인 예가 아닐까 해.

하지만 이건 랩의 발생에 관한 거고, 우리나라는 상황이 좀 다른 것 같아. 랩을 하는 가수들이 그렇게 처절한 저항과 적개심의 상태에 있는 것 같아 보이지는 않거든. 우리나라에 힙합은 1990년대 초반 데뷔한 ≪흐린 기억 속의 그대≫의 현진영, 그리고 ≪나를 돌아봐≫를 비롯해서 수많은 히트곡을 남긴 듀스의 음악으로 처음 소개돼. 그런데 사실 현진영이나 듀스의 음악은 '정통' 힙합이라기보다는 세련되고 색다른 댄스음악 정도로 받아들여졌던 것 같아. 그리고 힙합을 수용한 계층도 서울 강남권을 포함하는 중산층, 말하자면 좀 '있는 집 자식들'이 중심이 되었고 말이야. 그 중에는 외국 유학을 했거나 부모님과 함께 외국에 체류한 경험을 가진 친구들도 적지 않았을 테고 말이야.

이런 현상은 한국적 아이돌 음악의 탄생으로 확고한 체계가 잡히게 돼. 1990년대 중반에 아이돌계의 조상 H.O.T.가 데뷔하면서 본격적인 한국적 아이돌 음악이 시작되잖아? 그때 최초로 5명의 멤버 중에 장우혁하고 이재원 두 명이 래퍼로 분류되었던 걸로 기억해. H.O.T.의 대성공 이후에 아이돌 그룹에는 꼭 랩 파트를 담당하는 멤버를 한두 명씩 포함해서 팀을 구성하는 게 거의 공식처럼 되었잖아? 그리고 이 랩 파트를 담당하는 멤버들은 영어가 비교적 자유로운 교포 출신이거나 유학 등의 기회를 통해 '외국물 먹은' 경우가 대부분이었고 말이지. 그러면서 한국에서의 랩은 그것이 태어난 미국에서처럼 힙합 운동의 한 부분으로 이해되기보다는 댄스음악과 결부되면서 한국적인 변형을 가져오게 된 부분도 있어. 그러니까 아이돌 그룹의 랩은 절망이나 저항보다는 멋지고 세련된 뉴욕이나 LA 풍의 '스웩' 정도의 의미가 더 크지 않았을까? 그러다 보니 가사에 영어가 포함되어야 좀 더 근사하게 느껴지게 되었고, K-POP의 국제화를 염두에 둔 매니지먼트사의 전략하고도 맞아떨어지게 되었던 거지. 이젠 아이돌 음악이나 힙합을 기조로 한 음악 등 젊은 층을 소비 대상으로 만들어진 노래들에서 노랫말 중간 중간에 영어 가사나 랩이 들어가지 않은 건 거의 찾아보기 힘들게까지 된 거고 말이야. 그런데 왜 랩에 초점을 맞춰서 이야기하냐고? 현주가 좋아하는 노래 가사에 영어가 공식처럼 포함되고, 심지어 한국말로 된 가사도 마치 영어처럼 발음하게 된 건 랩의 영향이 아주 크다고 생각되기 때문이야.

또 어떻게 생각해보면 노랫말 여기저기 산재해 있는 영어 단어들, 비문법적인 표현들, 많은 부분 축약되고 문맥에 맞지 않는 것처럼 보이는 가사들은 SNS 메신저나 IT 환경에 익숙한 요즘 청소년들의 언어생활을 반영하고 있는 게 아닐까 싶기도 해. 현주 생각은 어때? 노랫말을 들으면서 엄마가 느끼는 것만큼 불편하지는 않지? 워낙 SNS 등에서 축약된 말을 많이 사용하고, 주어하고 목적어를 생략해서 쓰는 일이 많다 보니 엄마가 느끼는 것처럼 가사에 맥락이 없다고 느껴지지도 않을 테고 말이야. 그런 측면에서는 가요가 당대의 사회상을 반영한다는 말이 다시 한번 실감되기도 해.

아마 요즘 걸그룹 중 단연 돋보이는 팀을 꼽으라면 트와이스일 것 같아. 이 그룹의 노래 ≪CHEER UP≫은 경쾌한 노래의 분위기하고 잘 어울리는 깜찍한 안무와 함께 공전의 히트를 기록했고 말이야. 가사는 이런데 당연히 현주도 잘 알지?

> 매일 울리는 벨벨벨
> 이젠 나를 배려해줘
> 배터리 낭비하긴 싫어
> 자꾸만 봐 자꾸자꾸만 와
> 전화가 펑 터질 것만 같아

몰라 몰라 숨도 못 쉰대
나 때문에 힘들어
쿵 심장이 떨어진대 왜
걔 말은 나 너무 예쁘대
자랑하는 건 아니고

아 아까는 못받아서 미안해
친구를 만나느라 shy shy shy
만나긴 좀 그렇구 미안해
좀 이따 연락할게 later
조르지마 얼마 가지 않아
부르게 해줄게 Baby
아직은 좀 일러 내 맘 갖긴 일러
하지만 더 보여줄래 [...]

나도 니가 좋아 상처 입을까 봐
걱정되지만 여자니까 이해해주길

속 마음 들킬까 봐 겁이 나
지금처럼 조금만 더 다가와
그리 오래 걸리진 않아
just get it together
and then baby CHEER UP

Be a man, a real man
gotta see u love me
like a real man
Be a man, a real man
gotta see u love me

like a real man

CHEER UP BABY
CHEER UP BABY
좀 더 힘을 내
여자가 쉽게 맘을 주면 안돼
그래야 니가 날 더 좋아하게 될걸

사실 이 노래도 가사가 명확히 들리지는 않고, 그렇기 때문에 가사가 전하려는 메시지가 그렇게 중요한 노래는 아닐 거야. 그럼에도 불구하고 엄마가 이 노래에서 알아들을 수 있었던 부분은 "CHEER UP BABY" 정도였어. 한국 사람인데도 불구하고 전체 가사를 써놓고 나서야 무슨 이야기인지 대충이라도 이해가 됐어. 심지어 가사를 읽으면서도 주어나 목적어가 생략되어 있어서 분명하게 이해가 되지 않거나 문맥에 일관성이 없다고 느껴지는 건 엄마가 십 대들의 언어에 너무도 익숙하지 않기 때문일까? 현주는 이 가사가 전혀 문제없이 느껴지고 다 이해가 간다니 말이야. 심지어 현주는 엄마에게 "왜 이해가 안 돼?"라고 말했고, 엄마는 어떤 점이 문제가 되는지 구구절절이 설명하지 않으면 안 되었으니까 말이야. 기억나지?

우선 목적어가 생략되어 있어서 좀 혼동되는 부분이야. 엄마 눈에는 "하지만 더 보여줄래"에서 무엇을 보여주겠다는 건지, "얼마 가지 않아 부르게 해줄게 Baby"에서 뭘 부르게 해주겠다는 건지 분명하지 않아 보이거든.

둘째는 가사의 진행이 좀 일관성 없어 보인다고 할까? 예를 들면 이런 거야. "아까는 못받아서 미안해 친구를 만나느라 shy shy shy"라는 가사에서 주인공 소녀는 전혀 부끄러워하지 않을 뿐만 아니라 오히려 자기에게 저렇게 매달리는 남자의 존재를 자랑스러워하는 것같이 보이거든. 그런데 그 다음 무의미하게 삽입된 " shy shy shy"라는 영어 단어는 문맥과 상황에 맞지 않고 난데없어 보이는 게 사실이거든.

하나만 더 예를 들게. 배터리가 낭비되고 전화가 터질 걸 걱정할 정도로 끊임없이 울리는 벨소리라는 첫 소절만 들었을 때는 '이놈의 인기'가 당최 식을 줄 몰라서 당황스러운 '인기녀'가 치근대는 남자들의 애정공세 때문에 괴로운 심정을 노래한 건가 싶었어. 그런데 가사가 진행되면서 이걸 자랑스러워하고, 또 나도 널 좋아하고 있으니 아무리 내가 차갑게 굴더라도 포기하지 말고 힘을 내서(!) 계속 날 좋아해 달라고 노래하고 있어. 그리고는 영어로만 된 부분에서 "진짜 남자"가 돼 달라고 해. "진짜 남자"처럼 날 사랑해주고 말이야. 그런데 노래의 주인공 화자가 말하는 "진짜 남자"가 뭔지는 전혀 감이 안 오거든. 엄마가 이해하는 진짜 남자의 사랑법은 상대를 배려하는 성숙함이 배어있는 사랑이 아닐까 하는데, 노래 가사만 본다면 "열 번 찍어 안 넘어가는 여자 없다."라는 옛 속담의 실천자 정도를 바라는 것 같아서 말이지. "열 번 찍어 안 넘어간다면 백 번을 찍으리라"는 의지와 신념으로 무장하고, 아무리 냉대 받더라도 끝까지 관철해내는 남자가 "진짜 남자"? 황당해… 엄마에게 익숙한 서사법으로는 와닿지 않는 거지. 그러니까 무슨 소린지 이해가 안 되는 거고. 노랫말을 써놓고 봐도 맥락이 뜬금없어 보이는데 심지어 정확하지 않은 발음으로 노래된 가사를 듣는다고 생각해봐. 요즘 노래의 전형적인 모습대로 영어 가사의 삽입은 덤이고 말이야. 리듬과 멜로디의 반복 역시 음악의 중요한 지점이라는 건 인정하지만, 엄마 취향은 아닌 것 같아…

하나만 더 사족으로 언급하자면, 엄마는 이 노래의 주인공 여성을 보면서 데자뷔의 느낌을 받았는데, 거의 30년 전에 발표된 심수봉이라는 가수의 ≪나는 여자이니까≫라는 노래의 화자가 바로 그녀야. "사랑한다 말할까 / 좋아한다 말할까 / 아니야 아니야 난 싫어 / 나는 여자이니까~~"라고 조신한 모습으로 내숭을 떨었던 바로 그녀 말이야. 21세기 핫한 걸그룹의 노래치고는 엄청 시대착오적이고, "쌍팔년도"의 정서와 그리 멀어 보이지 않는 이 노래가 2016년 최고의 히트곡 중 하나라니 놀라울 정도야. "부뚜막에 먼저 올라가는 얌전한 고양이" 타입의 여성들이 대한민국 남성들의 일관된 이상형인 걸까?

≪응답하라 1988≫과 복고적인 노래들

최근 "쌍팔년도"적 이야기를 담아낸 ≪응답하라 1988≫이라는 드라마가 대성공을 거두었잖아? 그 영향으로 복고가 대중문화의 중심에 놓이고, 80년대 노래들이 젊은 가수들에 의해 리메이크되고 좋은 결과를 거두는 것을 보면서 '요즘' 젊은이들에게도 가슴을 울리는 아름다운 노랫말에 대한 욕구가 존재하는 것이 아닌가 생각해 보게 되었어. 이 대답은 좀 이따가 해줘.

물론 드라마가 18.8%라는 케이블 TV 드라마 사상 최고의 시청률로 케이블 드라마의 역사를 다시 쓰면서 2015년 최고의 히트작이 되었고,

드라마에 사용된 곡들의 인기는 드라마 시청자들이 "응답"한 결과일 거야. 드라마 삽입곡은 아무래도 노래가 삽입된 장면에서 주인공들이 느끼는 내면 심리를 담아내거나, 영상이 다 담아내지 못하는 이야기의 스토리를 보조적으로 설명해주는 경우가 많잖아? 그러다 보니 주인공에 감정 이입을 해서 이야기에 몰입하는 시청자들에게 주인공의 기쁨, 슬픔, 분노, 좌절, 외로움 등을 표현한다고 느껴지는 노랫말이 중요해질 수밖에 없고 말이야.

그 중에서도 주인공들이 어린 시절을 회상할 때마다 흘러나오는 ≪혜화동≫이라는 노래는 엄마의 '인생 노래 베스트10' 안에 들어가는 곡인데, 엄마가 말해준 적 없지? 드라마에서는 드라마의 배경인 ≪쌍문동≫이라는 제목으로 소개가 되는 걸 봤어. 엄마가 좋아하는 동물원이라는 그룹의 2집에 실려 있는 곡인데, 드라마에서 이 노래가 배경음악으로 사용되는 걸 듣고는 기대하지 않은 선물을 받은 느낌이었다고 할까? 이 노래는 드라마에서 응답하라고 외치는 바로 그 해, 1988년에 발표된 곡이고 엄마 같은 사람들에게는 이 노래를 듣는다는 건 이 노래를 처음 들었던 1988년의 청춘으로 되돌아간 것 같은 뭉클한 아련함을 주는 게 사실이거든. 사실 엄마도 노래가 발표될 당시에도 타이틀곡도 아니었던 이 노래를 거의 30년이나 지나서 이렇게 자주 들을 수 있게 될 줄은 짐작도 못했어. 동물원 2집의 타이틀곡은 고 김광석이 부른 ≪흐린 가을 하늘에 편지를 써≫라는 곡이었고, 그 곡은 나름 인기를 끌었던 기억이 있어. 하지만 2집에 실려있는 8곡 중 8번째 노래인 ≪혜화동≫은 당시에도 콘서트 현장에서 직접 듣거나, LP 혹은 CD를 구입한 '팬'이 아니라면 거의 알지 못하는 곡이었으니까 말이야. 엄마는 몇 번이나 콘서트에도 직접 가고, 당시에 동물원 2집 LP를 구입하고, 유학을 다녀와서 LP 판의 소재가 불명확해진 다음에는 슬픈 마음에 다시 CD를 구입했으니까 확실한 '팬' 맞지?

오늘은 잊고 지내던
친구에게서 전화가 왔네
내일이면 멀리 떠나간다고

어릴 적 함께 뛰놀던
골목길에서 만나자 하네
내일이면 아주 멀리 간다고

덜컹거리는 전철을 타고
찾아가는 그 길
우린 얼마나 많은 것을
잊고 살아가는지

어릴 적 넓게만 보이던
좁은 골목길에
다정한 옛 친구
나를 반겨 달려오는데
어릴 적 함께 꿈꾸던
부푼 세상을 만나자 하네
내일이면 멀리 떠나간다고 [...]

현주도 어릴 때부터 학원이나 뭐다 해서 시간도 많이 없었고, 놀이터를 가더라도 엄마, 아빠, 동생과 같이 가서 많이 놀았지 방과 후에 친구들하고 매일같이 놀이터에 가서 놀았다거나 한 기억은 많이 없을 거야. 그건 친구들도 비슷하지 않을까? 그러니까 "어릴 적 함께 뛰놀던 놀이터"의 추억도 남아있지 않을 현주 세대에게 "어릴 적 함께 뛰놀던 골목길"의 추억 같은 건 전혀 남아있을 턱이 없을 거야. 더구나 "어릴 적 넓게만 보이던" 그 길을 어른이 되어서 다시 찾아가 보고는 그곳이 좁디좁은 골목길에 지나지 않았음을 깨닫는 먹먹한 경험도 생소할 테고 말이야. 어린 시절에 마침표를 찍은 느낌을 담담하게 표현해낸 이 노래에 응답한 건 아무래도 그 시대를 겪은 어른 세대가 아니었을까 해.

다음으로 이야기하고 싶은 건 현주도 좋아했던 ≪걱정말아요 그대≫라는 노래인데, 엄마가 대학교 다닐 때 좋아했던 들국화의 전인권씨가 2004년 솔로 앨범에서 발표한 노래야. 이 곡은 2013년 들국화가 재결합하면서 만든 앨범에도 수록되었어. 말하자면 어른들에게 1988년을 회상하게 하는 노래는 아닌 셈이지. 그러다가 이적이 리메이크한 곡이 ≪응답하라 1988≫에 사용되면서 엄마 같은 들국화의 팬들 뿐만 아니라 묶은 머리의 범상치 않은 외모를 여전히 유지하고 계신 전인권 할아버지나 들국화가 누군지 전혀 알지 못하는 현주 같은 청소년층에서도 폭넓은 호응을 얻어낸 것 같아. 그런데 이 노래를 현주 같은 청소년들이 좋아한 것은 "걱정 말아요 그대"라고 잔잔하게 위로해주는 노랫말에도 그 공을 돌릴 수 있지 않을까 해. 비록 결과적으로 성공이라 부를 수 없는 것일지라도 그 과정은 나름의 의미를 지니고 있으며, 과거에 후회 없이 꿈을 꾸었듯이 새로운 꿈을 꾸자는 용기의 메시지를 전하고 있기 때문이지. 그렇게 보면 전인권 할아버지의 카랑카랑한 목소리나 이적의 부드러운 목소리를 타고 우리 귀에 들려오는 정확한 발음의 '아날로그 감성'의 노랫말도 영 매력이 없는 건 아닌가봐.

그대여 아무 걱정하지 말아요
우리 함께 노래합시다
그대 아픈 기억들 모두 그대여
그대 가슴에 깊이 묻어버리고

지나간 것은 지나간 대로
그런 의미가 있죠
떠난 이에게 노래하세요
후회 없이 사랑했노라 말해요

그대는 너무 힘든 일이 많았죠
새로움을 잃어버렸죠
그대 슬픈 얘기들 모두 그대여
그대 탓으로 훌훌 털어버리고

지나간 것은 지나간 대로
그런 의미가 있죠
우리 다 함께 노래합시다
후회 없이 꿈을 꾸었다 말해요 [...]

지나간 것은 지나간 대로
그런 의미가 있죠
우리 다 함께 노래합시다
후회 없이 꿈을 꾸었다 말해요
새로운 꿈을 꾸겠다 말해요

현주도 이 노래를 즐겨 듣는 것 같던데, 멜로디와 가사가 어우러져 더 강한 노래의 힘이 나온다는 엄마 생각에 동의해? 현주가 이 노래를 좋아한 건 가사의 영향도 있는 거야? 이젠 현주가 좋아하는 아이돌 그룹의 이야기를 해줘. 현주의 가슴을 울리는 건 어떤 노래야?

요즘 청소년이 생각하는 아이돌

우선 엄마가 한 질문에 대답부터 할게. 난 엄마가 잘 들리지 않는다고 한 요즘 아이돌 노래나 힙합 노래의 가사가 다 들리고 이해되는데, 아마 그런 노래에 익숙해서 그런 게 아닐까 해. 엄마도 엄마가 좋아하는 노래만 듣지 말고 내가 좋아하는 노래를 좀 더 들어보면 어느 순간 다 들리게 되지 않을까? 영어 듣기 평가 공부할 때처럼 말이야. 그런 걸 언어 공부할 때는 귀가 뚫린다고 하지 아마?

둘째로 예쁜 노랫말에 대한 대중들의 욕구는 아직 식지 않은 것 같아. 10대 청소년인 내 생각에도 가사는 중요해. 가사는 노래를 이루는 요소들 중 하나니까 말이야. 내 경우에는 가사가 어떤 노래를 좋아하는데 영향을 미치는 것 같아. 예를 들어 방탄소년단의 ≪봄날≫이라는 노래의 가사는 특히 더 서정적인 것 같아. 내가 좋아하는 아이돌이라 그런가?

보고 싶다 이렇게
말하니까 더 보고 싶다

너희 사진을
보고 있어도 보고 싶다 [...]
허공을 떠도는
작은 먼지처럼
작은 먼지처럼
날리는 눈이 나라면
조금 더 빨리 네게
닿을 수 있을 텐데
눈꽃이 떨어져요
또 조금씩 멀어져요
보고 싶다
보고 싶다
얼마나 기다려야
또 몇 밤을 더 새워야
널 보게 될까
만나게 될까 [...]

추운 겨울 끝을 지나
다시 봄날이 올 때까지

내가 생각하는 좋은 가사는 이런 거야. 엄마는 어때? '방탄'의 노래라서 다 좋게 들리는 거라고? 아닌 걸. 걸그룹의 노래도 있다니까. 걸그룹인 여자친구의 ≪시간을 달려서≫도 ≪봄날≫처럼 사랑 노래인데, ≪봄날≫이 헤어진 연인을 그리워하는 사랑 노래라면 ≪시간을 달려서≫는 고백을 망설이는 첫사랑의 수줍음 같은 게 느껴져서 참 좋아. 엄마가 좋아하는 노래의 가사하고는 좀 다를지 몰라도 내 생각에는 두 사람의 마음이 아주 애틋하게 표현되어 있는 것 같아.

다가서지 못하고 헤매이고 있어
좋아하지만 다른 곳을 보고 있어
가까워지려고 하면 할수록
멀어져 가는 우리 둘의 마음처럼 [...]

다가서려 해봐도 엇갈리고 있어
좋아한단 말도 아직 못하고 있어
머뭇거리는 널 보고 있으면
우린 아직도 많이 어리긴 한가 봐 [...]

미처 말하지 못했어 다만 너를 좋아했어
어린 날의 꿈처럼 마치 기적처럼
시간을 달려서 어른이 될 수만 있다면
거친 세상 속에서 너를 안아 줄게 [...]

하지만 티아라의 ≪보핍보핍≫이나 샤이니의 ≪링딩동≫처럼 무의미한 어구가 반복되는 가사들은 나도 별로 좋아하지 않아. 내가 바람을 피우는 게 아닐까 연인이 의심한다는 내용의 노래를 부르면서 "Bo Peep Bo Peep Bo Peep Bo Peep"하고 수없이 외친다든지, 마음에 드는 여자를 만났는데 거절하지 말아달라는 가사 속에서 주문처럼 들리는 무의미한 "Ring Diggi Ding Diggi Ding Ding Ding" 같은 건 실은 나도 별로거든.

이야기가 나왔으니까 아마 내가 엄마보다는 조금 더 잘 아는, 요즘 청소년들이 좋아하는 아이돌 음악에 대해 이야기해 볼게. 조금 전에 이야기한 방탄소년단이나 여자친구 모두 우리나라 대중음악에서 아이돌이라고 부르는 가수들이기도 하고 말이야. 나는 아이돌의 주요 팬

층을 이루고 있는 청소년에 속해있기도 하고, 나도 엄마도 잘 아는 한 아이돌 그룹의 오랜 팬이었기 때문에 이 주제에 대하여 조금 더 잘 이야기할 수 있을 것 같아. 엄마의 의견에 동의하는 부분도 있지만, 나는 아이돌과 아이돌 음악에 대하여 다른 관점을 가지고 있어서 이에 대해 설명해보려고 해.

전 세계에는 다양한 종류의 음악가가 있고, 아이돌은 그 중 한 종류야. 아이돌 중에서도 특히 한국의 아이돌은 일본의 것과 유사한 점도있지만 그 고유한 특징이 있다고 생각해. 요즘 음원 차트를 보면 상위 100곡 중 거의 절반 가까이가 아이돌의 노래라는 것을 알 수 있어. 우리나라 최대 음원 사이트인 멜론의 이용자 수는 663만 명이라고 해. 엄청 많지? 이는 우리나라 인구 중 상당수가 음원 스트리밍 서비스를 이용하고 있다는 것을 뜻하고, 음원 순위는 대중의 음악 취향을 담아내고 있다고 할 수 있어. 즉 현재 음악시장에서 아이돌 음악의 점유율이 단순히 팬에 의해서 만들어졌을 뿐이라고 말하기는 어려운 수치라는 것이야. 이처럼 아이돌 음악은 단순히 어른들이 '빠순이'라고 낮춰 부르는 10대 소녀들의 문화가 아닌 대중 전체가 향유하는 문화로 급격하게 성장한 것이지. 아이돌 음악이 이렇게 선풍적인 인기를 끌기 시작한 것은 아이돌의 시초라 불리는 서태지와 아이들, 그리고 연이어 탄생한 '소녀들의 아이콘' GOD와 H.O.T 등의 그룹 때부터였어. 이들은 활동 내내 국민적인 인기를 누렸고, 이는 곧 동방신기나 소녀시대, 원더걸스 등의 그룹의 인기로 이어져 아이돌 전성시대를 만들었어.

그중에서도 특히 H.O.T는 대표 아이돌 기획사 SM 엔터테인먼트에서 데뷔해서 아이돌 그룹의 정의를 완성했어. 다시 말해서 10대 팬덤을 타깃으로 한 기획형 아이돌의 시작인 거지. 이들은 메인보컬(강타), 서브보컬(문희준, 토니안), 래퍼(장우혁, 이재원) 등의 구성과 더불어 특정한 이미지를 상징하고 있는 설정인 카리스마 리더(문희준), 대표 비주얼(강타), 귀여운 훈남(토니안), 남성다움(장우혁), 막내(이재원) 등 현재 아이돌 그룹의 멤버들에게 존재하는 콘셉트적 역할을 최초로 구현한 그룹이기도 해. 이때부터 대형 기획사의 철저한 사전 분석을 통해 만들어진 아이돌의 댄스음악이 대중문화를 석권하기 시작해. H.O.T를 한류의 시작이라 보는 시각도 있는데, 당시 따로 활동하지 않았던 아시아권과 유럽권의 나라에서 마니아층이 자발적으로 형성되었을 정도였으니까 말이야. 또한 H.O.T가 보여준 짧은 활동 기간과 컴백 시스템, 무대 구성, 격렬한 안무, 멤버 각자에게 캐릭터를 부여하는 방식, 립싱크, 별도의 오디션이나 캐스팅을 통해 기획사에서 연습을 진행하고 그중 극소수를 선별하여 그룹을 만드는 연습생 시스템은 이후 한국형 아이돌 시스템의 특징으로 자리 잡게 되었어.

2000년대 이후 원더걸스와 소녀시대 등을 대표로 하는 걸그룹의 등장으로 아이돌은 성의 구분을 넘어 지평을 넓히게 되었고 이른바 '삼촌팬'을 중심으로 하는 성인 남성들이 대거 팬덤으로 유입되는 계기가 되었어. 특히 2007년에 발표된 원더걸스의 ≪텔미≫는 짧은 후렴구에 반복된 가사를 가진 후크송과 포인트 안무의 도입으로 대성공을 거둠으로써 신개념 흥행 요소를 개발했다고들 해. ≪텔미≫는 듣는 음악에서 '보고 따라 하는 음악'으로의 전환을 거두기도 했는데, ≪텔미≫의 후렴구 안무는 국민 모두가 따라 하는 대중적인 동작이 되었으니까 말이야. 오락 프로그램 등에서 사람들이 너나 할 것 없이 ≪텔미≫를 따라 했었는데, 초등학교 저학년이었던 나도 어렴풋이 기억이 날 정도니까 어느 정도였는지 알겠지?

아이돌의 등장은 K-POP이라는 새로운 장르의 등장으로 해석되어야 할 것 같아. 중간 중간 포함되는 랩과 칼군무로 상징되는 댄스, 그리고 그것을 무대 위에서 보여주는 매력적인 외모의 가수들로 이루어진 아이돌 음악은 K-POP이라는 고유명사로 불리면서 세계 음악계에서 새로운 장르를 구축해냈어. 대단하지 않아? 흑인음악의 발생지인 남미까지도 K-POP의 인기가 어마어마하니까 말이야. 엄마도 K-POP 아이돌 가수들이 브라질이나 칠레 등 남미에서 공연한다는 기사는 봤지? 어때 엄마, 아이돌 음악에 대해서는 나 많이 알고 있지?

할리우드 스타들이 그렇듯이 아이돌은 '보여주는 직업'이라고 생각해. 그러니까 엔터테인먼트적 요소가 강해지는 건 어쩔 수 없을 거야. 음악가가 아닌 엔터테이너라고 부르는 사람들도 있으니까 말이야. 말 그대로 음악성도 중요하지만 화제성 역시 중요해졌다는 이야기일 거야. 이 화제성은 21세기 정보화시대의 도래로 이루어지는 것으로, 인터넷과 케이블 방송 등 다양한 미디어를 통해 빠른 확산이 가능해진 결과이기도 할 거야. 아이돌 음악이 댄스와 어우러진 퍼포먼스와 노래의 가사를 중요시하는 엄마가 들으면 분명 좋아하지 않을 중독성 있는 후크가 특징이기는 해. 하지만 난 아이돌 역시 음악가에 속하기 때문에 외관보다는 음악에 중점을 두어야 할 거라고 생각해. 지드래곤이나 방탄소년단 같은 실력파 아이돌도 존재하니까 모든 아이돌이 실력도 없이 기획사에서 제작된 립싱크 전문 댄서는 아닐 테고 말이야.

2014년에는 MBC ≪쇼 음악중심≫에서 목소리까지 녹음된 MR을 사용하는 립싱크 아이돌 가수들을 무대에서 퇴출시키는 일도 있었어. "무대 위에서 노래를 부르지 않는 이들은 가수로서 기본 자질을 갖추지 못한 것"이니까 "각 기획사가 제출하는 MR을 철저히 체크해 입만 뻥긋대는 가수를 사라지게 하겠다."고 밝힌 거지. 나는 이것이 긍정적인 시도라고 생각하고, 그 이후로 립싱크의 비율이 좀 줄어든 것도 맞는 것 같아. H.O.T 같은 1세대 아이돌 시절처럼 무대에서 거의 100% 립싱크를 하던 때보다는 훨씬 나아졌지만 여전히 립싱크를 하는 아이돌은 계속되고 있어. 심지어 자기들의 콘서트 무대에서 립싱크를 했다고 비난을 받는 경우도 있으니까 말이야. 그런 것들이 어느 정도 용서되는 건 내가 아까 말한 것처럼 아이돌의 노래는 단순히 노래 자체만이 아니라 한 아이돌의 전체를 포함하는 하나의 '문화'이기 때문일 거야. 들려주는 음악에서 보여주는 음악으로 변화했고, 음악에서 귀만 중요한 것이 아니라 그만큼이나 눈도 중요해졌다는 얘기겠지.

그러니까 내 생각에 아이돌은 단순히 음악뿐만 아니라 아이돌의 모든 것을 포함하는 문화로 이해되어야 더 맞을 것 같아. 예를 들면 패션, 활동기와 비 활동기의 구분, 음악방송, 퍼포먼스적인 요소, 캐릭터성, 굿즈, 콘서트, 유닛 활동 등이 모두 합쳐져서 아이돌 문화를 이루는 것이지. 아이돌 음악을 부정적으로 바라보는 이들은 아이돌이 음악 자체보다 다른 외부 요소에 중점을 두고 있기 때문에 음악가로 바라볼 수 없다고 비판해. 그렇지만 팬들은 단순히 노래 자체가 아닌 아이돌의 전체적인 것 즉, 아이돌의 캐릭터를 좋아하는 게 아닐까? 아이돌이 무대에서 하는 제스처와 퍼포먼스, 무대 이외의 곳에서 보여주는 어떤 모습, 예능에서 하는 말과 행동 혹은 SNS에 올린 글 등 일상생활을 포함한 모든 것이 캐릭터라고 할 수 있을 거야.

어른들이 아이돌 음악에 대해서 음악이 아니라 산업이 되었다고 이야기하는 것도 알고 있어. 아이돌은 '소녀들'의 이상형에 가장 근접한 모델을 가지고 대형 기획사에 의해서 치밀하게 기획된 '상품'이라고 비판하기도 해. 하지만 분명한 건 10대 청소년들은 여러 '상품'들 중에서 한 '상품'을 주체적으로 고르고 소비한다는 점이야. 반대로 이 '상품'을 향해 자신들이 파는 이미지를 계속 지켜달라고 요구하기도 하고 말이야. 지금 어떤 아이돌의 노래를 좋아한다는 건 단순히 그 노래 한 곡을 좋아한다는 뜻이 아니라 어떤 개인적인 캐릭터를 가진 음악가가 부르고 실현해 낸 전체를 좋아한다는 뜻이야. 어떤 가수의 어떤 음악이 인기를 얻는 데는 단순히 음악에만 집중해서 어떤 가사인지, 작곡 실력이 어떤지, 연주 실력이 어떤지 하는 것만큼이나 다른 것도 중요해졌을 정도로 말이야.

다시 딸에게

현주가 아이돌 음악을 좋아하는 건 알았는데, 정말 자세히 많이 알고 있네. 엄마는 아이돌의 팬은 아니지만 아이돌 음악과 아이돌을 좋아하는 팬심이 부정적인 거라고는 생각하지 않아. 팬클럽 활동으로 공부할 시간을 빼앗긴다거나 음악을 들으면서 공부를 하는 게 집중력을 방해한다거나 하는 건 사실 엄마도 어느 정도는 동의하는데, 그런 건 공부 중간 중간의 휴식 같은 순간이라는 생각도 들어. 그 순간이 주는 활력도 무시하지 못할 테고 말이야. 그리고 언젠가 현주가 말한 것처럼 내가 좋아하는 오빠에게 부끄럽지 않은 더 나은 사람이 되어야겠다는 생각도 한다니, 순기능도 만만치 않은 것 같아. 그건 마치 그리스인들이 생각한 사랑의 최고의 형태를 구현해 낸 것 같은 모습이니까 말야. 아마 성공한 덕후라고들 하지? 그렇게 될 수도 있을 테고.

어른들이 동의하건 그렇지 않건 간에 청소년들의 생활과 문화에 대중음악이 지대한 영향력을 미치고 있는 것만은 사실일 거야. 그 중심에 아이돌 음악이 있다고 할 수 있을 테고 말이지. 2000년대가 지나면서 한국 아이돌 팬덤은 청소년기의 자아정체성 형성과 또래집단에의 소속감을 높이는 한 요인이 되었어. 청소년들의 중요한 여가활동으로 완전히 자리 잡았다는 사실은 말할 것도 없고 말이지.

그러니까 엄마는 아이돌 팬덤을 극성맞은 10대 소녀들의 하위문화라는 부정적인 견해의 틀안에서 이해하는 건 반대야. '빠순이'라는 비하적인 단어가 보여주는 것처럼 말이지. 한국 아이돌 팬덤은 '팬덤운동'을 통해서 대중문화와 사회개혁 운동의 능동적 주체로서의 역할을 담당하고 있거든. 하지만 이런 사실은 대부분의 사람들이 소홀히 생각하는 부분이기도 할 거야.

실제로 서태지와 아이들 팬덤의 활동은 우리나라 대중가요의 큰 흐름을 바꾸어 놓았다고 할 수 있을 정도야. 서태지와 아이들이 평화통일의 가능성을 담은 ≪발해를 꿈꾸며≫나 당시 교육제도의 문제점을 꼬집은 ≪교실 이데아≫를 발표했을 때 이 노래들의 가사가 담고 있는 사회비판적인 측면이 크게 이슈가 되기도 했어. 결국 ≪시대유감≫의 일부 가사가 사전심의에 의해 삭제된 사건을 계기로 서태지는 이

곡의 가사를 전부 삭제한 채로 연주곡만으로 음반을 발매했어. 이때 큰 활약을 한 게 바로 유명한 서태지 팬덤이었어. 서태지 팬덤의 노력과 강력한 항의로 인해서 결국 ≪시대유감≫은 가사가 실린 싱글음반으로 발매되었고, 마침내 1996년 6월 음반 사전심의제도는 폐지될 수 있었어. 이건 정말 대한민국 대중음악 역사상 전설로 기록될 만한 사건이라고 할 수 있어.

음반 사전심의제 폐지는 대중음악계에 큰 영향을 미치게 되는데, 우선 검열을 없앰으로써 음악인이 표현의 자유를 획득할 수 있었어. 음반 사전심의제는 ≪시대유감≫의 사례를 통해 볼 수 있듯이 정도가 심하면 금지처분이 내려지는 등 강력하게 음악인의 자유를 제한하는 제도였어. 하지만 음반 사전심의제 폐지 이후 음악인은 자신의 창의력과 상상력을 마음껏 발휘한 가사를 쓸 수 있게 되었던 거지. 사회고발적인 가사의 허용은 대중음악의 다양성에도 기여하게 돼. 음반 사전심의제 폐지 이후로 대부분 사랑 이야기를 담고 있는 발라드 이외에도 댄스, 힙합, 록 등의 다양한 장르와 사회비판적인 내용을 담고 있는 노래들이 만들어질 수 있는 기반이 마련될 수 있었어. 뿐만 아니라 홍대 인디밴드 문화의 형성에도 도움을 주는 등 대한민국 대중문화의 형성에 큰 획을 긋게 된 사건이었어. 물론 서태지 팬덤 이전에도 음반 사전심의제를 폐지하려는 사람들의 적지 않은 노력이 존재했던 건 사실이야. 그렇지만 서태지 팬덤의 조직력과 행동력이 제도를 폐지하는데 실질적이며 결정적인 역할을 했다는 것에 이의를 제기할 사람은 없을 거라고 생각해.

그리고 2008년 광우병 소고기 수입 반대를 위한 촛불시위, 2009년 동방신기의 분리소송 승소 시에 보여준 동방신기 팬덤의 활동도 빼놓을 수 없겠지. 이른바 '노예계약'이라고 불렸던 소속사와의 13년짜리 계약을 7년으로 줄이는 걸 성공하는데 큰 역할을 했거든. 최근에는 K-POP의 해외진출에도 아이돌 팬덤의 영향력이 조직적으로 이루어지고 있다는 분석도 있는 걸로 알아. 심지어 '국민'들의 투표로 데뷔할 아이돌이 정해지는 방식으로 큰 화제를 모은 Mnet의 ≪프로듀스 101≫이라는 프로그램을 계기로 해서 내 아이돌은 내가 만들고 키워간다는 더욱 적극적인 형태의 팬덤이 등장했고 말이야. 이렇게 대한민국 아이돌 팬덤은 더 이상 무분별하고 극성맞은 10대 소녀들만의 집합소가 아니라 행동하는 팬덤이고, 비판적이고 능동적인 문화 소비와 사회 변화의 주체로 생각해도 좋지 않을까 해.

어때? 이 정도면 엄마도 현주가 좋아하는 아이돌 음악에 대해서 많이 알고 있지? 실은 현주가 좋아하는 음악에 대해서 공부를 좀 했거든. 현주가 좋아하는 걸 좀 더 가까이에서 이해해 보려고 말이야. 칭찬해 줘! 그리고 선입견에 사로잡히지 않는 건 역시 서로를 이해하는 지름길이라는 결론에 도달할 수 있었어.

4 장

서로 다른 문화들 사이의 대화

엄마와 딸이 함께하는 인문학

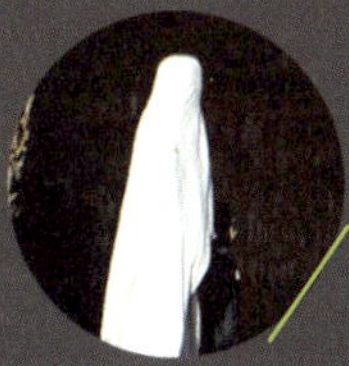

21세기는 문화의 시대

21세기는 "문화의 시대"라고들 해. 우리 삶에서 문화가 그만큼 중요해졌다는 이야기일 거야. 그럼 21세기에 와서 우리에게 문화는 왜 이전보다 더 중요해진 걸까?

제일 중요한 이유는 산업적인 측면에서 찾아볼 수 있을 거야. 한마디로 말해서 산업의 패러다임이 바뀌었기 때문이지. 예전에는 잘 사는 나라가 되려면 지하자원이 많거나, 사람들이 적은 월급을 받고 열심히 일해서 공장이나 작업장에서 품질 좋은 상품을 싼값으로 잘 만들어내는 게 중요했어. 한마디로 가성비가 좋은 제품을 만들어내기 위해 쉴 사이 없이 녹초가 되도록 일을 했어. 이런 걸 대량생산의 굴뚝 경제가 산업을 지탱하던 시대였다고 설명해. 그런데 이제 지식 기반사회, 말하자면 창조적인 아이디어가 경쟁력의 원천이 되는 사회로 접어들게 되었어. 현주도 지식 기반사회라는 말은 들어봤지? 이런 사회에서는 아침부터 밤까지 허리가 휘도록 열심히 일하는 것보다는 지식과 창의력이 부의 원천이 된다는 거야. 요즘 많이 이야기되는 4차 산업혁명이나 창조경제도 같은 맥락에서 이해하면 될 거야. 엄마는 2016년 큰 성공을 거둔 TV 드라마 ≪태양의 후예≫의 경제적인 부가가치가 1조 원 이상이라는 기사도 본 것 같아. 문화산업의 파워가 정말 어마어마하지? 지하자원이 별로 없는 우리나라 경제 발전의 원동력은 원래 '사람'이었잖아? 근면하고 성실한 사람들의 노동력 말이야. 그런데 이제는 노동력이 아니라 창의적인 사람들의 아이디어가 국가 경쟁력의 기둥이 될 만큼 중요해진 거지. 그렇다면 문화산업의 힘이라 할 수 있는 창의력은 어떻게 해야 길러질 수 있을까? 어떻게 하면 놀랄만한 창의력을 장착한 스마트한 인력을 키워낼 수 있을까? 그 해답은 문화에서 찾아볼 수 있을 거라고 생각해.

문화의 중요성이 이렇게 부각되는 두 번째 이유는 예전처럼 '목에 풀칠하는 것'이 당면 과제였던 절대적인 빈곤에서 벗어났기 때문일 거야. 먹고 사는 문제가 어느 정도 해결되면서 사람들은 한눈팔지 않고 열심히 일만 해오던 지난 삶의 방식을 되돌아보게 되었어. 목표를 위해 매진하는 과정에서 정작 삶이 황폐해진 건 아닐까 하는 생각을 하게 된 거야. 여가를 즐기고 문화를 향유하는 게 '삶의 질'을 윤택하게 하는 중요한 요소라는 걸 알게 된 거지. 삶의 목표에 빨리 도달하기 위해서 무조건 직진하는 것만이 옳다는 생각을 잠시 접어두게 되었다고 할까? 가는 길의 좌우를 살펴보는 넉넉함을 갖고, 아름다운 경치가 있다면 둘러보고, 맑은 계곡물이 보이면 발도 담가보고 하면서 그 순간을 즐길 수 있다면 "조금 늦게 목표지점에 도달한다고 과연 나쁜 걸까?"하고 자문해 보게 된 거야.

현주도 ≪개미와 베짱이≫라는 이솝우화 알지? 이 우화에서 보면 여름 내내 개미는 무더위와 싸우며 성실하게 일하고, 베짱이는 놀기만 하잖아? 그러다 겨울이 다가오자 상황은 완전히 역전되고 말아. 여름 내내 열심히 일한 개미는 따뜻한 집에서 비축해 놓은 풍족한 식량 덕분에 아무런 걱정이 없이 겨울을 날 수 있었으니까 말이야. 반대로 먹을 것도, 변변한 의복도, 몸을 데워줄 따뜻한 집도 없는 베짱이의 처지는 완전히 불쌍해지고 말아. 심지어 베짱이는 자존심이고 뭐고 생각할 여유도 없었던지 개미 집의 문을 두드리며 도움을 호소하지만 그마저도 단칼에 거절당하고 말잖아? 개미가 마음 약한 타이프는 아니었던 모양이야. 이솝우화에서는 이게 제일 마지막 장면이기 때문에 배짱이의 후일담에 대해서는 알 수 없어. 하지만 베짱이가 긴 겨울을 이기고 살아남기는 어렵지 않았을까 해. 이솝은 한때의 어리석음을 용서하고 대화합하는 무책임한 해피엔딩보다는 인과응보, 사필귀정을 택한 거지. 이 이야기 덕분에 개미는 부지런함과 성실함의 대명사로, 베짱이는 나태함과 게으름의 대명사로 우리 머릿속에 단단히 박히게 되었고 말이야. 오랜 세월 개미의 노력은 칭송받아 마땅한 걸로 생각되었고, 베짱이가 당한 응징이 너무 심하다거나 개미가 지나치게 냉정하다거나 하는 이야기를 엄마는 별로 들어본 기억이 없어.

하지만 이 이야기를 쓴 이솝이 살았던 건 기원전 6세기라고 하니까 지금부터 2천 년이 훌쩍 넘어 3천 년 가까운 옛날이잖아? 심지어 이솝은 노예 출신이었으니까 그의 삶이 얼마나 팍팍했을지는 짐작이 가지? 그런데 21세기인 지금은 이솝이 살아냈던 시대보다는 물질적인 환경도 훨씬 좋아지고 복지시스템도 개선되어서 밤낮없이 일만 하지 않아도 어느 정도 겨울을 버텨낼 수 있는 시대가 되었어. 겨울이 된다고 하더라도 추위와 배고픔이 극단적인 상황에까지 몰리지는 않게 된 거지. 베짱이처럼 일이라고는 '하나도' 하지 않고 완전한 게으름만 부리는 상황이 아니라면 말이야. 그러면서 점점 개미의 행복과 삶의 질에 대해 물어볼 여유가 생기게 되었다고 봐도 될 거야. 인간이 기계가 아닌 이상 쉬어가는 시간의 필요성에 대해서도 고민해보게 되었고 말이지. 지나친 경쟁과 스트레스로 요즘 우울증, 공황장애 등등 마음이 아픈 사람들이 많아졌잖아? 문화를 즐기며 여유 있게 살아가는 삶의 자세는 정신이 고단한 사람들에게 커다란 위안이 될 수 있을 거라고 생각해.

더불어서 문화산업의 핵심이라고 할 창의력도 아침부터 밤까지 '개미처럼' 일만 해서는 생겨나지 않을 거야. 남과 다른 생각, 다른 사람들의 감탄을 자아내고 무릎을 치게 만들 새로운 생각이 숨 쉴 틈도 없이 빼곡하게 들어차있는 스케줄을 빈틈없이 완벽하게 완수해 내야 하는 상황에서 만들어지기는 어렵지 않을까? 그렇다면 생각을 조금 바꿔서 수천 년 동안 비난만 받아왔던 베짱이들에게도 명예 회복의 기회가 조금쯤은 주어져도 되지 않을까 엄마는 생각해 보게 돼. 베짱이들아, 너무 주눅 들지 말고 힘내! 그리고 여름 내내 바이올린을 켜고 놀면서 뭔가 새로운 음악이라도 작곡한 거 있으면 용기 내서 한번 발표해 봐. 누가 알아? 빌보드 차트에 오르거나 아니면 우리나라 음원 순위 1위를 차지하는 일이 생길지. 아니면 시원한 나무 그늘에서 적어본 시나리오가 있으면 좀 보여줘. 영화로 한번 만들어보면 어때? 누가 알아? 천만 영화의 작가가 될지. 아 참, 베짱이는 그림 실력도 좋았지? 심심해서 몰래 그려둔 웹툰은 없어? 스타 웹툰 작가가 될지도 모르는데 말이야.

현주야, 어쨌든 문화가 중요한 시대에 살고 있다는 점만은 분명한 것 같지? 그리고 현대인들의 삶 속에서 문화는 점점 더 중요해질 테고 말이야.

문화 – 서로의 다름에 대한 인정

그렇다면 문화가 뭘까? 문화라는 단어는 너무 많은 의미를 포함하고 있고, 오랜 세월 동안 수많은 학자들이 나름대로 정의 내려왔기 때문에 문화를 한마디로 설명하는 건 쉽지 않은 일이야. 그간 수많은 학자들이 문화에 대해 내린 정의들을 모아 정리해서 한 권의 책으로 출판을 해낸 사람이 있을 정도거든. 그래서 엄만 제일 간단하고 분명한 예를 들어보면 어떨까 해. 바로 사전이야. 국립국어원에서 발간한 『표준국어 대 사전』에서는 문화를 이렇게 정의해.

> "자연 상태에서 벗어나 일정한 목적 또는 생활 이상을 실현하고자 사회 구성원에 의하여 습득, 공유, 전달되는 행동 양식이나 생활 양식의 과정 및 그 과정에서 이룩하여 낸 물질적 · 정신적 소득을 통틀어 이르는 말. 의식주를 비롯하여 언어, 풍습, 종교, 학문, 예술, 제도 따위를 모두 포함한다."

문화가 언제부터 시작되었을까? 문화의 정의로부터 유추해 보자면 "자연 상태에서 벗어나기 시작하면서"부터 일 거야. 그럼 방향을 좀 바꿔서 이런 질문을 해보는 건 어떨까? 인류는 언제, 무엇을 계기로 자연

상태에서 벗어나기 시작했을까? 그건 농경이야. 많은 학자들은 유목생활을 하던 인류가 한 곳에 정착해 농사를 짓고 살기 시작하면서부터 인류가 문화를 이루기 시작했다고 이야기해. 농사를 짓기 시작하면서부터 한 곳에 정착해 살지 않으면 안 되었던 거야. 실제로 문화를 의미하는 "culture"라는 단어의 뿌리는 "농사짓다"라는 뜻을 지닌 라틴어이기도 해. 문화와 농경은 그만큼 깊은 연관성을 지닌다는 증거라고 봐도 될 거야. 떠돌아다니면서 유목생활을 하던 인류는 "자연 상태" 그대로 순응하면서 살았고, 인간의 힘으로 자연을 가공하고 바꾸려는 노력은 하지 않았거나 할 엄두조차 내기 힘들었을 거야. 유목이라는 게 기르는 가축들의 먹거리가 없어지면 다른 곳으로 옮겨 다니는 삶을 가리키는 단어잖아? 여러 가지 것을 축적하고 만들어내면 다음번에 이동할 때는 그게 바로 짐이 되었을 테니까 말이야.

하지만 농경을 시작하게 되면서 상황은 아주 달라졌어. 오랜 떠돌이 생활을 정리하고 비로소 한 곳에 정착해 살기 시작하면서 집도 짓고, 농경지도 다듬고, 나무를 잘라 길도 만들고 하는 과정에서 자연 상태에서 벗어나 점점 "진보와 발전"을 이루게 된 거지. 그러면서 생활방식과 지식들도 점점 복잡하고 정교해졌을 테고 말이야. 시간이 지나면서 땅을 비옥하게 하는 작업, 즉 농경이라는 단어에서 파생된 문화라는 단어는 정신을 비옥하게 하려는 노력으로 의미의 확장을 가져오게 되었어. 그러다가 17세기가 지나면서부터 문화는 정신적인 측면을 좀 더 강조하는 단어로 변화하게 돼.

어쨌든 인류가 "자연을 변화시켜온" 과정에서 습득하고 축적한 물질적 · 정신적 산물이 문화라고 정의되면서 자연을 가공해 변화시킨 상태의 정도에 따라 인류가 이루어낸 "진보와 발전"을 가늠하게 되었던 거야. 이전의 자연상태는 "미개와 야만"으로 바라보게 되었고 말이야. 말하자면 "자연과 가까운 상태"는 야만으로, 악으로 규정되었던 거야. 심지어 인간들은 오만하게도 "자연을 정복했다"라는 표현을 사용하기도 했어. 자연상태에서 벗어나 자신들의 힘으로 이루어낸 "진보와 발전"이 너무나 자랑스러웠던 나머지 말이야. 현주도 이런 표현을 들어본 적이 있겠지? 그런데 과연 자연을 정복한다는 게 가능한 일일까? 현주는 어떻게 생각해?

그 과정에서 인류는 엄청난 오해를 하게 되고 말아. 특히 19세기가 지나면서 자연을 멋지게 가공하고, 놀랄만한 기술적인 진보와 발전을 이루어낸 집단과 그렇지 못한 집단으로 인류가 나뉘게 되면서 오해는 정점을 찍게 돼. 첨단의 기술력을 갖추고 "물질적인 발전"을 이룬 집단은 "정신적인 발전"도 동반해서 이루어낸 것이라는 생각을 하게 된 거지. 19세기가 지나면서는 국가라는 개념도 어느 정도 분명해지니까 집단 대신 국가 혹은 민족이라고 불러도 될 거야. 기계화와 자동화를 이루고 과학을 발전시켜 부를 축적한 집단과 그렇지 않은 집단이 분명히 존재하게 되면서 부유하고 강한 나라의 "물질적 소득" 뿐만 아니라 풍습이나 생활방식 등의 "정신적 소득" 역시 가난하고 힘없는 나라의 것보다 우월하다는 생각을 하고 만 거지. 부유함에서 나올 수 있는 여유, 세련됨, 넉넉함이 정신적인 우월함으로 포장되었고 말이야.

현주도 일제강점기가 끝나고 전쟁의 와중에서 우리나라가 절대적인 빈곤을 경험한 시절이 있었다는 건 알지? 우리나라가 아주 가난했던 그 무렵에는 우리보다 잘 사는 부유한 외국에 대한 환상이 있었던 게 사실이야. 미소 띤 자애로운 얼굴로 아이들에게 맛난 초콜릿을 던져주고, 평소에 만져보기도 힘든 고급 옷감으로 된 따뜻한 옷가지를 거저 주는 그들의 물질적 풍요로움을 부러워하는 과정에서 그런 자애로운 사람들의 정신도 우월하고 세련된 것으로 받아들이게 되었던 것 같아. 그 사람들은 대부분 서양 사람들이었고 말이야.

잠깐 여담을 하자면 엄마가 몇 년 전에 모로코라는 나라에 갔었는데, 수도 라바트나 카사블랑카 같은 대도시를 벗어나 시골마을까지 갔었거든. 그곳에서는 동양인인 엄마가 꽤 낯선 비주얼이었을 거야. 옛날에 서양 사람들을 보면서 낯선 느낌을 받았던 우리처럼 말이야. 그런데 한 곳에 몰려 놀고 있던 초등학생 또래의 남루한 차림의 어린아이들이 엄마 일행을 보고는 달려와 문구류나 주전부리를 달라는 거야. 그래서 가방 속에 있던 것들을 털어주고 왔는데, 나중에 그 경험을 되새겨보니 한국 전쟁 시절을 그린 영화나 다큐멘터리 같은 것에서 많이 보아왔던 익숙한 장면이었던 거야. 경제발전의 정도에 따라서 받는 사람에서 주는 사람으로 우리의 위치가 달라진 것만 빼면 말이야. 그래서 생각했어. 엄마가 그 아이들을 보면서 순간적으로라도 아이들의 생활방식이나 그들의 정체성마저도 우리에게 도움을 받아야 하는 열등한 걸로 생각한 건 아니었을까 하고 말이야. 평소에 생각해온 것이 있어서 그런지 다행히도 그건 아니었던 것 같아서 나름 안도했던 기억이 나.

근대화를 이룬 서양 사람들이 범한 잘못이 바로 이거였어. 우월한 정신 그리고 우월한 정신에서 나온 삶의 방식과 정체성이 존재하고, 열등한 정신 그리고 열등한 정신에서 나온 삶의 방식과 정체성이 존재한다고 생각하고 만 거야. 우월한 정체성과 열등한 정체성이라니! 그리고 이런 생각은 서구 열강이 발전된 기술력을 무기로 식민지를 개척하고 다른 나라를 제 것으로 삼던 이른바 제국주의 시대에 참혹하고 처참한 결과를 가져오고 말았어. 그 이야기는 좀 이따가 자세히 하도록 할게.

어쨌든 물질적인 척도에 따라서 다양한 문화들이 선진과 후진으로 나뉘었던 게 사실이고, 그 잘못을 수정할 방법을 고민하다가 사람들은 문명이라는 단어에 생각이 미치게 되었어. 문화는 사람들이 이루어낸 정신적 소득을 가리키는 말로, 문명은 사람들이 이루어낸 물질적 진보를 가리키는 말로 구분해 보면 어떻겠냐는 거였지. 물질적인 면에서 앞섬과 뒤처짐을 구분하는 진보의 개념은 얼마든지 받아들일 수 있는 것일 테니까 말이야. 좀 전에 인용한 『표준국어 대 사전』에서는 ≪문명≫을 이렇게 정의내리고 있어.

> "인류가 이룩한 물질적, 기술적, 사회 구조적인 발전. 자연 그대로의 원시적 생활에 상대하여 발전되고 세련된 삶의 양태를 뜻한다. 흔히 문화를 정신적 · 지적인 발전으로, 문명을 물질적 · 기술적인 발전으로 구별하기도 하나 그리 엄밀히 구별할 수 있는 것은 아니다."

이 정의에서 "흔히 문화를 정신적 · 지적인 발전으로, 문명을 물질적 · 기술적인 발전으로 구별하기도 하나 그리 엄밀히 구별할 수 있는 것은 아니다"라고 굳이 부연 설명을 한 이유는 문화라는 단어가 원래 "땅을 경작하다"라는 의미에서 파생된 단어인 이상 이 단어에서 물질적인 측면에서의 발전이라는 의미를 완전히 덜어낼 수는 없기 때문이야. 그래서 두 단어를 거의 구분 없이 사용하는 사람들도 적지 않아.

그러니까 정신적인 가치인가 물질적인 가치인가에 따라 문화와 문명을 나누는 것은 절대적인 기준은 아니라고 할 수 있어. 심지어 약간의 무리수일 수도 있다는 거야. 그럼에도 불구하고 엄마도 문화는 정신적인 측면, 즉 한 집단에 고유한 정체성이나 생활방식으로, 그에 비해서 문명은 한 집단이 이룩해 낸 기술적인 발전을 가리키는 말로 사용하곤 해. 한 민족이나 집단의 정체성에 우월함과 열등함이 있다는 말도 안 되는 잘못을 명쾌하게 피할 수 있는 선택이라고 생각해서야. 문화는 한 집단 고유의 생활방식이나 정신적 정체성을 담보하고 있는 것이기 때문에 서로의 문화에 대해서 옳고 그름을 따지거나, 우월함과 열등함이라는 관점이 개입된다거나 하는 일은 절대로 없어야 하지 않을까?

현주도 유네스코의 "문화다양성 선언"이라고 들어봤지? 경제력이나 다른 외적이고 물질적인 기준에 따라 문화의 우열을 따져서는 안 되고, 서로의 문화를 동등한 가치를 지닌 것으로 받아들이고 인정하겠다는 국제 간의 약속을 가리키는 말이라고 생각하면 이해하기 쉬울 거야. 그런데 다른 한편으로는 이런 약속을 하지 않으면 안 될 만큼 "서로의 다름에 대한 인정"이라는 자세가 국제적으로도 중요한 문제가 되었다고 봐도 될 거야.

세계화의 시대라고 하잖아? 우리는 경제를 필두로 해서 그야말로 전 지구촌이 하나가 되었다는 게 피부로 와닿는 시대에 살고 있어. 얼마 지나지 않아 우리나라의 많은 젊은이들이 대한민국 국민 이전에 세계인, 지구인이라고 불려도 전혀 이상하게 생각되지 않을 만한 국제적 감각을 지니게 될 테고 말이야. 그런데 역으로 "세계화의 시대니까 더욱더 자신의 개성과 영혼과 정체성을 지켜내는 게 중요한 문제가 된 건 아닐까?"라는 점을 진지하게 고민해 보아야 하지 않을까? 특히 현주 또래의 청소년들이 주역이 되어서 살아갈 세상에서는 엄마가 경험했던 것보다 훨씬 더 국제적인 교류가 자연스럽고 폭넓게 이루어질 테고, 앞으로 세계무대에서 활동할 가능성도 아주 높을 거라고 생각해. 그러니까 정체성의 문제가 보다 더 중요해질 테고 말이지. 내가 누구인지, 말하자면 나의 정체성을 확실히 정립한 다음에 국제적인 감각을 받아들여야 '나'를 잃어버리지 않고 지켜낼 수 있기 때문이야. 다른 사람한테 나의 생각의 방식과 삶의 방식을 간섭받거나 제지받지 않고서 말이야.

여전한 논란 개고기

얼마 전 리우 올림픽에 출전한 "얼짱 궁사" 기보배 선수가 양궁에서 동메달을 딴 후에 기 선수의 음식 취향 때문에 온라인이 떠들썩했던 적이 있어. 기 선수는 무려 6년 전인 2010년에 "개고기를 먹으면 화살이 잘 맞아요."라는 인터뷰를 했었는데 한 여배우의 어머니가 인스타그램에서 이 인터뷰와 인터뷰를 한 기 선수를 아주 노골적이고 원색적인 단어를 잔뜩 사용해가며 비난을 한 일이 있었거든. 이 비난의 글은 비속어가 난무하는 글이라서 인용하기조차 민망한 수준이야. 어쨌든 이 글을 본 많은 네티즌들이 분노하면서 온라인이 떠들썩해졌어. 한창 올림픽 기간이었기 때문에 선수의 컨디션 조절이 무엇보다 중요한 시점이어서 네티즌들의 분노는 더 컸기도 했고 말이야. "2010년 기사를 가지고 하필 지금 왜?"라는 생각이었지. 다른 경기도 다 그렇겠지만 양궁은 특히 한 발 한 발 시위를 당기는 순간 선수들의 집중력이 최고도로 유지되어야 하는 종목이잖아. 하필 그런 중요한 시기에 자신의 이름이 검색어 1위에 오르내리고, 온라인을 왁자지껄하게 만들고 있다는 사실은 선수의 집중력을 떨어뜨릴 수도 있는 위험요소인 것만은 분명해 보였거든. 게다가 우리나라 올림픽의 전통적인 효자종목인 양궁은 현주도 잘 알다시피 이번 리우 올림픽에서도 승승장구 선전 중이었기 때문에 사람들은 이 여배우의 어머니에 대해 더 아쉬움이 컸고 말이야. 어쨌든 애견가로 유기견 보호 활동도 열심히 하고 있다는 그분은 자신의 글에 몇 번인가의 댓글을 더해 기보배 선수에게 보낸 비난의 이유를 좀 더 분명하게 밝히고, 개고기 먹는 식습관에 대한 불편한 마음을 표현했어. "제가 보신탕을 안 먹어서 하는 얘기가 아니고 막말로 좋아해서 먹는다는데 할 말 없죠. 허나 국가대표란 사람의 입장에서 대한민국이 미개한 나라라는 이미지는 주지 말아야죠. 외국에선 한국 사람은 개도 먹는다면서 애견인들은 유학 간 학생을 무시합니다. 소 돼지 닭이야 전 세계적으로 음식으로 생각하지만 개는 그래도 사람들과 교감하며 지내는 동물입니다. 제가 화나는 이유는 국가대표가 그런 한국의 치부를 표현했다는 거죠." 적어도 대한민국을 대표해서 올림픽에서 뛰고 있는 국가대표가 혐오스런 식습관을 유지하고 있다면 외국 사람들에게 대한민국의 이미지를 "미개한 나라"로 보이게 할 우려가 있고, 개고기 먹는 풍습은 우리나라의 "치부"이며, 그런 "한국의 이미지를 추락시키는 행동"은 멈추어 달라는 거였어.

사건은 당사자인 여배우의 어머니가 아니라 여배우가 직접 쓴 장문의 손편지로 자신의 인스타그램에 사과문을 올리고 기보배 선수도 "개고기 논란에 대해 알고는 있다. 나에게 플러스가 되지 않는 일에 대해서는 눈곱만큼도 신경 쓰고 싶지 않다."는 입장을 표명하면서 표면적으로는 일단락되는 것처럼 보였어. 하지만 "애견인"들의 역공도 만만치 않아서 "개고기를 먹지 말라."고 주장하는 국내외 네티즌들이 대거 등판해서 기보배 선수의 페이스북에 개고기 반대 댓글을 달고 기 선수 게시물에 "싫어요"를 누르는 일도 많았다고 해. 이 사건을 계기로 호주의 동물보호단체가 기보배 선수뿐만 아니라 다른 한국 양궁선수들도 "개, 고양이 영양탕"을 먹는 "야만적 식습관"을 가지고 있다고 소개하는 글을 홈페이지에 올리기도 했고 말이야. 어쨌든 이번 논란을 계기로 우리나라 사람들의 개고기 먹는 식습관이 다시 한 번 주목받게 된 건 사실이었던 것 같아. 그런데 이 사건을 보면서 엄마는 이런 의문이 떠올랐어. "개고기를 먹으면 정말 야만인일까?"

우리나라 사람들은 왜 개고기를 먹게 되었을까? 정말 야만인이어서? 특별한 미식 취향을 가지고 있어서?

이 문제는 인류의 오랜 과제였던 '양질의 단백질 공급원 찾기'하고 아주 깊은 연관이 있어. 양질의 동물성 단백질 섭취를 위한 인류의 열망에 관해서 알고 싶으면 마빈 해리스라는 분이 쓴 『음식문화의 수수께끼』라는 책을 읽어보면 좋을 거야. 이 책에서 마빈 해리스는 동물성 단백질의 섭취가 인류의 영양섭취에서 아주 중요하며 각 집단은 만족스런 동물성 단백질 섭취를 위해서 각각의 생태학적인 조건 속에서 적응해왔다고 설명해. 개미나 바퀴벌레를 먹건, 개고기를 먹건, 혹은 소고기나 돼지고기 먹기를 금지하건 간에 그건 각 집단이 가진 특별한 상황 속에서 내려진 합리적인 선택이라는 말이지. 그리고 그 사실을 구체적인 예를 들면서 설명하고 있어.

현주도 잘 알고 있겠지만 소를 신성한 동물로 여기는 인도에서는 소를 먹는 게 금지되어 있잖아? 그런 까닭에 인도는 세계에서 소가 제일 많은 나라이기도 하고 말이야. 이런 상황에 대해서 현주도 의문을 품어볼 수 있을 거야. "7억 명이 넘는 인도의 인구 중 적지 않은 사람들이 충분한 영양섭취를 하지 못하고 있는데, 왜 인도 사람들은 남아돌아가는 소를 먹지 않는 걸까? 힌두교의 교리만을 이유로 생각한다면 힌두교라는 종교는 인간을 고려하지 않는 비합리적이고 비정한 종교가 아닐까? 대체 어떻게 굶고 있는 인간보다 소가 중요할 수가 있지?"

하지만 타문화에 대한 이런 비판은 그 사람들의 삶의 조건을 잘 알지 못하는 무지와 편견에서 나온 거야. 그렇다면 힌두교는 왜 소의 보호를 중심적인 교리로 삼았을까? 그건 살아있는 소를 잡아먹는 것보다 소의 목숨을 가능한 한 길게 유지하는 것이 인도 농경의 효율성을 증가시켰고, 카스트제도에 따라서 불평등하게 영양섭취가 일어날 수 있는 가능성을 줄여주었기 때문이었어. 소는 특별한 사료를 먹이지 않아도 될 뿐만 아니라 질병에 대해 면역력도 강하고, 엄청나게 힘이 세며, 그야말로 쓰러져 죽을 때까지 일하잖아. 소는 12년 이상 고된 노동의 봉사 후에 죽는다고 해. 소의 배설물은 거름과 연료로 사용되고 말이야. 한마디로 말해서 소를 고기로 먹었을 때보다 인간의 옆에서 계속 살아갈 수 있도록 만드는 편이 훨씬 인간들에게 유용했다는 거지. 또 하나 인도의 소는 우유를 생산해주는데, 우유는 전 카스트에게 공급될 수 있는 여지가 있었던 반면에 소의 식용이 허용되었을 경우 고기는 아무래도 브라만이나 크샤트리아 계급에 치우쳐 소비될 가능성이 많았거든. 맛있는 고급의 식재료였을 테니까 말이야. 어때? 인도 사람들이 소를 먹지 않게 된 건 합리적인 선택이었던 것 같지 않아?

또 다른 예를 들어볼게. 현주도 이란에서 살아본 경험이 있으니까 이슬람에서는 돼지고기를 먹지 않는다는 것쯤은 잘 알 거야. 그건 이슬람을 믿는 국가들과 자연환경이 비슷한 고대 이스라엘에서도 마찬가지였어. 그 흔적은 『구약성서』에 남아있고 말이야. 「레위기」 11장에는 이런 구절이 있어.

> "육지의 모든 짐승 중 너희가 먹을 만한 생물은 이러하니 모든 짐승 중 굽이 갈라져 쪽발이 되고 새김질하는 것은 너희가 먹되 새김질하는 것이나 굽이 갈라진 짐승 중에도 너희가 먹지 못할 것은 이러하니 낙타는 새김질은 하되 굽이 갈라지지 아니하였으므로 너희에게 부정하고 […] 돼지는 굽이 갈라져 쪽발이로되 새김질을 못하므로 너희에게 부정하다. 너희는 이러한 고기를 먹지 말고 그 주검도 만지지 말라. 이것들은 너희에게 부정하니라."

이슬람의 경전 『쿠란』에서도 돼지고기를 금하는 구절을 찾아볼 수 있어.

> "죽은 고기와 피와 돼지고기를 먹지 말라. 또한 하나님의 이름으로 도살되지 아니한 고기도 먹지 말라. 그러나 고의가 아니고 어쩔 수 없이 먹을 경우는 죄악이 아니라 했거늘 하나님은 진실로 관용과 자비로 충만하심이라."

경전에서 돼지고기를 "부정"하다고 언급한 것만으로도 엄격하게 계율을 지키는 유대인들이나 무슬림들에게 돼지고기는 금기의 음식이었어. 보통 그 이유로는 '응가'를 먹는다거나 하는 돼지의 불결한 습성이 지적되지만, 돼지가 더러운 동물이라는 불명예를 얻게 된 건 식비를 줄이려는 주인 탓이 커. 돼지 입장에서 보면 엄청 억울할 것 같아. 사실 돼지는 '응가' 보다는 뿌리나 열매, 곡식을 먹는 편을 더 즐기기 때문이야. 또 돼지가 더러운 진창에서 뒹구는 이유는 돼지가 더럽게 타고나서야 아니야. 몸을 식히기 위한 깨끗한 진흙을 주인이 마련해주지 않았기 때문이야. 그 역시 주인 탓인 거지. 그러니까 돼지가 "부정"한 것은 원래 돼지가 "더러운" 짐승이기 때문은 아닌 셈이야.

또 하나 건강과 위생에 관한 의학적 발견들이 이루어진 19세기 이후로는 돼지고기에 기생할 수 있는 선모충이 원인이 된 질병이 돼지고기가 금기의 음식이 된 이유로 지적되기도 해. 그럼 "돼지고기를 먹지 마라."가 아니라 "익히지 않은 돼지고기를 먹어서는 절대로 안되느니라." 라는 계율이 더 합당하지 않았을까? 대체 왜 인류 최고의 종교들에서는 돼지고기 먹는 걸 금했을까?

답을 찾기 위해서 경전을 다시 한 번 찬찬히 살펴볼게. 특히 유대교에서는 식용으로 삼는 동물에 대해 두 가지 조건을 이야기 해. 식용의 고기가 되기 위해서는 "되새김질을 할 것"과 "굽이 갈라져 있을 것"이라는 조건을 충족시켜야 하는데 돼지는 굽이 갈라져 있기는 하지만 되새김질을 하지 않기 때문에 식용으로 적당하지 않다는 거지. 고대 이스라엘에서 인간이 길들인 가축들 중에 되새김질을 하는 건 소, 양, 염소가 대표적이었어. 그러니까 이 세 동물은 고대 중동 지역에서 가장 중요한 동물성 단백질의 영양공급원이었던 셈이지. 되새김질을 한다는 구절로 봐서 이 동물들의 공통점은 인간이 먹기에는 적당하지 않은 짚이나 건초, 관목과 잎을 먹고 사는 초식동물이라는 사실일 테고 말이야. 그러니까 되새김질을 하는 소, 양, 염소 같은 초식동물들은 인간과 먹을 걸 놓고 경쟁하는 관계는 전혀 아니었다는 거지.

하지만 현주도 잘 알다시피 돼지는 잡식성 동물이잖아? 그러니까 인간이 먹을 수 있는 곡식이나 다른 식물성 식품을 나누어주어야 했어. 더구나 돼지는 오랫동안 물이 주어지지 않으면 지낼 수 없고, 털이 빽빽하게 나있지 않기 때문에 과도한 열을 발산하기 어렵다거나 태양광선에서 보호받기 어렵다는 특징은 덤이었고 말이지. 그러니까 돼지를 키우려면 서늘한 그늘을 만들어주어야 하고, 뒹굴면서 체온을 식힐 수 있도록 물도 따로 준비해주지 않으면 안 되었어. 한마디로 중동지역에서 돼지를 키우는 것은 소, 양, 염소 같이 되새김질을 하는 동물을 키우는 것보다 훨씬 까다롭고 어려웠다는 이야기야. 그늘과 물이 부족한 자연환경을 가진 곳에서 특별한 노력을 해가면서 돼지를 키울 게 아니라 소나 양, 혹은 염소를 키우는 편이 훨씬 유용했던 거지. 그렇다고 해서 돼지를 키울 수 있는 최소한의 가능성도 없었다면 금기의 이유도 없었을 거야. "저 사람들은 대체 왜 저런 풍습을 갖고 있는 걸까? 이렇게 맛있는 삼겹살 먹기를 포기하다니 난 도통 이해가 가지 않아."를 비롯해서 이런 저런 의문에 대한 해답은 그 사람들이 어리석거나 우리보다 판단력이 뒤떨어져서가 아니라 그들이 살아온 환경과 역사 속에서 충분히 설명이 가능해. 타문화에 대한 열린 마음은 서로를 진정으로 이해하게 해 줄 테고 말이야.

현주야 이제 좀 전에 이야기했던 개고기 논란으로 되돌아가볼까? 요즘은 동물은 인간의 장난감이 아니라 더불어 살아가는 존재라는 의미를 강조해서 애완동물이 아니라 반려동물이라고 부르지? 물론 주인의 취향에 따라 개 말고도 고양이, 말, 심지어 뱀이나 구렁이, 고슴도치까지도 반려동물로 키우는 걸로 알고 있어. 그리고 여기서 언급한 모든 반려동물이 식용의 대상이 되는 곳이 분명 있을 테고 말이야. 하지만 우리나라의 식습관과 관련해서 제일 문제가 되는 게 개고기를 먹는 풍습이니까 일단 개고기로 한정해 볼게. 다른 동물의 고기보다 특히 개고기를 식용으로 먹는다는 사실에 반감을 느끼는 이유는 개와 인간과의 특별한 친밀감 때문일 거야. 실제로 그러한 친밀감은 개를 일반적인 반려동물 이상으로 즉, '인간의 친구'로 여기게 만들곤 해. 심지어 자기를 "엄마" 혹은 "아빠"로 부르는 개 주인들도 드물지 않은 걸 보면 실제로 '친구' 보다 더 친밀한 '가족'으로 여기는 사람들도 적지 않은 것 같아. 친구 혹은 심지어 자식 같은 개를 잡아먹는 건 끔찍한 야만인처럼 느껴질 수도 있다는 거지.

특히 우리나라에서 애견인들의 숫자가 이렇게 증가한 건 비교적 최근의 일이라고 할 수 있어. 엄마가 어렸을 적만 하더라도 개가 집 안에서 사는 경우는 아주 드물었던 것 같아. 엄마가 아는 사람 중에 그런 경우를 본 기억이 없거든. 개는 보통 목줄이 매어진 상태로 마당의 개집에 살면서 도둑을 지키는 임무를 맡고 있었어. 그때도 개를 친구로 여기는 사람들은 있었겠지만 개를 보면서 "엄마"나 "아빠"라고 부르는 어른들은 없었던 것 같아. 개와 그 정도로 친밀한 관계를 먼저 맺은 건 서양 사람들이야.

그런데 일반적으로 서양에서 개고기를 먹지 않는 건 서양인들이 개를 특별히 사랑해서라기보다는 육식동물인 개가 그들에게는 비효율적인 단백질 공급원이었기 때문이야. 개 말고도 다른 동물성 단백질의 공급원이 충분한 서양에서는 개를 잡아서 먹는 것보다는 살아있는 개가 인간들에게 해줄 수 있는 게 훨씬 많았다는 이야기인 거지. 반대로 우리나라나 중국, 혹은 일부 동남아시아에서처럼 개고기를 식용으로 먹는 곳은 낙농업이나 축산업이 그리 발달하지 않았기 때문에 다른 동물성 단백질의 공급이 충분하지 않았던 곳들이야. 그러니까 살아있는 상태로 재산을 지킨다든지, 애정의 관계를 맺는다든지, 사냥에서 도움을 준다든지 등등의 개가 인간에게 해줄 수 있는 다른 것보다 그들의 고기가 더 쓸모 있었던 곳들인 거야. 개가 음식으로 유용한 곳이라는 의미지. 사실 '똥개'라는 단어도 있는 것처럼 우리나라의 개들은 사람들이 먹고 남은 음식의 찌꺼기나 배설물 등을 먹고 살았고, 지금처럼 사람하고 같이 집안에 살면서 가족 같은 대우를 받지도 않았잖아? 물론 개가 우리나라에서도 친근한 동물인 것은 맞지만 같은 울타리 안에서 함께 살고 있는 소, 닭, 오리 등의 다른 가축보다 아주 월등하게 인간과 특별한 애착관계를 맺지는 않았다고 보아도 될 것 같아. 그러니까 개고기 먹는 풍습을 '야만적'이라고 부를 수 있는 근거는 없는 셈인 거야. 필요와 상황에 의해서 문화와 풍습이 만들어지는 거니까 말이야. 그렇기 때문에 자신의 기준으로 다른 문화를 판단하는 건 아주 위험한 일이 아닐까 해. 이제 자기중심적 시각으로 타인의 문화를 이해하고, 판단하고, 단죄하는 게 얼마나 위험한 일인가 하는 이야기를 해볼게. 일정한 지역에 함께 살고 있는 사람들의 정신과 역사와 풍습, 즉 정체성을 담보하고 있는 문화에 대한 경시와 자신의 정신적 우월성에 대한 자만심이 얼마나 끔찍한 일을 저질렀는지 말이야.

1956년 발표된 ≪그리고 신은 여자를 창조하였다≫의 한 장면이야. 누벨바그의 거장 프랑수아 트뤼포 감독은 이 영화에 대해서 "우리 시대의 한 여인에 대한 다큐멘터리 영화다."라고 극찬을 보내기도 했어. 젊은 브리지트 바르도는 참 매력적이지? 나이가 들어서는 "브리지트 바르도 재단"을 만들어서 동물보호운동을 본격적으로 펼치고 있단다. 그녀의 개고기 식습관 비난은 유명해.

푸아그라를 만들기 위해서 고통당하는 거위의 모습이야. 이런 사진을 보면 세계 3대 진미고 뭐고 푸아그라를 먹고 싶은 생각이 싹 달아나는 게 사실이야. 어차피 양질의 단백질을 공급받기 위해서 대부분의 사람들은 육식을 할 수밖에 없겠지만, 그 과정에서 동물에게 지나치게 처참한 고통을 지속적으로 주어야만 한다면 엄마는 다른 단백질 공급원을 찾을 것 같아.

개고기를 먹는 우리나라의 식습관은 특히 애견인들의 분노를 사곤 했는데 예전부터 프랑스의 여배우 브리지트 바르도의 비난은 유명했어. 이 여배우는 ≪그리고 신은 여자를 창조하였다≫라는 영화로 데뷔해서 세계적인 사랑을 받았던 스타였어. "미국에 마릴린 먼로가 있다면 프랑스에는 브리지트 바르도가 있다."고 할 정도로 말이야. 어쨌든 그녀는 여러 번 공개적으로 개고기를 먹는 우리나라의 식습관을 "야만적인 행동"으로 비난했어. 그런 관점에서 보면 세계 3대 미식의 하나로 꼽히는 프랑스의 푸아그라, 즉 비대한 거위 간 요리 역시 거위의 입장에서 보면 슬프고 처참하기 그지없는데 말이야. 거위의 간을 비정상적으로 비대하게 만들기 위해서 프랑스 사람들은 거위의 위에 강제로 철제 호스를 끼워 넣고, 거기에다가 끊임없이 사료를 부어 넣는 사육방법을 고안해냈어. 이런 잔인한 사육방법을 프랑스에서는 '가바주'라고 불러. 사육장에서 강제로 사료를 먹으면 간에 지방이 쌓이면서 비정상적으로 커지기 시작해. 인간으로 따지면 지방간이 되는 거지. 세계 3대 진미인 푸아그라가 되려면 거위는 간이 정상보다 10배쯤 커지는 걸 참아내야 한다고 해. 프랑스 내에서도 푸아그라에 대해서 전통적인 식습관이냐 지나친 동물학대냐 하는 문제로 이견이 많아. 2016년 "브리지트 바르도 재단"에서 실시한 한 앙케이트에 따르면 '가바주'의 금지를 찬성하는 프랑스인이 무려 70%나 되는 걸로 조사되기도 했고 말이야. 이건 "문화의 다양성 인정"하고는 좀 다른 문제인 것 같기도 하지만, 어쨌든 식문화 얘기를 할 때는 많이 언급되는 문제라서 한번 이야기해 봤어.

인간 동물원 — 문명의 얼굴을 한 야만

엄마가 이제 하려고 하는 이야기는 다른 사람들이 살아가는 방식에 대한 인정이라는 것이 얼마나 중요한 문제이고, 그것이 이루어지지 않았을 때 얼마나 큰 불행을 가져올 수 있는가에 대한 거야. 서양에서는 18세기 중엽부터 산업혁명이 일어나 물질적인 발전이 급격하게 이루어졌어. 게다가 '자유', '평등', '우애'를 외친 1789년의 프랑스대혁명은 인류 역사상 처음으로 인간의 권리라는 것에 대해 성찰해 보는 계기가 되었어. 다른 한편으로는 15세기 후반부터 시작된 이른바 대항해시대를 맞아 유럽의 배들이 세계 곳곳을 돌아다니면서 그때까지는 전혀 알지 못했던 세상을 탐험하기 시작했어. 15세기에 유럽인 최초로 아메리카 대륙에 닿았지만, 자기가 발 디딘 곳이 인도라고 생각했던 크리스토프 콜럼버스는 현주도 잘 알지? 그런데 불행히도 이 사람들은 '그냥 탐험가'는 아니었어. 자신들이 '발견한' 땅에 깃발을 꽂고 '자기 땅'이라고 주장하면서 대농장을 만들고 그곳에 사는 '미개한 야만인'과 같은 원주민들의 노동력을 착취했기 때문이야. 심지어 노예'무역'이라는 이름으로 아프리카 흑인들을 상품처럼 사고팔기도 했고 말이야. 농장에서 일할 노동력이 부족해지자 아프리카에서 흑인들을 '수입'해 부려먹기 시작한 거지. 그곳의 자원을 마구잡이로 수탈한 것쯤은 거의 애교 수준이었다고 할까? 이른바 제국주의가 시작된 거야.

그 덕분에 19세기를 지나면서 유럽은 너무너무 잘 살게 되었고, 스스로에 대한 자신감에 충만했어. 그 결과 자신들의 과학기술과 발전을 기준으로 인류의 '진보'를 판단하는 커다란 잘못을 저지르게 되고 만 거야. 과학기술이 발전한 나라는 물질적인 면뿐만 아니라 정신적인 면에서도 진보한 나라, 물질적인 발전의 정도가 낮은 나라에 사는 사람들은 정신성까지도 형편없는 '미개한 야만인'으로 단정하면서 말이야. 그러니까 유럽보다 기술의 발전이 더뎠고, 그래서 그들에게 침략까지

당한 피지배 민족들은 정신성과 정체성까지도 폄하되고 말았던 거야. 심지어 인간과 짐승 사이에 있는 어떤 존재로 말이야. 조금 진화한 침팬지쯤 될까? 그렇기 때문에 인류 역사상 최초로 인간의 존엄성에 대해 주장하고, '인권선언'이란 것을 만들어냈으면서도 유럽인들은 이 '인권'이 제국주의의 피지배 민족들에게도 똑같이 적용되어야 한다고는 생각하지 않을 수 있었던 거지. 그들을 미처 '인간'으로 생각하지도 않았으니까 말이야.

19세기 서양 사람들은 찰스 다윈의 진화론을 인간에 적용해서 백인종, 황인종, 흑인종 순으로 진화의 순서를 생각했어. 근대 산업문명의 발전을 이룬 유럽인들이 가장 문명인이고, 그 다음이 문명과 야만의 중간 상태 어디쯤에 있는 걸로 생각된 우리 같은 황인종, 그리고 제일 열등한 사람들이 흑인들이었어. 흑인들은 야만인이었고, 서양인들과는 아주 먼 유사점밖에 가지고 있지 않은 걸로 생각되었던 거지. 마치 인간과 동물처럼, 인간과 침팬지처럼. 인간에 대한 이런 구분은 19세기 서양인들이 이룬 과학기술과 산업의 발달을 기준으로 정해진 거야. 기술력이라는 기준으로 인간들을 재단하면서, 발달된 기술력을 갖고 있지 못한 사람들은 그들의 문화와 생활습관, 정신성과 정체성마저도 형편없는 걸로 말이야.

그리고 식민지의 피지배 민족들을 비이성적이고 본능적인 동물과 비슷한, 인간과 동물 사이에 존재하는 그 무엇으로 생각하는 편견은 끔찍한 결과에 도달하고 말아. ≪인간 동물원≫이라는 구경거리를 만들어내고 말았기 때문이야. 엄마 생각에 이건 역사적으로 인간이 저지른 몇몇 씻을 수 없는 잘못들 중 하나야. 정말 부끄러운 일이지.

≪인간 동물원≫은 말 그대로 아프리카, 아시아, 오세아니아, 아메리카의 원주민들을 동물원처럼 만든 공간 속에서 동물처럼, 심지어 동물과 같이 전시했던 곳을 부르는 이름이야. 더군다나 대부분의 서양인들이 말로만 듣던 원주민들을 난생 처음 자기 눈으로 직접 보게 된 게 이런 창살이나 울타리에 갇혀있는 모습이었던 셈이고 말이야. 그러면서 자신들의 우월함을 내재화시킬 수 있었던 거지. 이 구경거리는 굉장한 인기를 끌었고, 많은 사람들이 이들을 '관람'했던 걸로 기록되어 있어. 동물원에 가면 우리 속 동물들에 대해 설명이 적혀 있잖아? 종명, 학명, 번식방법 등을 포함하는 습성, 평균수명, 몸무게 등등 말이야. 원주민들이 갇혀있는 '우리' 옆에도 그들이 사는 곳, 기후 등을 친절하게 알려주는 팻말이 붙어있었어. 심지어 이런 글귀도 있었다고 해.

"원주민들에게 직접 먹을 것을 주지 마시오. 그들은 먹이를 공급받고 있습니다."

현주도 동물원에 갔을 때 우리 밖에 이런 안내문이 붙어있는 걸 본 적이 있지? 이게 사람을 가둬 둔 '우리' 밖에도 똑같이 적혀 있었다는 거지. 끔찍한 일이야.

갇혀있는 사람들과 구경하는 사람들은 울타리를 사이에 두고 완전히 나뉘어 있었고, 그들 사이에는 견딜 수 없는 자괴감을 동반한 열등감과 자신의 우월성에 대한 확신이 자리하고 있었을 거야. 울타리는 야만과 문명을 나누는 뛰어넘을 수 없는 경계선이었을 테고 말이야. 하지만 원주민들을 전시하고 '문명인'과 '야만인'을 구별하려고 한 건,

그러니까 자신들은 이 사람들과 같지 않다는 사실을 강조해 드러낸 건 유럽인들이 원주민을 접촉하던 초기부터 일어난 일이었어. 아까 말한 크리스토프 콜럼버스 역시 6명의 '인디언'을 붙잡아와서 자신의 항해 비용을 후원해 준 스페인 궁전에 '전시'했다고 하니까 말이야. 그리고 곧 이런 만행은 '유행'이 되었다고 해. 신대륙을 '발견'한 다른 탐험가들 역시 뒤질세라 아즈텍 문명을 이루었던 멕시코 인들을 비롯해 브라질, 폴리네시아의 원주민들을 잡아와 자신이 섬기는 왕의 궁전에 전시하는 게 관행처럼 번졌거든.

이 사람들은 여성에게 영혼을 인정하지 않았던 것처럼 '원주민'들에게도 영혼을 인정하지 않았어. 인간이 급에 따라 나뉜다는 생각을 받아들였고 말이야. 그리고 이게 발전해 유명한 ≪인간 동물원≫이 되었던 거지. 이런 ≪인간 동물원≫은 유럽인들의 기준에 따라 '이성적'으로 만들어진 세계와 대립되는, 익숙하지 않기에 자신들과 다르다고 느껴지는 문화에 대해 사람들이 얼마나 '야만적'인 행동을 할 수 있는가를 보여주는 생생한 예라고 할 수 있을 거야. ≪인간 동물원≫이 제일 처음 등장한 건 1874년 독일 함부르크에서 였다고 해. 그 다음부터 파리, 런던 등에 앞다투어 ≪인간 동물원≫이 만들어졌고, 심지어 19세기를 지나 1930년대까지 계속되었던 걸로 알려져 있어. 정신 나간 소수에 의해서 한두 번 저질러졌던 예외적인 현상도 아니었던 셈이야. 그건 50년 이상 인기리에 지속되었던 전 유럽적인 일종의 열풍이었던 거지. 끔찍하지?

그중 하나만 예로 들어볼게. 1889년은 프랑스에서 기념할 만한 해였어. 프랑스대혁명이 일어난 지 100주년이 되는 해였거든. 현주도 미국의 상징 "자유의 여신상"과 프랑스의 상징 "에펠탑"은 잘 알지? 1876년 미국 독립 100주년을 기념해서 프랑스 사람들이 자유의 여신상을 만들어 뉴욕에 선물했고, 13년이 지난 1889년 프랑스대혁명 100주년을 기념해 미국인 구스타브 에펠이 만들어 파리에 선물한 게 에펠탑이었어. 서로가 서로에게 전해준 선물이 그 나라의 상징이 된 거야. 그리고 그 즈음은 아까 말한 것처럼 산업혁명의 발달, 제국주의의 성공으로 인간의 이성에 대한 신뢰와 기술력의 진보에 대한 믿음으로 가득 차 있던 시절이기도 했어. 이때 파리 사람들은 프랑스대혁명 100주년을 기념하고, 자신들의 발전된 문명을 세계에 널리 자랑하려고 만국박람회를 열었어. 이 만국박람회의 규모는 어마어마해서 무려 2천 8백만 명이 방문을 했다고 해. 당시의 인구를 생각하면 엄청나지? 현주도 만국박람회는 잘 알거야. 우리나라도 대전과 여수에서 두 번의 세계박람회를 열었잖아. 대전엑스포는 현주가 태어나기 전의 일이니까 당연히 기억에 없을 테고 가족여행으로 여수엑스포에는 갔었는데 기억나지? 그 엑스포장 한 귀퉁이에 ≪인간 동물원≫이 자리 잡고 있었다고 생각하면 될 거야.

최고의 기술력에 대한 확신으로 가득 차 있던 19세기 말 자신들의 '근대화된 문명'을 자랑하려고 만들어진 파리 만국박람회장 한 귀퉁이에 울타리를 만들고 원주민 마을을 재현해서 전시한 6개의 ≪인간 동물원≫이 있었던 거야. 이 동물원에 있었던 아프리카 원주민들의 숫자만 하더라도 400명이 넘었다고 해. '자유', '평등', '우애'라는 거창한 인도주의적인 이념도 에펠탑이 상징하는 기술력의 발달과 진보를 이루어낸 서양인들만의 것이었던 셈이지. 인간이 인간을 가두어놓고 전시하면서 사람들은 여유롭고 만족스러운 미소를 머금은 채 자신은 그들보다 우월하고, 그들과는 다르다고 확신에 차 있었겠지. 갇혀있는 사람들의 정신이 파괴되어 가는 건 전혀 고려하지 않고서 말이야. 우리가 갇혀있는 침팬지의 정신에 대해서 염려하지 않는 것처럼 말이지. 하지만 너무나 당연하게도 그들은 침팬지가 아니었어. 살아가는 방식과 문화는 다르지만 우리와 같은 정신세계를 가진 '인간'이었던 거고, 자신의 의지와 상관없이 갇혀서 구경거리가 된다는 사실에 상처받았어. 전시되었던 한 원주민은 전시가 끝난 다음에 이런 말을 남겼다고 해.

"우리는 자유를 되찾고 더 이상 마치 동물처럼 구경거리가 되지 않아도 되게 된 데 만족했다."

≪인간 동물원≫에 대해서 한 학자는 이렇게 이야기 해. 엄마가 하고 싶은 말을 그분이 다 하셨더구나. 한번 옮겨와 볼게.

"≪인간 동물원≫이라는 개념은 고대부터 시작되어 오늘날까지 전해져온 서양문화의 한 현상이다. 이 부끄럽고 부도덕한 역사의 페이지가 불러일으키는 당혹감을 이해하지만 반대로 상황을 직시하고 과거에서 교훈을 얻어야 할 때이다. 인간들을 전시한다는 것은 그들의 인간성을 말살시키는 일이다. 구경거리가 된 인간은 의식적으로건 무의식적으로건 가차 없이 그들이 가진 인간의 존엄성을 빼앗긴다. 인간은 타인에게서 더 이상 인간이 아니라 사물을 본다. 이 전시회들의 파괴적인 측면을 강조해야만 한다. 타인을 사물화하는 것은 치명적이다. 구경거리가 된 사람들은 상징적으로 파괴된다. 그들은 야만성, 미개함, 열등함을 나타내는 이미지로 축소된다. 유럽인들에게 그들은 억지로 꾸민 가짜 이미지를 통해서 인식된다."

이 ≪인간 동물원≫은 괴상하고 기이한 조작된 이미지였고, 관람객은 우월한 입장에서 이들을 보면서 진보된 자신들의 문명에 자긍심을 가진 나머지 갇혀있는 사람들의 정신과 영혼을 짓밟았던 거야.

그런데 서양의 제국주의가 부러웠던 걸까? 서양을 따라서 발 빠르게 ≪인간 동물원≫을 만든 게 바로 일본이었어. 동양에서 제일 빨리 서구 수준의 기술력에 도달한 나라가 일본이었던 건 현주도 알고 있지? 일본 사람들은 서양의 만국박람회를 보고 자기들도 따라하고 싶었던 모양이야. 그리고 그들은 1903년 오사카와 1907년 도쿄에서 개최되었던 박람회장에 조선인을 전시하는 만행을 저지르고 말아. 자신들의 우월함과 우리의 열등함을 그렇게 내면화해갔던 거지. 그리고 결국 1910년 일본은 우리나라를 식민지로 만드는데 성공했어.

1903년 오사카에서는 한복을 입은 여성 두 명이, 1907년 도쿄에서는 갓과 전통한복 차림의 남성 한 명과 치마저고리를 입은 여성 한 명이 전시되었다고 해. 그 사실에 우리나라 사람들은 경악했고 치욕과 분노를 느꼈지. 당시 ≪대한매일신보≫는 이 사실을 전하면서 이렇게 울분을 토해내고 있어.

> "오호통재라 우리 동포여. 예전에 우리가 아프리카 토인종을 불쌍히 여겼더니 오늘에 이르러서는 어찌 그들이 우리를 더욱 불쌍히 여기게 될 줄 알았으리오."

1903년 오사카 박람회에는 처음에는 조선인들뿐만 아니라 오늘날의 오키나와 사람들을 일컫는 류큐인, 타이완 고산족, 아이누족, 인도인, 자바인, 아프리카인 등 26명이 전시되었다고 해. 그런데 우리나라, 중국, 오키나와는 자기나라 사람들이 전시되고 있는 상황에 경악하여 공식적으로 항의하였고, 결국 이 세 개 관은 박람회 도중에 철거되었어. 그런데 여기서 짚고 넘어갔으면 하는 사실이 하나 있어. 바로 우리나라, 중국, 오키나와 측의 항의 이유는 보편적 인간의 존엄성에 대한 문제 제기가 아니라 자신들이 아이누족이나 타이완인들과 같은 '야만인'으로 취급되는 것에 대한 항의였다는 거야. 자신들이 어떻게 더 미개한 민족들과 같이 전시될 수 있냐는 것이 항의의 요지였던 셈이야. 인간을 구경거리로 삼는 그 자체가 아니라 자신들은 함께 전시되어 있는 미개인들과는 다른 발전된 사람들이라고 주장했던 거지. 이건 결국 서양이나 일본의 시각과 근본적으로 다른 점이 없는 거였고 말이야. 결국 우리나라, 중국, 오키나와의 사람들은 자신들이 전시 대상이 되지 않는다는 전제하에서 이 박람회가 내세우고 있는 인종적인 우열과 그에 따른 '문화적 우열'의 원칙마저도 받아들이고 있었다고 보아도 틀리지 않을 거야. 혹시 "나만 아니면 돼."라는 위험한 시각이 우리에게도 내재화된 것이 아닌지 염려스러운 거고.

이제 우리나라는 경제적으로 엄청난 진보를 했고, 이전의 서양 사람들이 그랬던 것처럼 어쩌면 조금은 우리보다 잘 살지 못하는 사람들의 영혼과 문화, 정체성을 무시하고 있지는 않은 지 좀 더 고민해 보았으면 해. 현주처럼 앞으로 다른 문화의 사람들과 더 많은 교류를 갖게 될 젊은 친구들은 더 말이야. 이제 현주 생각을 들어봤으면 해. '서로의 다름에 대한 인정'에 대해 현주는 어떤 생각을 해?

"유례없는 충격적 구경거리!"라는 문구로 관람객을 유인하고 있는 이 포스터에는 "체조선수"의 숲 속 인간이라는 부제가 붙어있어. 이 포스터에서는 ≪인간 동물원≫이라는 단어에 꼭 맞게 심지어 인간을 원숭이와 비교해 보여주고 있단다. 그들 눈에는 "깜뚱이들"과 원숭이들이 별반 달라 보이지 않았던 거지!

1894년 프랑스 제2의 도시 리옹에서 열렸던 ≪인간 동물원≫의 포스터야. "제국 박람회"라는 제목이 달려있네. 세네갈과 수단인의 "민족지적인 전시"라고 설명하고 있어.

1905년 전시된 "세네갈 마을"의 사진이란다. 유럽인들은 수트와 중절모, 그리고 콧수염까지 기른 "세련된" 차림으로 벌거벗은 채로 물속에서 노는 식민지인들을 울타리 밖에서 관람하고 있어. 여성들은 모자와 드레스를 갖춰 입고 있어. "난 진보된 문화인이고 너희는 동물과 다를 바 없지 않아? 정말 한심하군!" 머릿속에서는 이런 생각을 하고 있었을까? 그 와중에 아프리카 전통복장 차림으로 울타리 밖에 서있는 사람들이 보이네. 유럽인들의 협력자일 그들은 무슨 생각을 하고 있었을까?

역시 울타리 밖에서 식민지인들을 구경하고 있는 ≪인간 동물원≫의 유럽인들의 모습이야.

"상냥하고 친절한" 유럽인들은 동물원의 울타리에 갇힌 식민지의 아이에게 먹을 걸 건네주고 있어. 현주도 동물원에서 갇혀있는 동물들에게 과자를 건네준 경험 있지?

내가 겪은 다양한 문화

세상의 여러 문화에 사는 사람들이 다른 문화권에 사는 사람들이 보기에는 이해가 가지 않고 미개한 선택을 하는 것처럼 보여도 그들의 환경에서는 최선의 선택일 수 있다는 엄마의 이야기는 특히 많은 생각을 하게 해주었어. 다른 사람들을 대할 때 편견에서 벗어나는 일이 얼마나 중요한 지 깨닫게 되었고 말이야.

내가 다양한 문화에 대해 체험하면서 다른 나라 문화를 조금 이해하게 된 것은 테헤란에서 브리티쉬 학교에 다니면서부터야. 그땐 초등학교 3-4학년 때여서 편견도 많지 않았지만, 다른 나라의 문화를 이해하는 것도 쉽지는 않았던 것 같아. 내 경험 중 몇 개만 이야기해 볼게.

지금 생각해보면 러시아 대사관에서 열린 민속춤대회에 참여한 것이 여러 나라의 춤에 대해 이해하게 된 계기가 된 것 같아. 나는 학교 대표로 노르웨이, 태국, 남아메리카 공화국에서 온 친구들과 같이 아이리쉬 포크댄스를 연습해서 참가했어. 러시아, 중국, 일본, 독일, 터키학교에 다니는 친구들은 각자 자기나라의 민속춤을 추었어. 그때 나는 세계에는 참 다양한 춤이 있고 사람들이 여러 춤을 즐길 수 있구나 하는 생각을 했어. 하지만 속으로는 우리나라 민속춤을 배워서 보여주지 못한 내가 조금은 부끄럽기도 했어. 그래서 같이 참여한 태국 친구에게 내 생각을 말하니까, 그 친구도 같은 생각을 가지고 있었어. 그런 일이 있고 난 다음에 태국 친구의 집에 놀러 가서 태국의 춤을 배워 보려고 했는데 손놀림이 너무 어려워 포기했던 게 기억나. 음식과 마찬가지로 춤도 문화의 특성을 보여주는 것 같아. 우리나라의 강강술래를 보면 춤을 전혀 배우지 못한 사람들도 같이 손잡고 어울릴 수 있는 특성이 있는 것 같아. 그러니까 세상 사람들이 즐기는 춤을 '이건 좋고 이건 좀 별로야'라는 식으로 평가하는 건 좋지 않은 것 같아. 내가 태국 춤을 보고 배우기가 너무 어렵고 춤이 좀 이상하다고 생각한다거나 혹시 태국 친구가 강강술래를 보고 '빙빙 돌기만 하는 이런 게 무슨 춤이야?'라는 식으로 생각해서는 안 된다는 거지. 그 나라 사람들은 기쁘거나 중요한 일이 있을 때 그 춤을 추면서 오랜 세월을 즐겨왔으니 말이야. 내가 지금 하는 여러 공부도 다른 사람들이나 문화를 좀 더 이해하는 시야를 넓히는 데 도움이 되었으면 좋겠어.

그런데 다른 나라 문화나 사람들의 행동에 대한 관용성은 여전히 부족한 것 같아. 나 스스로도 지하철을 타거나 길거리를 다닐 때 외국인들을 가끔 접하곤 하는데, 특히 히잡을 쓴 동남아 여자들을 볼 때 이슬람 종교 때문이라는 걸 알아도 어색하게 보여서 말을 걸거나 하기가 많이 쑥스럽거든. 초등학교 시절 이란에서 살면서 내 눈에 가장 이상하게 보였던 것은 종교나 국적을 불문하고 성인 여자들에게 히잡쓰기를 의무화한 것이었어. 무슬림이 아니어도, 외국인이어도 이란에서는 성인 여자들이 히잡을 쓰지 않으면 안 되었으니 말이야.

내가 이란에 있을 때는 아직 만 9세가 안되었었기 때문에 히잡을 쓰지 않고 다녀도 되었지만 엄마는 외출을 하려면 꼼짝없이 히잡을 써야만 했어. 심지어 이란을 공식 방문했던 다른 나라의 여성 수반인 메르켈 독일 총리와 박근혜 대통령도 비행기에서 내리면서부터는 히잡을 쓰지 않으면 안 되었다는 신문기사를 봤어. 당시에도 "상대방의 문화를 고려한 배려심 있는 행동"이라는 의견과 "여성 억압의 상징적인 도구를 착용하는 굴욕적인 외교"라는 의견이 팽팽하게 나뉘었던 기억이 나. 그러니 엄마 같은 보통 사람은 말할 것도 없었겠지? 아마 히잡을 쓰지 않고 외출을 했다간 경찰서에 잡혀가고 말았을 걸? 히잡에 관해서는 재미있는 기억이 하나 있어. 엄마도 물론 기억하지? 한번은 다른 가족들과 인도 식당에서 저녁식사 약속이 있어서 외출을 했는데, 엄마는 히잡 쓰는 게 익숙하지 않아서 그런지 깜빡하고 만 거야. 썬텐이 되어 있는 차 안에서는 엄마가 히잡을 벗는 일이 많았기 때문에 가족들도 거의 의식하지 못하고 있었어. 식당에 거의 도착해서야 그 사실을 깨닫고는 가족들이 모두 당황했었어. 약속시간이 거의 다 되었는데 집으로 되돌아가야 하나, 엄마를 빼고 식사 약속에 가야 하나 한바탕 소동이 일어났었잖아? 그러다가 급한 대로 차 안에 있던 보자기(!)를 머리에 쓰고 식사 장소에 가기로 결정이 났었지. 보자기를 머리에 대충 두르고 고급 식당에서 밥을 먹는 엄마 모습이 아주 인상적이나봐. 아직까지도 기억이 생생하니까 말이야!

여성들이 머리에 히잡을 쓰는 이슬람의 풍습은 이슬람의 경전인 『쿠란』에도 언급되어 있을 만큼 아주 오랜 역사를 가지고 있다고 하니 그곳의 역사와 문화를 알아야만 온전히 이해가 될 거야. 본래는 여성을 보호하려는 배려심에서 시작되었다고 해. 우리나라 여성들도 조선시대에는 장옷이라는 머리쓰개를 쓰지 않고는 외출하는 게 금지되었는데, 비슷한 맥락이라는 생각이 들어. 하지만 히잡의 착용을 여성의 자유에 대한 억압이며 곧 악으로 규정하려는 서양식의 잣대에 대해 오히려 개인의 자유이며 선택이라고 반박하는 무슬림 여성들도 있는 걸 보면 그것 자체에 선악의 잣대를 들이대는 건 좀 더 신중해야 할 것 같아. 히잡을 쓴 여성들이 좀 답답해 보이는 것도 사실이고, 저렇게 예쁜 얼굴을 왜 가리고 살아야만 하는 건지 의문이 들기도 하지만 말이야.

하지만 시간이 지나면서 이란의 문화려니 하고 익숙해지기도 했어. 또 한 번 내가 참을 수 없을 정도로 이상했던 적은 카스피해로 가족여행을 갔을 때였어. 바닷가에 검은 천막이 있어서 무엇인가 궁금해서 가보니 남자 해수욕장과 여자 해수욕장을 별도로 운영하고 있었어. 심지어 실내수영장도 아니라 바다였는데도 말이야. 가족여행이니까 당연히 가족이 같이 수영을 하려고 했는데 아빠는 우리하고 다른 곳에서 수영을 해야 한다는 거야. 우리는 아빠하고 같이 놀고 싶었고, 아빠도 황당해 했어. 가족 중에 남자가 한 명뿐이라 며칠 동안이나 혼자서 수영을 하면서 놀아야 할 처지였거든. 한참을 고민하고 이리저리 뛰어다니다가 가족이 같이 수영을 할 수 있는 호텔 전용공간을 발견하고 나서야 그곳에서 아빠와 같이 수영을 할 수 있었어. 그런데 더 신기한 것은 여자들은 해수욕을 하면서도 수영복을 입지 못하게 하는 것이었어. 나하고 동생은 어렸기 때문에 예외였지만, 이슬람교를 믿지 않는 외국인들에게도 같은 규율을 적용하고 있었어. 그래서 수영을 하고 싶어했던 엄마는 평상복을 입고 바다에 들어갔던 기억이 나. 그렇기는 하지만 발목을 가리는 길이의 바지와 엉덩이를 덮는 윗옷 차림으로 온전한 수영을 하기는 힘들었을 것 같아. 이슬람의 문화를 존중하더라도 여성과 외국인에 대한 배려를 좀 해주면 어떨까 생각했어.

대표적인 여성억압의 상징인 부르카를 쓴 여성이 아들과 함께 있는 모습이야. 알제리에서 찍은 사진인데 어때? 저 아이는 아이의 하교를 기다리며 학교 앞에서 이야기를 나누고 있던 비슷한 모습의 여러 사람들 틈에서 어떻게 엄마를 찾아낼 수 있었을까? 신기하기까지 했어.

역시 몇 년 전 알제리에서 찍은 여성의 모습이야. 뭔가 비현실적이고 그로테스크한 느낌이었어. 저 작은 틈으로 여성은 세상을 온전히 볼 수 있을까? 이방인의 눈에는 넘어지거나 부딪히지 않고 걸어 다닐 수 있는 것만도 대단해 보여.

다시 딸에게

다른 문화권에 사는 사람들을 이해하는 데 가장 큰 걸림돌이 되는 건 편견인 것 같아. 그건 한 사회 속에서 같이 살아가는 사람들 사이에서도 마찬가지이고 말이야.

2016년에 개봉되었던 디즈니 애니메이션 영화중에 ≪주토피아≫라는 작품이 있어. 현주가 이 영화를 봤다는 얘기는 안 들어본 것 같은데, 혹시 학교에서 봤어? 동물들의 세상을 배경으로 인간들의 여러 모습을 우화적으로 담아낸 영화인데, 동물들의 세상이란 먹고 먹히는 관계, 즉

약육강식이 기본이 되는 세상이잖아? 그런데 약한 초식동물인 토끼 주디는 경찰이 되는 게 어린 시절부터의 꿈이었어. 주디는 경찰이 되어서 세상의 정의를 실현하려는 꿈을 꾸고, 그 꿈을 이루기 위해 열심히 노력해. 그리고는 마침내 경찰이 되지. 토끼 출신 경찰 1호가 된 거야. 여우나 사자, 호랑이 같은 강한 육식동물이 아니라 말이지.

그런데 이야기는 이제부터 시작이야. 경찰이 된 주디에게 엄마 아빠는 육식동물, 특히 여우를 조심하라고 말해. 왜냐하면 "여우는 천성이 교활하기 때문이야." 그런데 부모님의 이 말에 주디가 뭐라고 말했는지 알아? 부모님이 예로 든 여우 기디온과 그의 나쁜 짓에 대해 주디는 이렇게 대답해. "그건 아홉 살 때였고, 기디온은 그냥 못된 여우에요. 못된 토끼들도 많은걸요." 정말 맞는 말이야. 어떤 집단에 속한 사람들은 거의 그런 특징을 지녔다는 생각은 추측을 넘어 확신이 되는 일이 허다하고, 거기에서 발생하는 크고 작은 불행이 적지 않거든. 나치의 유태인 학살이나 일본의 조선인 학살도 그런 예들 중 하나일 거야. 세계제2차대전 때 나치는 유태인을 학살했고, 관동대지진 당시 일본 정부는 조선인을 학살했어. 비슷한 시기에 일어난 두 사건은 정말 많이 닮아있는데, 단지 유태인이고 단지 조선인이라는 이유로 수많은 죄 없는 사람들이 난폭하고 비상식적인 방법으로 목숨을 잃었기 때문이야. 두 사건의 공통점은 사회적 위기 상황에서 소수자를 가해자로 몰아 위기를 극복하려 했다는 점일 거야. 그리고 그것이 가능했던 건 사람들 사이에 끈질기게 자리 잡고 있던 편견이 아니었을까? 자신과 다른 문화권에서 살아온 사람들을 향해 느끼는 편견 말이야.

하여튼 경찰이 된 주디는 토끼만 모여살던 안전한 토끼마을을 떠나

"맹수와 먹잇감이 평화롭게 모여사는 마을" 주토피아로 가게 되었던 거야. 그런데 그곳 경찰서장은 토끼 주디를 강력범죄 수사에서 배제시키고 주디에게 주차 딱지를 떼는 쉬운 일을 맡겨. 그런 결정 아래는 약해 보이는 토끼가 육식동물 실종사건이라는 강력범죄를 해결할 수 있겠냐는 편견이 자리하고 있었던 걸 테고 말이야. 그런데 토끼는 위기를 기회로 만들어. 윗사람의 결정에 불만만 터뜨리는 게 아니라 이 일을 아주 잘 하려고 마음먹은 거지. 경찰학교 수석 졸업생 다운 결정이었어!

그리고는 '14마리의 육식동물 실종'이라는 주토피아의 연이은 강력범죄를 해결해. 여우 닉과 한 팀이 되어서 말이지. 사건의 배후에는 육식동물과 초식동물 간의 불신을 조장해 정치적 이익을 얻으려는 지배세력의 음모가 도사리고 있었어. 마치 1차 대전 패배 후의 상실감과 혼란을 수습하려고 한 독일의 나치나 관동대지진 후의 혼란을 수습하려고 한 일본의 지배세력들처럼 말이야. 독을 써서 몇몇 육식동물들을 '미치게' 만듦으로써 육식동물이 맹수가 되어 초식동물을 해칠 수 있다는 불안을 사회에 퍼트린 거야. 주토피아에서 육식동물과 초식동물은 오랫동안 평화롭게 살아왔는데도 말이지. 그리고 그 사건을 해결해가는 과정에서 토끼 주디와 여우 닉은 "여우는 교활하고 토끼는 어리석다."는 편견을 이겨내게 돼. 모든 여우가 교활한 건 아니었거든. 모든 토끼가 어리석은 것이 아니었듯이 말이야.

현주가 미래에 살아갈 세상은 주토피아처럼 여러 문화권에서 온 낯선 사람들이 함께 어우러져 살지 않으면 안 되는 세상이 될 거야. 토끼들만 옹기종기 모여 사는 마을, 여우들만 따로 모여 살아가는 마을은 점점 적어질 테고 말이야. 그리고 함께 하는 삶의 모습이 평화로운 공존의 세상이 될지, 편견과 불신이 가득 찬 세상이 될지는 현주 같은 젊은이들에게 달려있다고 생각해. 모두가 평화롭게 어우러져 살아가는 조화로운 세상을 만들기 위해서는 편견에서 벗어나 상대방을 대할 수 있는 열린 마음이 바탕이 되어야 할 거야. 편견에 빠지지 않고서 말이야. 설사 대중의 편견을 만들어내어 자신들의 이익을 취하려는 정치세력이 있다고 하더라도 거기에 흔들리지 않는 확신을 갖고서 말이야. 그리고 어떻게 하면 이런 확신을 굳건하게 내면화할 수 있을까 깊이 고민해 보아야하지 않을까 해.

영화 ≪주토피아≫의 두 주인공 토끼 주디와 여우 닉이야. 이 영화의 제목은 토마스 모어의 『유토피아』에서 영감받은 것 같지? 유토피아는 토마스 모어가 만들어낸 단어인데 그리스어의 '없는(ou-)', '장소(toppos)'라는 두 말이 결합되어 있어. 이 말은 '좋은(eu-)', '장소'라는 뜻을 연상시키는 이중의 기능을 가지고 있기도 해. 너무 좋은 건 세상에 있기 힘든 걸까? 토끼가 여우에게 헤드록을 걸고 장난을 칠 수 있을 정도로 가까운 친구가 될 수 있는 세상처럼 말이야.

5 장

이미지의 시대 : 보이는 것의 중요성과 보이지 않는 것의 소중함에 대해 생각해보기

엄마와 딸이 함께하는 인문학

가장 중요한 건 눈에는 보이지 않는 걸까? 눈에 보이는 게 소중한 걸까?

『어린 왕자』라는 멋진 책을 현주도 읽어보았지? 이 장면 기억해? 집 한 채보다 고작 조금 더 큰 자기별 '소행성 B612'에서 지구로 온 어린 왕자는 사막에서 여우를 만나고, 서로가 서로를 '길들이고', 마침내 친구가 되지. 하지만 어린 왕자는 여우와 사막에서 계속 같이 지낼 수는 없었어. 남겨두고 온 장미꽃을 다시 만나려면 자기별로 되돌아가지 않으면 안 되었기 때문이야. 여우는 친구가 떠나기 전 자기가 알고 있는 소중한 비밀을 알려주려고 결심해. 그리고는 비밀을 털어놓지. 이렇게 말이야.

> "그래, 잘 가. 내 비밀을 말해줄게. 비밀은 아주 단순해. 그건 마음으로 보아야 잘 보인다는 거야. 가장 중요한 건 눈에는 보이지 않아"

여우가 어린 왕자에게 털어놓은 비밀은 눈이 아니라 마음으로 보아야 사람이나 사물의 핵심에 닿을 수 있고, 가장 중요한 본질을 꿰뚫어 볼 수 있다는 사실이었어.

> "가장 중요한 건 눈에는 보이지 않아……"
> 어린 왕자는 그 말을 잊어버리지 않으려고 거듭 되뇌었다.

친구의 소중한 비밀을 전해 들은 어린 왕자는 친구의 비밀을 절대로 가볍게 생각하지도 흘려 넘기지도 않아. 그 말을 단단히 새겨두려고 되뇌고 또 되뇌지. 이미 가장 중요한 건 눈에는 보이지 않는다는 걸 알고 있는 아이처럼 말이야. 어린 왕자에게는 요즘 흔히 하는 말로 '영혼 없는 리액션'으로 껄끄러운 상황을 모면하거나 상대의 호감을 얻으려는 생각 따위는 전혀 없어. "정말 좋은 말이야!"라고 감탄하거나 "네가 전해준 비밀 절대로 잊지 않을게!"라는 듣기 좋은 말로 그 순간 여우의 기분을 맞춰주려는 노력을 하는 대신에 어린 왕자는 그 말을 잊지 않으려고 되뇌고 또 되뇌지. 아마 어린 왕자는 오랜 시간이 흐른 후에도 절대로 그 말을 잊어버리지 않았을 거야.

생텍쥐페리가 『어린 왕자』를 쓴 게 1942년 여름이었으니까 지금부터 거의 70년 전이야. 엄마가 태어나기도 훨씬 전이지. 그때는 제2차 세계대전의 와중이었고, 『어린 왕자』가 집필된 건 뉴욕에서였어. 생텍쥐페리의 조국 프랑스가 나치에 점령되어 있었기 때문이야. 그런데 2017년, 가장 중요한 건 눈에 보이지 않는다는 친구의 말을 잊지 않으려고 반복해서 외우는 사람이 몇 명이나 될까 생각해 보게 돼. 요즘은 보이는 게 정말 중요한 시대가 되었거든. 지금 어린 왕자가 지구에 내려와서 친구를 사귀고, 친구의 비밀을 듣게 된다면 그 비밀은 이런 게 되지 말란 법도 없을 거란 생각이 들어.

"눈에 보이는 게 가장 중요한 거란다... 믿을 건 그것 밖에 없어..."

그럼 어린 왕자는 이 말을 잊지 않고 명심하려고 열심히 외웠을까?

어린 왕자와 여우의 만남을 표현한 『어린 왕자』의 한 장면이야. 이 그림은 생텍쥐페리가 직접 그린 것이기도 해. 이 장면에서 여우는 『어린 왕자』 최고의 명대사의 주인공이 돼. 친구가 되는 것은 서로를 '길들이는 것'이라는 말이 바로 그건데, 현주도 아마 기억할 거야. 감동적인 부분이니까 한번 인용해 볼게.

어린 왕자가 말했다. "나는 친구를 찾고 있어. '길들인다'는 게 무슨 의미야?"

"그건 사람들이 너무나 잊고 있는 거야." 여우가 말했다. "그건 '관계를 맺는다…'는 의미야."

"관계를 맺는다고?"

"응" 여우가 말했다. "넌 아직 나에게 수많은 다른 아이들과 하나도 다를 바 없는 아이일 뿐이야. 그러니까 난 네가 필요하지 않아. 너도 내가 필요하지 않고. 네게 나는 수많은 다른 여우들과 하나도 다를 바 없는 여우일 뿐이거든. 하지만 네가 나를 길들이면 우리는 서로 필요하게 되는 거야. 너는 나에게 이 세상 단 하나뿐인 아이가 되는 거고, 나는 너에게 이 세상 단 하나뿐인 여우가 되는 거지…"

"가령 네가 오후 4시에 온다면 난 3시부터 행복해지기 시작할 거야. 시간이 지날수록 난 더 행복해지겠지. 4시가 되면 벌써 난 설레고 안절부절 못할 거야. 그러면서 행복의 가치를 알게 되는 거지!"

가장 중요한 자기관리는 외모와 이미지 관리

인터넷에서 '자기관리의 중요성'이라는 키워드로 뉴스를 검색해 보면 대부분의 자기관리가 '몸매관리', '체중조절', '다이어트' 그리고 성형을 포함한 외모관리에 집중되는 걸 알 수 있을 거야. 현주도 같은 키워드로 검색해보면 알겠지만 비슷한 내용의 기사, 카페의 게시글, 포스팅, 그리고 광고는 수도 없이 찾을 수 있어. 그리고 많은 기사에는 통통한 모습을 한 연예인의 사진 그리고 엄청난 노력의 결과 날씬한 몸매를 갖게 된 연예인이 몸에 밀착된 운동복 차림으로 운동을 하거나 수영복을 입고 있는 사진이 나란히 실려 있곤 해. 두 사진에 찍힌 사람은 동일인이기는 하지만 몸매의 차이뿐만 아니라 얼굴 표정이라든가 몸의 자세 등에서 확연히 차이가 느껴져. 물론 날씬한 몸매의 사진이 훨씬 자신감 있는 얼굴 표정과 자세를 보여주지. 이런 기사나 글을 볼 때마다 엄마는 생각하게 된단다. 과연 '꾸준한 자기관리'가 의미하는 게 다른 사람들이 부러워하는 외모를 갖기 위해서 노력을 게을리하지 않는 것만으로 한정되어도 좋은 걸까 하고 말이야.

요즘 시대에 외모는 스펙이라고 흔히들 말해. 심지어 입사 면접장에서 실력보다 외모가 중요하다는 이야기도 심심치 않게 들을 수 있지. 그러다 보니 대학교에 들어가기 전 조금 여유가 있는 고3 겨울방학 때 성형수술을 하는 게 거의 유행이 되어버린 것 같아. 현주도 중학교 때 "고3 언니들이 딴 사람이 되어 나타났어!"라고 눈이 동그래져서 엄마에게 여러 번 이야기한 적이 있는데, 기억나? 심지어 요즘은 '의느님'의 은혜를 입은 초등학생에 관한 이야기도 심심치 않게 들을 수 있어.

예전에, 그러니까 엄마가 대학교 다닐 무렵에는 (왜냐하면 그때는 초등학생이나 중 · 고등학생이 성형을 했다는 이야기는 거의 들어본 적이 없었거든) 양악같이 얼굴 전체의 모습을 바꾸는 성형은 없었던 것 같아. 눈 쌍꺼풀이나 코 높임 정도가 많이 하는 성형이었는데, 성형을 한 친구들은 자기가 성형을 했다는 사실을 공공연히 말하는 걸 엄청 꺼렸던 기억이 나. 심지어 방학 동안 누가 봐도 티 나는 쌍꺼풀 수술을 하고 온 친구가 자기는 수술을 안했다고 우기는 경우도 적지 않았던 것 같아. 그럼 왜 그런지 이해하고 더 묻거나 그 사실을 다시 거론하거나 하지는 않았던 기억이 나. 그만큼 성형에 대한 인식이 좋지 않았다는 의미겠지. 그런데 지금은 그런 경우가 거의 없지? 성형도 스펙 관리, 혹은 자기관리의 한 노력쯤으로 여겨지는 것 같아. 자신의 성형수술 사실을 "당당히" 밝히는 연예인들의 영향일까? 요즘은 성형 사실을 숨기는 게 오히려 촌스러운 행동으로 여겨지거나 거짓말쟁이 취급을 받기 십상이지. 성형에 이렇게 관대해진 건 타고난 자신의 얼굴이나 몸매가 만족스럽지 않아서 '바꾸고' 싶은 사람이 많고, 자신을 '바꾸려는' 노력이 긍정적으로 받아들여진다는 의미이기도 할 거야. 수려한 외모는 사회에서 '경쟁력'이고, 성형 역시 자신의 경쟁력을 높이기 위한 노력 중 하나로 여겨지게 된 거야. 이 말을 부르디외라는 학자는 좀 유식하게 "시대와 사회가 설정한 아름다움을 구현한 육체는 경제적 자본이나 사회적 자본으로도 전환이 가능한 일종의 자원"이 될 수 있다고 표현하기도 했어. 아름다운 육체는 사회적으로 보상받고, 그러다 보니 자신의 육체의 상품가치를 높이기 위해 노력하는 걸 나쁘게 보면 안 된다는 생각이 널리 받아들여지게 되었다고 봐도 될 거야.

성형에 대해서 이렇게 관대해지다 보니 2000년대가 지나고부터는 우리나라가 인구 대비 성형수술 비율이 세계 1, 2위를 다투는 성형공화국이 되었고, 심지어 압구정동이나 신사동처럼 용한 '의느님'들이 모여있는 지역에는 성형수술을 위해 한국에 온 외국인 관광객들이 얼굴에 붕대를 감고 출몰한다는 목격담도 흔히 들을 수 있게 되었어. 명실상부 '성형 강국'이 된 것 같아. 심지어 2015년에는 중국 언론이 한국의 "의란성 쌍둥이" TOP10을 선정해서 발표하기도 했다는구나. 같은 성형외과 선생님이 집도해주셔서 비슷한 얼굴을 갖게 된 사람들을 "의란성 쌍둥이"라고 한다지? 작명 센스 엄청나… 중국 언론에서 꼽은 "의란성 쌍둥이"들은 사실 '의느님'의 손길에 의해서 비슷해졌다기보다는 그냥 닮은꼴 연예인이었어. 중국의 우리나라 연예인 흠집 내기 정도로 보는 게 좋을 것 같아. 하지만 우리나라가 성형 강국으로 유명한 것만은 사실인가 봐. "의란성 쌍둥이"라는 말이 나올 정도로 성형수술의 결과로 비슷한 얼굴을 갖게 되는 일이 많아졌다는 이야기일 테고. 다르게 말해보면 사회통념적으로 아름답다고 생각되는 이상적 얼굴의 모습을 갖고 싶어 하는 사람들이 많다는 이야기일 수도 있을 거야. 아름다운 육체의 이상적 모습인 마른 듯 날씬한 몸과 V자 얼굴형에 큰 눈을 가진 TV 매체 속 연예인의 이미지에 자신을 맞추기 위해 많은 사람들이 엄청난 노력을 기울이고 있는 게 사실이니까. 그리고 그 원인을 진단해보자면 그것이 자신을 사회적으로 드러내는 '정체성 관리'라는 의무감에 시달리고 있기 때문일 거야.

또 현대는 개인의 이미지가 브랜드가 된 시대이기도 해. 유명인의 경우 개인의 이미지 형성이 수십억 혹은 그 이상에 달하는 무형재산이 된 게 사실이야. 기업 총수, 정치가뿐만 아니라 걸어 다니는 중소기업이라고 불리는 연예인과 운동선수의 이미지를 만들어내는 데 체계적이고 조직적인 방법들이 동원되곤 해. 이런 유명인이 아니더라도 취직이나 사회생활에 유리하도록 화장이나 의상 선택을 비롯해서 말하는 기법, 스피치 공식 등등 이미지 메이킹의 효과적인 기술을 가르쳐주는 강좌나 책이 각광을 받기도 하고. 아니면 나의 삶을 '성공'적으로 이끌기 위해서 유명인들의 이미지 메이킹 성공사례들을 본받으려고 그들의 사례가 연구되기도 해.

19대 대통령 선거에서 안철수 국민의 당 후보가 기존의 부드럽고 차분한 목소리가 아닌 거칠고 굵은 목소리로 등장해서 연설을 하면서 주목을 받았어. 목소리 변조로 느껴질 만큼 큰 변화여서 많은 화제가 되었지. 패션도 완전히 바뀌었는데, 이마를 드러내는 헤어스타일, 이른바 '깐머리' 룩을 선보였을 뿐만 아니라 기존의 노타이에 수수한 수트 차림을 고수했던 패션에서 초록색 넥타이와 슬림해진 수트 핏을 자랑하는 패셔니스타로의 변모를 보여주었어. 여성들이 열광한다는 열심히 일하는 매력있는 남자의 상징 '걷어올린 와이셔츠' 패션은 덤이었고 말이야. 누가 보아도 이미지 메이킹의 노력이었지. 그만큼 정치인들에게도 이미지가 중요하다는 이야기일 거야.

그런데 몸이 중요해지다 보니, 아이러니하게도 몸이 혹사당하고 있어. 육체로 내 정체성을 나타내는 시대이다 보니 사람들은 사회적으로 이상화된 육체의 이미지에 맞추기 위해 몸을 혹사시키고 있는 거지. 고통이 수반되는 성형수술도 마다하지 않고, 역시 고통스러운 음식 조절을 하고, 아침저녁으로 뛰고 또 뛰고… 엄마는 저녁에 석촌호수에 산책을 갔다가 빠른 걸음으로 걷거나 뛰면서 정말 수많은 사람들의 물결이 호수를 휘감고 돌아가는 모습을 보면서 빙글빙글 계속 돌아가라는 집단 최면에 걸린 건 아닐까 하는 생각이 난데없이 떠오른 적도 있어. 이 많은 사람들이 대체 여기서 뭘 하고 있는 걸까? 이 사람들에게 이 시간은 무슨 의미일까?

과연 '자기'를 이루는 요소가 오직 육체뿐일까? 그럼 나는 정신이 없는 육체로만 이루어져 있다는 말일까? 내 정체성은 몸으로 규정되는 건가? 그러니까 철저한 자기관리에는 몸을 관리하는 것만큼이나 정신을 관리하는 것도 포함되어야 하는 게 아닐까?

'육체는 영혼의 감옥'일까? 아니면 '육체는 영혼의 반영'일까?

그리고 엄마는 자연스레 "육체는 영혼의 감옥"이라고 생각한 플라톤을 떠올리게 된단다. 지금부터 2500년 전 그리스에 살았던 플라톤은 정반대로 생각했으니까 말이야. 플라톤은 이성의 명령에 따라서 육체의 욕망을 참고 제어해야 한다고 했어. 육체는 물질을 욕망하고, 충동적이며, 인간의 본능을 드러내지. 맛있는 것을 먹고 싶고, 더 자고 싶고, 더 놀고 싶고, 더 게으름피우고 싶고... 그런데 인간이 본능과 육체의 욕구에 굴복해 살아간다면 짐승과 뭐가 다르겠어? 그게 바로 플라톤이라는 대철학자가 생각했던 거야. 뭐 이상한 분이라고? 놀고 싶은 게, 맛있는 것을 먹고 싶은 게 뭐가 나쁘냐고? 그럼 놀 거리를 만들어내는 사람들은 죄를 짓는 거고, TV 방송을 점령하고 있는 '먹방'은 최악의 프로그램이 될 테고, 맛있고 멋진 요리를 척척 만들어내는 인기 최고의 셰프들은 정말 나쁜 사람들이 아니겠냐고?

잠깐 다른 이야기를 좀 할게. 이데아라는 말 들어봤지? 눈에 보이지 않지만 확실히 존재하는 사물의 본질 또는 원형(原形)을 플라톤은 이데아라고 불렀어. 플라톤은 지금 우리가 보는 것들이 완벽하지 않고 불완전한 것은 그것이 사물의 본질이 아니기 때문이라고 설명해. 사물의 본질, 즉 이데아의 허상이기 때문이라는 거지. 예를 들어 지나가는 예쁜 여자가 있다고 해. 감탄할 만큼 아름다운 여자라고 하더라도 자세히 뜯어보면 어떤 여자는 눈이 짝짝이일 수도 있고, 또 다른 어떤 여자는 코의 균형이 좀 깨졌을 수도 있고, 피부에 여드름이나 기미 자국이 남아있을 수도 있어. 아니면 몸에 비해 다리가 짧거나 속살이 쪄서 살짝 배가 나왔을 가능성도 있고 말이야. 그러니까 완벽한 아름다움을 가진 여자는 현실에 없다는 거야.

현주가 초등학교 때 좋아하던 그리스신화 중에 피그말리온에 관한 이야기가 있는데, 기억나지? 피그말리온은 그리스 키프로스의 왕이면서 조각가이기도 했어. 그런데 피그말리온은 불행하게도 현실에 있는 여성을 사랑할 수 없었어. 그 사람이 보기에 실제의 여성은 너무 불완전하고 결점투성이였던 거야. 엄마는 결점이 있다는 게 바로 인간적이라는 게 아닐까 하는 생각이 들지만 피그말리온은 그렇지 않았던 모양이야. 예술가였던 피그말리온은 현실의 불완전함을 견딜 수 없었던 거지. 그래서 피그말리온은 자신이 생각한 아름다움의 이상을 담아서 상아로 여성을 조각해냈단다. 그리고는 그만 조각상과 사랑에 빠지고 말아. 조각상이 아름다울 뿐만 아니라 살아있는 사람이라는 착각을 하게 할 정도로 생동감이 넘쳤기 때문이었어.

플라톤의 이데아라는 개념하고 절대적이고 궁극적인 아름다움을 꿈꾸었던 피그말리온의 열망하고는 통하는 점이 있어 보이지 않아? 바로 완벽한 것을 기대했고, 그것에 미치지 못하는 현실세계는 그들에게 큰 의미를 지니지 못했다는 사실이야. 현실은 이데아의 불완전하고 질 떨어지는 복제품에 불과한 것이었기 때문이야. 그 사람들에게 완벽함은 실제로 존재하지 않는 어떤 추상적인 허구나 거짓된 세계가 아니었어. 반대로 그것이야 말로 진실한 것이었지. 완벽함이 실제로 존재한다고 믿었기 때문이야. 그리고 완벽함에 도달하려고 끊임없이 노력했어. 그 노력에 걸림돌이 되는 게 바로 육체였고 말이야.

다시 플라톤으로 돌아가서, 왜 그가 "육체는 영혼의 감옥"이라고 불렀는지 생각해보자. 그건 바로 사람들이 이데아의 세계에서 멀어지게 된 것은 육체의 욕망에 의해서 영혼이 순수함을 잃어버렸기 때문이야. 영혼이 자유롭지 못한 것은 육체 때문이라는 거지. 따라서 욕망의 근원인 육체는 극복되어야 마땅한 어떤 것이었어.

그리스·로마의 사상을 가리키는 헬레니즘과 기독교적인 전통을 가리키는 헤브라이즘이 서양 사상을 지탱하는 두 개의 큰 기둥이라고들 해. 그런데 헬레니즘 철학을 대표하는 플라톤의 사상을 이어받은 플라톤주의에서 뿐만 아니라 2000년 이상 서양을 지배해온 기독교적인 전통에서도 가장 중요한 본질은 정신에 있고 그 나머지는 이 본질을 흐리는 쓸데없는 군더더기에 불과하다고 생각했어. 이런 걸 서양의 이분법적인 사고라고 하는데, 사실 동양에서는 인간의 육체와 영혼을 나누어 생각한다는 게 익숙한 사고의 방식은 아니었어. 육체와 정신이 함께 어우러져 '나'라는 존재를 이룬다는 사실이 너무도 자연스럽게 받아들여졌기 때문이야.

현주도 "나는 생각한다, 고로 존재한다."라는 데카르트의 유명한 명제를 알거야. 생각하지 않는 존재, 즉 이성적이지 않은 사람은 인간으로서의 존재감조차 위협받을 정도로 인간의 이성에 대해 무한한 신뢰를 표현한 말이지. 하지만 21세기에 인간 이성에 대한 확고한 믿음은 무너져내렸고, 이제 정신과 육체의 위상은 전복된 것처럼 보이기까지 해. 어찌 보면 2500년 간 경시되어 왔던 육체의 반격이라고 느껴질 정도야. 이제 정신과 영혼에 대해서 말하는 사람들은 많이 없어. 반대로 아름다운 육체에 대해서 엄청난 찬사가 쏟아져 나오고 있지. 데카르트의 명제를 현대에 맞춰본다면 "나는 아름다운 육체를 가졌다, 고로 존재한다."로 바뀌어야 하지 않을까 생각해보게까지 된단다.

현주도 '뇌섹남'이라는 단어 들어봤을 거야. 같은 제목의 TV 프로그램도 있는 걸로 알고 있어. 한마디로 말해 스펙이 좋은, 다른 말로 하면 '좋은' 대학 출신의 연예인 몇 명이 출연해서 제작진에서 출제한 어려운 문제를 풀어내는 것을 보여주는 방송이더구나. 네이버에서 뇌섹남을 검색해봤더니 "'뇌가 섹시한 남자'를 줄여 이르는 말. 주관이 뚜렷하고 언변이 뛰어나며 유머러스하고 지적인 매력이 있는 남자를 가리킨다."라고 정의되어 있었어. 판단력이 뛰어나다거나 이성적 사고를 한다고 표현하지 않고, 지성을 관장한다고 여겨지는 육체의 기관인 뇌를 내세워 그 사람이 '좋은 학교를 나왔기 때문에 어려운 문제를 척척 맞출 것으로 기대되고' 실제로 그 기대를 충족시킨 사람은 '섹시하다'라고 표현되고 있어. '섹시한 뇌'가 궁극적으로 지향하는 바는 이성에게 호감을 얻는 일이라는 말로도 해석이 가능할 것 같아. 나와 세계에 대한 성찰을 위해 지성의 깊이가 요구되는 것이 아니라 유창한 언변을 갖추고, 즉 말빨을 늘리고 상황에 유연하게 대처하는 유머의 능력을 갖기 위한 수단으로 지성이 필요해진 거지.

실제로 엄마가 아는 학자 한 분은 세계적인 석학이지만 의외로 언변은 좀 어눌한 편이고, 유머러스하지도 않으셔. 그럼 학문적인 성과가 아무리 뛰어나다고 해도 이 분은 '뇌섹남'의 기준에서는 탈락이야. 4개의 조건 중에 반이나 충족하지 못하는 셈이니까 말이야. 평소에 존경하던 분인데 갑자기 좀 불쌍해지기도 해…

어린 왕자는 가장 중요한 건 눈에 보이지 않는다고 말했지만 사람이 다른 사람과 관계를 맺고 사회에서 살아가는 데 육체가 중요한 것은 사실이야. 인간의 가장 중요한 요소가 아닐 진 몰라도 어쨌든 가장 잘 보이는 부분이기 때문이야. 그리고 사람들이 사회에서 일정한 자리를 확보하고, 서로 관계를 맺고, 사회에 영향을 미치고, 사회를 변화시킬 가능성을 부여받는 것도 인간이 육체가 있기 때문일 거야. 그렇다면 영혼과 육체의 조화로운 결합은 불가능한 걸까?

피그말리온과 갈라테이아를 주제로 한 두 점의 그림이야. '피그말리온 효과'는 타인이 나를 존중하고 나에게 기대하는 것이 있으면 기대에 부응하는 쪽으로 변하려고 노력하여 결국 그렇게 된다는 것을 의미하는 심리학 용어이기도 해. 얼마나 간절히 원했으면 차가운 조각상이 사람이 되었겠어?

포스트모더니즘과 부유하는 이미지

현대는 이미지의 시대라고들 해. 어린 왕자는 슬퍼하겠지만 어쨌든 '본질'에 대한 질문보다는 보이는 것 즉, '이미지'가 중요해진 시대인 것만은 사실이라는 생각이 들어. 엄마는 포스트모더니즘에서 말하는 진짜보다 더 진짜 같은 가짜, 즉 시뮬라크르의 시대에 살고 있다는 걸 실감하곤 해. 시뮬라크르라는 말의 발음이 너무 이상하고 낯설다고? 정말 좀 그렇긴 하네. 원어의 의미를 잘 나타내줄 적당한 번역어가 없어서 보통 이렇게 프랑스어의 발음을 옮겨 적어 사용하는데, 이 단어만 들어서는 시뮬라크르의 시대가 뭔지 전혀 감이 안 잡히지? 엄마 설명을 들어보면 좀 와닿을 거야. 실제의 원본 즉, 진짜 현실이 있어. 여기서 진짜 현실은 좀 전에 말한 플라톤의 이데아하고는 달라. 말 그대로 실재하는 현실이라는 말이야. 그리고 이 현실을 모방한 가짜 현실, 즉 카피본이 있을 수 있을 거야. 예전에는 원본과 카피본의 명백한 구분이 있었어. 즉 이미지를 이야기할 때 원본이라는 개념이 분명히 존재했어. 진품이 없이 어떻게 복제품이 있을 수 있겠어? 복사기로 복사를 할 때를 떠올려보면 당연하다는 생각이 들 거야. 복사를 하려는 진품과 복사기에서 복사되어 나오는 카피본이 분명히 따로따로 존재하니까 말이야.

그런데 프랑스의 포스트모더니즘 철학자인 장 보드리야르라는 분은 시뮬라크르, 시뮬라시옹이라는 개념을 제안했어. 먼저 시뮬라크르 얘기부터 할게. 시뮬라시옹은 시뮬라크르의 과정쯤으로 이해하면 되니까 말이야. 보드리야르는 이미지를 이렇게 네 가지로 나누었어.

① 현실을 재현하는 이미지
② 현실을 감추고 현실을 왜곡하거나 변질시키는 이미지
③ 현실의 부재를, 즉 현실이 존재하지 않는다는 것을 감추는 이미지
④ 어떤 현실과도 무관한 이미지

①은 보정 전의 사진 ②는 포토샵으로 매만진 사진쯤으로 이해하면 쉽게 알 수 있을 거야. ③은 마법 같은 것, 마법사가 만들어내는 신데렐라의 호박마차쯤 될까?

시뮬라크르란 ④를 의미하는데 현실과 관계없는 이미지, 원본이 없는 이미지라고 할 수 있어. 얼핏 생각하기에 이상할 거야. 원본 없는 카피본이라니! 실재와 이미지의 관계가 끊어져버린 것이라고 설명하면 좀 더 이해가 쉬울까? 그저 이미지 자체만 존재할 뿐 이미지들은 실재하는 어떤 걸 지시하는 게 아니게 되어버린 거야. 그러다 보니 어떤 것의 실체, 즉 본모습이 어떤가는 이미 중요하지 않게 되어버렸고, 가공의 이미지만 의미를 지니게 되었다는 거지. 세상에는 원본 없는 이미지들만 존재하고 온통 이 이미지들이 부유하면서 떠다닌다는 거야. 이런 세계를 하이퍼리얼의 세계라고 해. 실체가 없는 가상들이 현실에 넘쳐나다 보니 현실과 가상을 구별할 수 없게 되어버린 거야. 그 결과 현실과 가상이 뭐가 더 중요한지도 알 수 없게 되어버렸거나, 그 중요성이 뒤바뀌어버린 거야. 현실보다 가상의 세계가 더 중요해지고 만 거지. 이런 설명에서 중요한 건 가상, 즉 이미지들이 어떤 실재를 그대로 반영하거나, 혹은 감추거나, 변질시킨 어떤 게 아니라는 점이야. 진짜와 거짓, 현실세계와 가상의 세계가 차별화되지 않는 거라고 할 수 있어. 현주가 이해하기 제일 쉬운 예는 가상 결혼이라는 콘셉트를 가

진 리얼리티 예능프로그램 ≪우리 결혼했어요≫가 아닐까? 우리는 ≪우결≫을 보면서 진짜 등장인물들이 결혼한 사이인 것처럼 생각하고 사랑하는 것처럼 느끼고, 심지어 '진짜 사귀어라'라고 응원하거나 '저 사람들이 사랑하는 사이인 건 아닐까?'라고 믿고 싶어 하지. 하지만 ≪우결≫이 보여주는 장면은 진짜처럼 보이는 가짜에 불과하다는 걸 현주도 알거야. 바로 하이퍼리얼의 세계인 거지.

좀 본격적인 예를 들어볼까? 레오나르도 디카프리오가 나왔던 ≪인셉션≫이라는 영화가 있어. 꿈에서 현실로 돌아오는 결정적인 장면마다 엄마가 좋아하는 에디트 피아프라는 가수의 ≪아니, 난 아무것도 후회하지 않아≫라는 노래가 나와서 엄마가 더 좋아하는 영화기도 한데… 너무 옛날 가수고, 옛날 노래라 현주는 아마 모를 것 같아.

어쨌든 ≪인셉션≫이라는 영화는 좀 복잡한 구조여서 처음 보고는 이해하기 어려울 수도 있을 거야. 왜냐하면 영화는 다음의 네 개의 층위를 한꺼번에 보여주기 때문이야.

① 꿈을 꾸고 있는 현실
② 꿈1
③ 꿈1 속의 꿈인 꿈2
④ 무의식의 심층부와 맞닿아 있는 곳 (영화에서 림보라고 불리는 곳이 바로 이곳이야)

그리고 이 4개의 층위가 한 영화에 펼쳐지는데 영화를 처음 보고 당황하게 되는 건 뭐가 현실세계이고 뭐가 현실세계가 아닌지 잘 구별되지 않기 때문이야. 말하자면 꿈을 꾸고 있는 ① 말고 ②, ③, ④의 세계는 모두 현실의 세계가 아닌 거지. 그 중에서도 ②, ③의 세계는 현실과 아무런 관련이 없는 세계, 원본 없는 가짜인 거야. "설계되지 않은 꿈의 공간"인 무의식의 심층부 정도로 이해될 수 있는 ④의 세계는 현실과 '아무런' 관련이 없는 건 아니고 현실세계와의 접점부 정도로 생각될 수 있으니까 ② 혹은 ③의 세계하고는 조금 다를 테고 말이야.

그런데 영화에서는 주인공의 현실을 보여주는 ①의 세계보다 디카프리오의 대사에서 표현되어 있듯이 "현실에선 존재한 적도 없고, 존재할 수도 없는" 세계인 나머지 ②, ③, ④의 세계가 훨씬 흥미진진하고, 역동적이고, 아슬아슬하고, 감동적이고 심지어 실제처럼 보이거든. 가짜 세계가 훨씬 더 진짜 세계 같아 보이는 바람에 뭐가 진짜인지, 뭐가 가짜인지 헷갈리게 되는 거지. 영화에 매일 꿈을 공유하기 위해 약을 먹고 함께 잠드는 사람들이 나와. 왜 이 사람들이 이런 짓을 하냐는 주인공의 질문에 한 노인이 이렇게 대답해. "이 사람들은 깨어나기 위해서 오는 거예요. 저들에게는 꿈이 현실이라오." 그 사람들에게는 힘들고 무미건조한 현실보다는 가공의 꿈의 세계가 훨씬 생생한 '진짜' 현실 같다는 거야. 영화의 마지막 즈음에 디카프리오가 분한 코브라는 사람은 이렇게 말해. "당신에게 뭔가 말해주려고 왔습니다... 이 세계는 진실이 아니라는 것을..." 영화에서 코브의 부인인 멜은 꿈과 실제를 구분하지 못하게 된 나머지, 자기가 현실이라고 믿는 꿈으로 되돌아가기 위해서 스스로 목숨을 끊은 것으로 설정이 돼. 실제와 가상을 구별하지 못하게 된다는 건 정말 끔찍한 일이야... 가상은 가상일 뿐 실제가 아니니까 말이야.

하이퍼리얼의 세계는 뭔가 우울하고 비극적이지? 무엇이 진짜인지 무엇이 가짜인지 구별할 수 없게 되고, 진짜라고 믿었던 것이 가짜일 뿐이고. 그래서 포스트모더니즘이라는 철학 사조는 현대사회를 분석하는 분석의 틀로서는 명쾌하고 유용하지만, "그래서 어떻게 하면 되지요?" 하는 질문에 대한 해답을 제시해줄 수 없다는 비판을 받기도 해. 하지만 현실보다 더 현실 같은 허상, 즉 이미지에 압도되어 살아가는 사람들의 모습을 설명하는 데는 아주 설득력 있지. 실체 없는 이미지에 의해 지배받는 요즈음의 세상을 다시 한 번 생각해보도록 해주는 건 사실이기 때문이야. 너무 철학적이고 어려운 이야기만 했나?

좀 다른 얘기긴 하지만 호접지몽이라고 들어봤어? 옛날 중국에 살았던 장자라는 분이 계셔. 그분의 이야기야. 정확하지는 않지만 기원전 300년 전 정도에 사셨던 분이니까 지금부터 거의 2500년 전 인물이야. 장자께서 어느 날 꿈을 꿨는데, 꿈속에서 나비가 되어 예쁜 꽃들 사이를 즐겁게 날아다녔다는 거야. 그러다가 문득 깨어보니, 자기는 더 이상 나비가 아니라 분명 장자더라는 거야. 그리고는 꿈과 현실이 헷갈려버린 거지. 꿈이 너무 생생했던 나머지 자기가 나비가 된 꿈을 꾸는 건지, 반대로 나비가 장자가 된 꿈을 꾸는 건지를 도대체 구분할 수 없었거든. 매력적인 이야기지? 동양에서는 이 이야기를 암울한 하이퍼리얼의 세계와는 좀 다르게 설명해. 꿈과 현실 사이에 큰 차이가 없다는 거야. 장자와 나비 사이에 존재하는 것은 피상적인 구별일 뿐 그 차이가 절대적 것은 아니라는 거지. 장자가 곧 나비이고, 나비가 곧 장자라는 경지가 동양의 철학자가 말하는 세계이기 때문이야. 물아의 구별이 사라지는 절대 경지에서 보면 장자도 나비도, 꿈도 현실도 마찬가지고 다만 보이는 것은 만물의 변화에 불과할 뿐이라는 거야. 뭔가 장자께서 말씀하시는 게 스케일이 좀 크지?

다시 2500년 후로 돌아와 하이퍼리얼의 세계에 대해 계속 이야기해 보자. 요즘 젊은 친구들은 다른 사람이 찍어주는 사진보다 셀카를 더 즐기는 것 같아. 그 계기가 된 게 2000년대가 지나면서 디지털카메라가 장착된 휴대폰이 본격적으로 대중화되기 시작하면서부터가 아닐까 해. 언제나 손닿는 곳에 있는 휴대폰에 좋은 화질의 디지털카메라가 장착되어 판매되기 시작하면서 언제 어느 곳에서건 사진을 찍을 수 있게 되었어. 심지어 여러 번 찍어도 마음대로 삭제할 수 있고 다시 찍어도 추가 비용이 전혀 들지 않게 되었거든. 수없이 많은 사진을 찍고, 지우고, 찍고, 지우면서 그 가운데서 제일 마음에 드는 사진을 남길 수 있게 된 거야. 다른 사람한테 수십 번 수백 번 사진을 찍어달라고 할 수는 없는 노릇이고 하니 아예 자기가 자기를 찍기 시작한 거지. 제일 마음에 드는 사진을 갖기 위해서.

셀카를 찍을 때는 '얼짱 각도'라는 게 있지 않아? 카메라를 정면의 45도로 올리고 눈을 치켜뜨는 걸 얼짱사진을 찍는 황금 각도라고 하지? 원근법 때문에 눈하고 코는 커 보이게 하고 입하고 턱은 작아 보이게 하는 효과를 주는 거라며? 성형수술을 하지 않고도 큰 눈과 브이라인 턱을 가진 것처럼 '보이게 하는' 또 다른 방법인 거지. 다음에는 포토샵이라는 사진 보정 프로그램이 활약할 순서야. 요즘은 사진을 찍고 나서 어느 정도 보정을 하지 않는 경우는 없는 것 같아. 피부도 좀 매끄럽게 하고, 코도 좀 높이고, 턱도 깍고... '뽀샵'이라고 부르는 거지. 그러다 보면 실제 모습과 사진 속 이미지의 괴리가 너무 커서 정작 누군지 알아볼 수 없는 경우도 생기고 말이야. 실제로 엄마도 얼짱 각도로 사진을 찍고 나서 뽀샵까지 마친 친구 딸의 사진을 먼저 보고 나서 실제로 그 아이를 만났는데, 얼굴을 못 알아보겠더라고. 딴 사람 같던걸. 그런 사진을 온라인에 올리는 경우도 많지? 그런데 그 사람인지 알아볼 수 없는 사진도 사진의 역할을 하는 걸까? 사진에서도 본질은 중요하지 않아진 걸까? 그러면 이렇게 '만들어진' 이미지들은 진정으로 그들의 본모습과는 '아무런' 관계가 없는 걸까? 그럼에도 불구하고 그들의 본모습의 일정한 반영이라고 보아야 할까?

조금 전에 이야기한 보드리야르의 시뮬라크르는 본질과 완전히 단절된 이미지를 의미하는 것이지만, 그의 말처럼 보이는 것과 단절된 본질이 진짜 존재하는가에 대한 질문은 여전히 가능하다고 생각해. 남들에게 보이는 이미지만 점점 부각되고, 외모가 경쟁력이 된 시대이긴 하지만 '남들에게 비춰진 나'는 '진정한 나'와는 얼마나 다른 존재인가에 대해서는 여전히 생각해볼 수 있을 거야. 그리고 그 두 개의 '나' 사이의 간극이 클수록 나의 정체성이 위협받는 것만은 사실인 것 같아.

이제 현주 생각을 좀 들어볼까? 보드리야르가 말하는 이미지들이 부유하는 대표적 세상이 온라인 세상일 텐데, 온라인에 대해서는 현주가 엄마보다 더 익숙하고 할 말도 더 많을 것 같은데, 어때?

영화 ≪인셉션≫의 포스터야. 하이퍼리얼의 세계를 그리는 영화답게 포스터의 장면도 뭔가 비현실적이지 않아?

나의 '행복'을 보여주려는 온라인 세상

엄마가 조금 더 이론적인 설명을 해줬다면 나는 나와 같은 청소년들이 쉽게 접하는 실생활과 관련된 측면에서 이야기를 할게.

요즘 청소년들이 가장 많은 시간을 보내는 소셜미디어가 뭘까? 나는 요즘 들어 SNS의 사용이 급증했다고 생각하는데, 그 중에서도 메신저 형태가 아닌 페이스북과 인스타그램의 사용량이 늘어난 것 같아.

엄마는 페이스북도 인스타그램도 하지 않아서 잘 모를 수도 있을 것 같은데, 페이스북과 인스타그램은 사람들과 소통하는 방식으로 자신의 일상을 공유한다는 공통점이 있는 SNS야. 서로 1대 1 대화를 하는 것이 아니라 주로 사진 또는 글로 개인의 상태를 공유하고, 관심이 있는 사람을 구독하며 관계를 맺는 방식이지. 이렇게 올리는 게시물은 모든 사람에게 열람이 가능하고, 자유로운 검색이나 공유의 방식을 통하여 쉽게 확산될 수 있다는 특징을 가지고 있어. 하지만 이런 특징은 '보이는 나'와 '보이지 않는 나' 사이의 거리를 더 멀어지게 만드는 결과를 가져오기도 하는 것 같아.

페이스북과 인스타그램은 나의 현재 상태를 직접적으로, 혹은 간접적으로 최대한 많은 사람들에게 신속하게 보여줄 수 있는 가장 좋은 도구라고 생각해. 내가 얼마나 '행복'한지, 내가 얼마나 '잘' 살고 있는지, 내가 얼마나 친한 지인들이 '많은지' 등의 요소를 클릭 한 번에 보여줄 수 있기 때문이지.

생각해보면 꽤 웃기지 않아? 사진 한 장으로 나의 재력을 과시하고, 온라인상 친구의 규모, "좋아요"나 댓글 숫자로 나의 친분을 과시하고 그것으로 개인의 행복을 판단한다는 게. 그러나 온라인 세상에서는 이게 꽤 효과적이라는 것이 이 문제의 원인인 것 같아. 사진 한 장으로 모든 것이 판단되기 때문에 그 사진에서 보여지는 '나'의 모습에 더더욱 신경을 쓰게 되는 것이지.

나는 SNS를 그다지 많이 하는 편은 아니지만, 내 친구들을 보면 페이스북 같은 경우는 기본적으로 계정이 없는 아이들을 찾아보기 힘들 정도야. 친구들과 만나거나 여행을 가면 사진을 찍어 페이스북에 올리는 것은 기본이고, 개인적으로 할 수 있는 대화도 모두 페이스북을 통해서 해. 중독성도 강해서 내 친구는 다른 친구들의 타임라인을 구경하고 자신의 타임라인을 관리하면 한 시간이 훌쩍 넘는대. 댓글이나 "좋아요" 알림 같은 것이 오면 일일이 확인하는 모습을 보니 '온라인 세상에서 보여지는 나'의 모습을 관리하는데 얼마나 시간을 쏟는지 짐작이 가더라고.

현대인의 새로운 질병, 우울증

현대인의 새로운 질병이라고 하는 우울증과 각종 증후군의 원인들 중의 하나가 위에서 말한 '보이는 나'와 '보이지 않는 나'의 갈등이 시간이 갈수록 점점 심화된 탓이 아닐까 하는 생각이 들어.

엄마도 몇 년 전 '힐링'이라는 말이 유행했던 것 기억하지? ≪힐링캠프≫라는 TV 프로그램과 함께 한동안 우리나라에 힐링 열풍이 불었다고 해. 그럼 그것보다도 더 전에 불었던 '웰빙' 열풍도 기억나?

첫 번째로, '웰빙'은 육체적 건강과 정신적 건강의 조화를 통해 행복한 삶을 추구하는 것을 뜻해. 이 용어는 약 2005년경에 우리나라에서 대대적으로 사용되었다고 해. 골자는 몸과 마음이 착취당하는 생활에서 육체와 정신의 건강, 그리고 여유롭고 풍요로운 삶을 만드는데 관심을 가지자는 거야. '웰빙' 트렌드의 영향으로 사람들의 건강에 대한 관심이 높아져서 유기농 음식이나 운동에 대한 관심이 급증하기도 하고, 공업화의 부작용에 맞서 자연을 보호하자는 환경주의, 식물성 음식을 먹자는 채식주의, 전통방식으로 조리된 음식을 먹자는 슬로푸드 운동 역시 주목을 받았다고 해.

두 번째로, '힐링'은 육체와 정신의 치유와 회복이라는 뜻을 가지고 있어. '웰빙' 열풍의 경우 개인이 능동적으로 식생활 등 생활습관을 바꾸는 것에 대한 관심에 초점을 두었다면, 힐링은 지친 현대인들에게 휴식을 권하는 활동이라는 점에서 두 열풍의 차이를 알 수 있어. 대표적으로는 단어 뜻 그대로 힐링 여행을 떠나 실생활과 떨어져 푹 쉬고 온다던가, 다른 사람들과의 대화를 통해 마음을 안정시키기도 해. 힐링과 웰빙 열풍은 사회 속에서 힘들어하는 사람들에게 휴식과 안정을 해결방안으로 제시한 것으로, 많은 사람들의 호응과 참여를 이끌어내 사회 분위기의 반전을 꾀한 사례들이지.

그런데 '힐링'과 '웰빙'이 우울증과 무슨 관련이 있는지 궁금하다고? 공통점으로는 모두 삭막하고 힘든 사회가 등장 배경이 되었다는 거야. 우울증의 경우는 그것이 질병이라는 결과로 개인에게 나타난 경우야.

그럼 이제 우울증과 관련된 이야기를 할게. 내 생각에 우울증은 단순히 개인의 문제가 아니라 사회문제라는 점이 중요한 것 같아. 작년에 에밀 뒤르켐의 『자살론』을 읽은 적이 있어. 학교의 법과 정치 시간에 개인과 사회에 대하여 배우다 접한 책이야. 내가 평소에도 개인과 사회의 관계에 대한 분석에 관심이 많다는 건 엄마도 잘 알지? 게다가 뒤르켐의 『자살론』은 사회학적 연구 방법을 처음 고안해낸 책이라는 의미를 가지고 있어서 사회학에 관심 있는 학생들의 필독서로 손꼽히고 있거든. 책에서는 그 전까지는 개인의 문제로만 여겨졌던 자살을 다양한 각도로 분석해서 최초로 개인의 자살에 사회의 책임이 있다는 것을 주장했어. 나 역시 뒤르켐의 생각에 동의하는 바야. 개인과 사회가 긴밀하게 연결되어 있을 뿐만 아니라 최근의 경제 불황과 취업난 등의 상황으로 미루어보았을 때 우리나라에서도 개인의 자살에 사회가 미치는 영향이 적지 않은 것 같아.

자살이 어느 정도 사회의 영향을 받아 행해지는 것과 마찬가지로 우울증도 비슷한 맥락에서 점점 늘어나고 있다고 생각해. 우울증은 '마음의 병'이라는 별칭을 가지고 있는데, 바쁘고 스트레스 받는 일상의 반복이 그 원인이고, 우울증이 증가하고 있다는 신문기사를 본 적이 있어. 나도 이 의견에 조심스럽게 동의하는 바야.

우울증은 정말 많은 현대인들이 이를 앓고 있다는 점에서 더 심각한 것 같아. 조금만 둘러봐도 우울증으로 힘들어하는 사람을 찾을 수 있을 정도야. 내 개인적으로는 작년에 나와 내 친구들이 고등학교 입시를 치렀는데, 그 동안 아이들이 정말 스트레스를 많이 받았어. 불합격하면 어쩌나 하는 걱정과 불안한 미래에 대한 스트레스로 아예 밥을 안 먹거나 폭식하는 친구도 있었고, 밝았던 아이가 내내 무기력하고 우울하게 지내기도 했지. 나 역시 불면증으로 잠깐 고생하기도 했고,

입시를 겪는 친구들이 자살에 대해 심각하게 얘기하며 고민을 털어놓기도 했지. 지금 생각해보니까 끔찍하기도 하고, 그 힘든 시간을 버텨준 친구들이 자랑스럽고 고맙기도 하네. 내가 의사선생님이 아니니까 위의 증상들은 완벽한 우울증이라고 단언할 수는 없을지 모르지만, 우울증 초기 증상임은 확실한 것 같아. 모든 우울증이 '나'의 내면과 외면 사이의 갈등으로 인해 빚어진 것은 아닐 테지만, 작년의 경험으로 인해서 우울증이 얼마나 무서운 병인지 대충 짐작할 수 있게 된 것 같아서 덧붙여봤어. 그리고 우울증이 단순 개인의 문제가 아니라면, 그 해결책 역시 개인이 아닌 사회, 국가 차원 등 더 큰 스케일에서 모색되어야 한다고 생각해.

다시 소셜미디어로 되돌아가보면, 난 페이스북이나 인스타그램 등으로 대표되는 온라인 세상에서 아주 행복해 보이는 사람들도 정말 행복한 건 아닐 수 있다고 생각해. 그중에는 심지어 우울증이라는 마음의 병을 앓고 있는 친구들도 있으니까 말이야. 하지만 또 그걸 보는 친구들은 "다른 사람들은 맛있는 것도 먹고, 멋진 곳으로 여행도 가고, 비싼 물건도 많이 가지고 이렇게 행복해 보이는데 난 왜 이런 거지?" 하면서 또 우울해지고. 이런 식으로 전파되고, 확대 재생산되는 과정을 거치면서 점점 더 서로에게 영향을 미친다고 생각해. 그것들이 보여주는 모습만이 그 사람들의 모습은 아닐 텐데도 말이야. 감추고 싶은 건 보여주지 않을 거잖아?

서비스업이 큰 사업으로 부상하고, 외모를 포함한 외적인 모습이 점점 중요해지는 요즘 같은 시대에 '보여지는 나'와 '보이지 않는 나'의 모습에 갈등이 생기는 것은 어쩌면 불가피한 일인 것 같아. 그렇다면 그로 인하여 생기는 우울증과 같은 질병을 예방하는 것이 필요하겠지. 그러나 그것보다 우선시돼야 할 것은 이러한 간극에 대하여 정확히 인식하고, 그로 인한 외모지상주의 등의 편견을 없애는 사회 분위기가 형성되는 것이라고 생각해. 청소년의 경우에는 자신의 내면과 외면에 대하여 생각해보는 시간을 갖는 것도 좋을 것 같아! 이러한 방법으로 조금 더 나은 사회를 만들 수 있지 않을까?

우리나라의 학벌주의

우리나라는 OECD 국가 중 자살률 1위라는 불명예를 갖고 있고, 청소년 사망원인들 중 1위가 자살이라고 해. 그리고 그 대부분의 이유가 성적 및 입시 스트레스에서 나온다는 거야.

대한민국 청소년의 입장에서 '다른 나라보다 우리나라 청소년들이 공부도 더 열심히 하고 스트레스도 많이 받지 않을까?'라는 생각을 항상 했었는데, 직접 통계자료로 확인받으니 새삼 충격이었던 기억이 나. 청소년뿐만 아니라 대체적으로 우리나라 국민들의 자살률이 높은 것을 보니 새삼 마음이 아프기도 했어. 이 이야기를 꺼낸 것은 바로 우리나라 청소년들의 입시, 특히 대학교 입시에 대하여 다루고 싶기 때문이야.

이제부터 이야기할 내용은 대부분의 고등학생 친구들이 특히 공감할 내용이라고 생각해. 사회적으로, 그리고 관용적으로 고3은 특별한 지위를 갖지. 혹자는 12년 동안 쌓아왔던 공부 실력을 시험하고 인생을 결정짓는 대학교를 결정하는 가장 중요한 시기라고도 해. 그런데 도대체 왜 고3이, 또 대학교 입학시험이 이렇게 대단한 지위를 가지게 되었을까? 나는 그 이유를 우리나라의 학벌주의에서 찾았어.

우리나라의 학벌주의-개인의 능력과는 상관없이 출신 학교로 사람을 차별하는 사회현상-는 꽤나 큰 사회적 문제라고 생각해. 우연히 신문에서 '2015년 금융공공기관 신규채용 현황'이라는 기사를 봤는데 그 기사에서 제시된 표를 보면 심지어 일반기업이 아니라 공공기관에서도 고졸이나 장애인을 채용하는 비율이 턱없이 낮다는 걸 알 수 있었어. 지방대학교 쿼터제를 실시하고 있는 공공기관도 49.5%로 절반 정도일 뿐이라고 해. 그러니까 모두 좋은 학교에 들어가려고 하는 게 아니겠어?

출신 학교는 우리나라에서 사람을 판단하는 한 기준이 된다고 생각해. 한 개인의 '보이지 않는 면'은 전혀 염두에 두지 않은 채 학벌이라는 '보이는' 기준으로 개인을 차별하는 것이지. 물론 학창시절에 공부를 잘 해서 좋은 대학교에 입학한 것은 대단한 일이야. 그렇지만 학벌이 거의 유일한 기준으로 작용하여 사회생활을 좌지우지하는 것, 좋은 대학교를 나오지 않으면 절대로 성공할 수 없는 사회는 분명 문제가 있다고 생각해.

개인의 성격이나 지식, 능력은 전혀 고려하지 않은 채 대학교 학벌로만 개인을 판단하는 것은 외모지상주의와 함께 커다란 문제이고, 이를 해결할 수 있는 사회 분위기의 변화를 꾀해야 할 것 같아.

다시 엄마가

현주 이야기를 들으니 현주가 얼마나 공부 스트레스를 받고 있는지 느껴지는 것 같아서 엄마는 마음이 무겁고 슬퍼져... 하지만 현주가 말한 것처럼 좋은 대학교를 나오지 않으면 '절대로' 성공할 수 없는 건 아니야. 노무현 전 대통령 등 좋은 학교를 나오지 않고도 성공한 사람들 이야기는 알지? 그런 얘기는 너무 뻔하고 감동도 없다고? 그럼 이야기를 좀 돌려볼게. 엄마는 좋은 학교를 나와도 사회적으로 성공하지 못한 사람이 얼마나 많은 지 하루 종일 예를 들 수 있을 것 같은데 말이야. 유명하지 않은 사람들이니까 이름을 말해도 현주는 당연히 모를 테고, 그 사람들한테도 상처가 될 수 있으니까 구체적으로 실명을 거론하진 않을게.

하지만 노력하고, 힘든 과정을 겪어내는 경험은 삶에서 아주 중요하다고 생각해. 옛날에 있었던 성인이 되기 위한 일종의 성인식, '통과의례'라고 들어봤어? 옛날 성인식은 지금처럼 만으로 19살 되는 날에 누구나 다 '넌 이제부터 성년이다'라는 축하 인사를 받고, 꽃을 선물 받고 하는 게 아니었어. 목숨을 걸 만큼 위험하고 힘든 과제를 부여받고, 그걸 이겨낸 사람만 사회적으로 진짜 성인으로 받아들여졌기 때문이야. 인류학 책에 보면 그런 풍습의 기록들을 수없이 많이 확인할 수 있어. 그런 풍습의 흔적이 녹아있는 좀 더 쉬운 예를 들게. 신화의 숱한 모험담 기억나? 영웅들은 진짜 영웅으로 탄생하기 전에 힘든 과업을 성취해내야 하잖아? 예를 들어 테세우스는 아버지를 찾아서 아버지의 나라 아테네로 가는 길에 많은 악당을 만나고, 물리치고, 힘든 일을 이겨내지. 그리고 아버지 앞에 '짠' 하고 나타나서 진짜 아들임을 증명하잖아? 우리나라의 주몽도 비슷한 경로를 밟아서 아버지 해모수를 찾고, 고구려의 왕이 되지. 힘들고 어려운 일을 겪어낸 사람만이 왕이 될 자격을 지녔다는 것을 스스로 증명하는 거니까.

하지만 현주는 왕이 되지는 않아도 되고, 당연히 결과가 얼마나 좋은가는 테세우스나 주몽만큼 중요하지는 않아. 하지만 엄마는 주어진 뭔가를 '최선을 다해서' 성실히 몰두해 열심히 해본다는 건 성숙한 인간이 되는데 아주 중요한 경험이라고 생각해. 이런 경험을 청소년기에 해본다면 나중에 삶을 대하는 자세도 훨씬 성숙하고 진지해질 테니까. 하지만 다시 한 번 말할게. 중요한 건 삶의 자세고, 그 과정이야. 물론 최선을 다하는 대상이 공부가 아니라도 상관없어. 현주가 지금 고등학생이고, 현주가 미래에 갖고자 하는 직업이 공부를 잘 하면 더 유리한 거니까 현주 앞에 주어진 과제가 공부인 거지만 말이야. 삶을 살아가는 진지한 자세를 터득하는 것보다 결과가 중요하지 않은 건 너무나 당연하지 않겠어? 실패의 경험도 소중한 거고, 그걸 발판으로 다음번 도전에서는 만족할만한 결과를 얻을 수도 있는 거니까. 50년이 넘는 엄마의 인생 경험에 비추어 생각해보면, 학벌은 고등학생인 현주가 생각하는 것만큼 절대적인 건 아니란다. 자신을 잃어버리지 않으면 회복의 기회는 또다시 주어질 거야, 현주야. 그러니까 결과 때문에 너무 많은 스트레스는 받지 않았으면 좋겠어. 지금 고등학생인 현주의 세상에서는 공부나 대학 합격이 삶의 대부분을 차지할 거야. 하지만 학벌이 자신을 버리고 얻어야 할 만큼 소중한 가치는 단연코 아니야.

현주하고 이미지의 시대에 보이는 것의 중요성에 대해서 많은 이야기를 나눴고, 현주 이야기도 들을 수 있어서 좋았어. 그리고 엄마는 역시 사람의 마음을 움직이는 건 보이는 것만은 아니라는 결론에 이르게 돼. 보이는 게 이렇게 중요해진 시대니까 어린 왕자가 들려주는 비밀에 더 귀를 기울여야 하는 건 아닐까?

"그래, 잘 가. 내 비밀을 말해줄게. 비밀은 아주 단순해. 그건 마음으로 보아야 잘 보인다는 거야. 가장 중요한 건 눈에는 보이지 않아."

역시 중요한 건 사람이고, 사람의 마음이라는 생각이 들어. 그래야 외롭지 않을 테고, 우울증 같은 마음의 병도 걸리지 않을 수 있을 테니까.

6 장

톨레랑스 :
서로 다름을 인정하며 함께 어울려 사는 세상을 꿈꾸며

엄마와 딸이 함께하는 인문학

볼테르 그리고 톨레랑스

이번 장에서는 좀 무거운 이야기를 해볼까 해. 최근 세계적 이슈로 부각된 문화 간의 소통과 톨레랑스에 관한 이야기를 다루어보려고 하니까 좀 진지하게 이야기를 시작해볼게. 현주가 사회 그리고 사회 속에서 살아가는 사람들 사이의 관계에 대해 깊은 관심을 가진 아이이기도 할뿐더러 이 주제는 앞으로 21세기를 살아가야 하는 젊은이들이 한 번은 고민해보아야 할 문제가 아닐까 해.

톨레랑스라는 말이 좀 어렵다고? 많은 유럽어의 단어들이 그리스어나 라틴어에서 기원한 건 알고 있지? 이 단어도 마찬가지야. 프랑스어 단어 톨레랑스는 라틴어 톨레라레(tolerare)에서 왔다고 해. 톨레라레는 '참다' '견디다'라는 의미를 가진 단어야. 이 단어가 프랑스로 넘어와서 가장 프랑스적인 가치라고 불리는 톨레랑스의 원칙으로 확립되는 과정에서 의미가 변화하고 확장된 거지. "자신의 신념과 배치되는 것, 그렇기 때문에 즉각적으로 받아들일 수 없는 것, 자신이 찬성하지 않는 것을 존중하고 허용하는 능력"을 의미했던 톨레랑스라는 단어가 "한 사회 내에서 다양한 사상, 신념, 의견, 믿음 등이 용인되고 허용될 수 있는 원칙과 상황들에 대한 보편적인 가치관"으로 정립되었다고 정리할 수 있을 거야.

이 정도 설명으로는 잘 이해가 되지 않는다고? 아마 그럴 거야! 역사도 오래되었고, 심오한 철학이 담긴 단어니까 말이야. 그럼 톨레랑스에 대해 좀 더 자세히 알아볼까?

톨레랑스는 우리나라 말로 '관용'이라고도 번역하는데 국립국어원에서 발간된 『표준국어 대 사전』을 찾아보니 '관용'이라는 단어가 "남의 잘못을 너그럽게 받아들이거나 용서함. 또는 그런 용서"라고 뜻풀이가 되어 있더구나. 하지만 프랑스어 단어인 톨레랑스에는 뭔가 '잘못을 범한' 상대방을 너그러운 마음으로 품어준다는 시혜적인 의미가 담겨있는 것이 아니야. 톨레랑스는 명백한 잘못을 저지른 사람에게 너그러운 마음으로 은혜를 베푸는 게 아니거든. 잘한 사람과 잘못한 사람, 옳은 것과 틀린 것이 구분되는 게 아니란 거야. 다른 사람의 의견이 내 의견과 다르다고 해. 그렇다고 해서 그 사람의 의견이 틀렸다는 말은 아니고, 그 사람이 잘못 생각한 것도 아니라는 거지. 그래서 요즘은 이 단어를 번역해 한국말로 의미를 나타내지 않고 톨레랑스라고 프랑스어 단어를 그대로 가져와서 사용하는 게 일반적이란다.

그러니까 단순화해서 표현해 보면 톨레랑스는 '다른 사람이 생각하고 행동하는 방식의 자유 및 다른 사람의 정치적, 종교적 의견에 대한 존중'을 의미하는 단어라고 이해해도 될 거야. 자신의 이념과 신념이 중요하다면 남의 것도 똑같이 귀중하며, 자신이 존중받기 바란다면 남을 존중하라는 톨레랑스의 사상은 타인의 자유에 대한 존중을 중시하는 개인주의자들인 프랑스 사람들을 대표하는 가장 프랑스적인 가치라고도 이야기되지. 하지만 그냥 프랑스적이기만 하다면 우리나라 사람들이 관심을 가져야 할 필요가 그렇게 많지는 않을 거야. 하지만 톨레랑스의 원칙은 21세기 다문화의 시대에 우리나라 사람들도 다시 조명해볼 만한 가치가 분명한 개념이야.

그럼 톨레랑스의 원칙은 어떻게 생겨나서 뿌리를 내리게 되었을까? 톨레랑스를 이야기할 때 볼테르라는 철학자를 언급하지 않을 수 없어. 우연히 장 칼라스라는 사람의 억울한 죽음을 알게 된 볼테르는 무려 70세에 가까운 노구였음에도 불구하고 무려 3년간의 끈질긴 투쟁 끝에 장 칼라스의 무죄를 증명해냈어. 이 사건을 계기로 해서 『톨레랑스론』이라는 유명한 책을 쓰기도 했고 말이야. 100세 시대가 멀지 않았다고들 하는 지금은 70세 할아버지가 그렇게 나이가 많은 분이라는 느낌은 안 들지? 하지만 18세기에는 사정이 완전히 달랐어. 1750년 프랑스의 평균 수명이 25살이었다는 기록이 있으니까 말 다했지 뭐. 당대를 대표하는 노 철학자의 이런 행보는 톨레랑스라는 원칙이 확립되는 결정적인 계기가 되었어. 그럼 이제 장 칼라스 사건이 뭔지 한번 알아볼까? 그리고 장 칼라스 사건이 왜 톨레랑스와 관련이 있는 지도 같이 이야기할게.

볼테르 (1694-1778)와 계몽주의

"무지와 불관용이 권력을 지니게 되었을 때보다 더 위험한 것은 아무것도 없다."

톨레랑스를 이야기할 때 빼놓을 수 없는 인물인 볼테르의 본명은 프랑수아 마리 아루에야. 볼테르는 그가 사용했던 수많은 필명들 가운데 가장 유명한 필명이고 말이야. 볼테르는 프랑스의 유명한 철학자이자 작가이기도 했어.

『백과전서』의 여러 항목을 집필하기도 했고, 비극 작품인 『오이디푸스』, 철학소설인 『캉디드』와 『자디그』 등은 볼테르의 작가로서의 능력을 보여주는 작품들이야. 하지만 볼테르를 가장 유명하게 한 것은 계몽사상의 선구자라는 점일 거야. 계몽사상이 뭐냐고? 18세기 프랑스를 중심으로 해서 퍼져나간 철학 사상인데 한마디로 말해서 종교에서 벗어나 인간의 이성을 세상의 중심에 두자는 거였어. 인류의 운명이란 하늘의 일에 관심을 갖는 것이 아니라 이성과 지성에 의해 이 지상에서, 또 이 세상을 위해 진보하는 것이라고 주장했어. 그 사상을 담아낸 기념비적인 작품이 바로 『백과전서』이고 말이야.

41세 때의 볼테르야. 이성의 중요성을 강조한 철학자답게 한 손에는 책을 들고 있는 모습이 인상적이지? 길고 풍성한 컬이 있는 헤어스타일이 좀 로커 같아 보이기도 해

『백과전서』는 1751년 발간된 제1권에서 1772년 나온 마지막권까지 총 28권이 무려 20여 년에 걸쳐서 완성이 돼. 20년이라니 대단하지? 『백과전서』의 원제는 『백과전서 혹은 학문, 기술, 직업에 관한 체계적 사전』인데 형이상학적인 지식뿐만 아니라 일상의 구체적 사항과 관련된 모든 인간 지식의 체계화를 목적으로 했어. 모든 영역에서

신비와 초월성이 추방되고 모든 것은 인간의 감각적 차원으로 환원되며, 결국 우주와 세계의 중심은 인간 자신 외의 아무것도 아니라는 것이 『백과전서』 집필진들이 공통으로 가지고 있는 생각이었어. 실제로 『백과전서』에서 '권위' 항목을 보면 그것은 진리의 기초가 아니라고 명시되어있고, '우주'는 신의 창조물이 아닌 것으로 설명되어있으며, '진보'는 인간이 자연에 복귀함으로써 성취되는 것이라고 이야기되어있기도 해.

볼테르가 주장한 톨레랑스도 이런 맥락에서 보면 더 잘 이해될 거야.

장 칼라스는 프랑스 남부 툴루즈라는 곳에서 포목상을 하며 평생을 살아온 성실한 가장이었어. 지금도 그렇지만 프랑스 남부는 파리 같은 대도시와 비교해보면 보수적인 색채가 강한 곳이었어. 우리나라도 서울 같은 대도시보다는 지방이나 농촌지역이 좀 더 보수적인 것처럼 말이야. 왜 이런 이야기를 하냐면 당시 프랑스는 구교와 신교, 즉 가톨릭과 프로테스탄트 간의 갈등으로 인해서 30년의 종교전쟁을 겪고 수많은 사람들의 목숨이 희생된 슬픈 역사를 지닌 곳이었기 때문이야. 세계사 시간에 낭트칙령이라고 들어봤지? 가톨릭과 프로테스탄트의 종교 갈등은 종교의 자유를 인정한 1598년 앙리 4세의 낭트칙령으로 인해서 표면적으로는 일단락된 것처럼 보였어. 하지만 수천 년 동안 유럽을 지배해 온 가톨릭의 영향력은 여전히 막강했어. 앙리 4세마저도 프랑수아 라바이약이라는 가톨릭 광신자에게 암살당하고 말았으니, 당시 종교 갈등이 얼마나 극심했는지 짐작할 수 있겠지? 심지어 루이 15세 시대였던 1685년에는 낭트칙령이 폐지되고 수많은 프로테스탄트들이 외국으로 떠나고 만단다. 그러니까 장 칼라스 사건이 일어나던 당시 프랑스에서는 여전히 가톨릭의 영향력이 상당했고, 특히 툴루즈 지역은 더 심했지.

당시의 상황에 대해서 좀 이해가 되었으면 이제 장 칼라스 사건에 대해서 말해볼게. 엄마가 다시 요약하는 것보다 볼테르의 이야기를 그대로 들어보는 편이 더 좋을 것 같아.* 볼테르는 이렇게 이야기해.

1572년 파리에서 일어났던 성 바르톨로메오 축일의 신교도 대학살을 그린 그림이야. 프랑스에서 가톨릭과 신도교 간의 종교전쟁은 30년이나 지속되었어. 1598년 낭트칙령으로 30년 종교전쟁은 공식적으로 종결이 선언되지. 자신의 신념에 대한 믿음이 얼마나 많은 죽음을 낳게 할 수 있는 지를 보여준 참혹한 역사의 한 장면이야.

* 볼테르가 쓴 『톨레랑스 론』은 우리나라에 『관용론』이라는 이름으로 번역되어 나왔는데, 장 칼라스 사건의 개요에 관해서는 다음 책을 참고해서 설명해 보려고 해. 시간이 나면 현주도 한번 읽어보렴. (볼테르 지음/송기형 · 임미경 옮김, 『관용론』, 한길사, 2001)

68세의 장 칼라스는 툴루즈에서 40여 년이 넘게 상업에 종사하며 살아왔다. 그는 자신을 아는 모든 사람들에게 훌륭한 아버지로 인정받고 있었다. 그는 프로테스탄트였으며, 그의 아내와 자식들도 역시 프로테스탄트였다. 그러나 그의 아들 가운데 한 명만은 가톨릭으로 개종했다. 이 아들에게도 장 칼라스는 약간의 생활비를 대주고 있었다. 그는 그 사회의 모든 유대관계를 파괴하는 그 어처구니없는 종교적 광신과는 거리가 먼 사람이었으므로 아들 루이 칼라스의 개종을 용인했으며, 또한 열성적인 가톨릭교도인 하녀 한 명도 30년 동안이나 집에 두고 있었다. 그는 이 하녀에게 자신의 아이들을 모두 맡겨 양육하게 했다.

장 칼라스의 아들 가운데 한 명인 마르크 앙투안은 시 쓰기를 즐기는 청년이었다. 마르크 앙투안은 불안정하고 음울하며 격렬한 성격의 소유자라는 평판이 있었다. 이 젊은이는 장사에 투신하려 했으나 적성에 맞지 않아서 실패했다. 그는 변호사가 되려고도 했으나 역시 좌절하고 말았다. 변호사가 되는 데는 가톨릭교도임을 입증하는 서류가 필요했으나, 그로서는 그것을 얻을 수 없었던 것이다. 그렇게 되자 그는 자살하기로 마음먹었다. [...]

어느 날 마르크 앙투안은 도박을 하다가 돈을 잃었다. 그는 바로 이 날 자신의 계획을 실행에 옮기기로 마음먹었다. 마르크 앙투안의 친구이자 칼라스 가족과 친분이 있던 청년 한 명이 마침 전날 보드도에서 이곳에 와있었다. 툴루즈의 유명한 변호사 아들인 라베스라는 이 청년은 19세로서 품행이 바르고 온화한 성격이었다. 그날 우연히도 이 청년은 칼라스의 집에서 저녁식사를 했다. 장 칼라스와 그의 아내, 맏아들인 마르크 앙투안, 둘째아들인 피에르가 그와 함께 음식을 나누었다. 저녁식사를 마친 후 이들 가족과 손님은 작은 거실로 자리를 옮겼다. 마르크 앙투안이 모습을 감췄다.

얼마 후 라베스가 자리에서 일어났다. 떠나는 라베스를 배웅하기 위해 피에르 칼라스가 그를 따라 계단을 내려왔다. 마르크 앙투안의 모습을 발견한 것은 이 두 사람이었다. 마르크 앙투안은 아래층에 있는 가게 문틀에 목을 매 죽어있었다. 그는 셔츠 차림이었으며, 겉옷은 개어져 계산대 위에 놓여있었다. 셔츠는 전혀 구겨진 흔적이 없었다. 머리카락도 단정히 빗질된 그대로였다. 그의 몸에는 어떤 상처도 나있지 않았다. 얻어맞은 멍자국 같은 것은 전혀 없었던 것이다. [...]

이웃사람들이 이 부모가 울부짖는 소리를 들었다. 라베스와 피에르 칼라스는 정신이 달아날 만큼 당황해서 의사를 부르러 달려갔고 치안 판사에게도 신고했다.

두 청년이 이런 일들을 하기 위해 뛰어다니는 동안 부모는 비탄에 잠겨 오열하고 있었다. 툴루즈의 시민들이 칼라스의 집 주위에 모여들었다. 이들은 맹신에 빠져있고 걸핏하면 극단적 감정에 휘말리는 사람들이었다. 툴루즈인들은 자신들과 같은 종교를 갖지 않은 사람들을 마치 괴물 보듯이 했다. 이들은 앙리 3세가 시해되었을 때 신에게 엄숙히 감사를 올렸다. 또한 이곳 사람들은 앙리 4세를, 이 용감하고 선량한 군주를 프랑스 국왕으로 인정하려는 사람이 있으면 죽여버리겠다고 서약하기도 했다. [...]

모여든 군중 가운데서 어떤 광신자가 장 칼라스가 자신의 아들 마르크 앙투안을 목매달아 죽였다고 외쳤다. 이런 외침이 여러 번 되풀이되자 순식간에 모든 사람들이 이에 동의했다. 다른 이들은 한술 더 떠서 죽은 아들이 다음날 가톨릭으로 개종할 예정이었다고 수근거렸다. 그런데 그의 가족과 라베스가 가톨릭을 증오한 나머지 그를 목매달아 죽였다는 것이었다. 그 다음부터는 아무도 이런 이야기를 의심하지 않았다. 온 도시 사람들은 이 사건이 프로테스탄트들이 지닌 신앙의 일면을 드러내준다고 생각했다. 프로테스탄트의 부모는 자식이 개종하려 할 때 그것을 막기 위해 자식을 죽일 의무를 짊어지고 있다는 것이었다. [...]

툴루즈의 시행정관인 다비드 씨는 떠도는 소문에 격앙된데다 사건의 신속한 처리를 과시하고 싶었다. 그래서 그는 규율과 칙령을 무시한 법적 절차를 통해 이 죄인들을 투옥시켰다. 장 칼라스 가족과 가톨릭교도인 하녀, 그리고 라베스는 쇠사슬에 묶이는 신세가 되고 말았다. [...]

툴루즈인들이 매년 벌이는 끔찍한 축제가 다가왔다. 그것은 옛날 4

천 명의 위그노*를 학살했던 일을 기념하는 의식으로서, 1762년은 그 2백 주년이 되는 해였다. 이점이 장 칼라스의 고통스런 운명을 결정하게 되었다. 시내에는 이 성대한 축제 의식을 위한 처형단이 세워졌다. 꾸며낸 이야기들로 격앙되어 있던 사람들에게는 이런 일조차 한층 큰 자극이 되었다. 이번 축제의 백미는 저 처형단 위에서 칼라스 일가를 바퀴에 매달아 죽이는 행사가 될 것이라고 누구나 거리낌 없이 말했다. 하나님의 뜻에 따라 이 죄인들을 자신들의 신성한 종교에 제물로 바쳐야 한다는 것이었다. 이렇게 말하는 신의 소리를 들었다는 사람이 스무 명이나 나왔다. 그 목소리는 몹시도 화를 내고 있었다고 했다. 이러한 일이 우리가 살고 있는 시대에 일어난 일이라니! 학문과 사상이 그토록 진보한 이 시대에 말이다! [...]

68세의 노인이며, 오래전부터 다리가 부어오르고 쇠약해져 있던 장 칼라스가 28세의, 보통 사람보다도 훨씬 완력이 센 아들을 혼자 힘으로 목을 조르고 달아매기는 불가능했다. 그가 이 일을 치르려면 그의 아내, 그의 또 다른 아들 피에르 칼라스, 그리고 라베스, 하녀가 함께 거들지 않으면 안 되었을 것이다. 이들은 그 무서운 일이 행해지던 저녁 내내 함께 있었던 사람들이다.

그러나 다음과 같은 점으로 미루어볼 때 이들이 아버지의 범죄를 도왔다는 가정 또한 아버지가 아들을 죽였다는 첫 번째 가정만큼이나 어처구니없는 것이었다. 열렬한 가톨릭 신자인 하녀가 자신의 손으로 키운 청년이 자신과 같은 종교를 사랑했다는 벌로 프로테스탄트 교도들에 의해 죽음을 당하는 것을 어떻게 용납할 수 있었겠는가? 라베스는 자신의 친구가 사람들이 나중에 주장한 것처럼 개종할 예정임을 모르고 있었는데 그를 목졸라 죽이기 위해 일부러 보르도에서 왔다는 것이 가능한가? 다정한 어머니가 과연 자식의 피를 손에 묻힐 수 있었겠는가? 이들 모두가 한 청년을 목매달아 죽였다고 하지만, 이들이 전부 힘을 합해도 만만치 않을 만큼 힘이 센 청년을 그처럼 아무 흔적도 없이 해치울 수 있었을까? 한참 동안 격렬한 저항이 있었을 것이고, 끔

* 프랑스의 신도교를 위그노라고 부르단다.

찍한 비명을 질러 이웃사람들이 모여들었을 것이고, 수없이 맞아 몸에 멍이 들었을 것이고, 입고 있던 옷은 찢어지고 말았을 것이지만, 전혀 그렇지 않았다.

설령 가족 살해가 있었다고 쳐도 피고인들 모두가 그 자리에 계속 함께 있었으므로 그들에게 똑같은 죄가 돌아가야 한다는 것은 자명한 사실이었다. 장 칼라스의 아내, 피에르 칼라스, 라베스, 그리고 하녀에게 죄가 없다는 것은 분명했다. 아버지 혼자 범죄를 저지를 수 없었으리라는 것도 분명했다. 그럼에도 불구하고 재판정은 아버지 한 사람에게만 거열형을 선고했다.

거열형을 선고한 동기도 재판의 다른 모든 부분과 마찬가지로 어처구니없는 것이었다. 장 칼라스의 처형에 찬성한 판사들은 다음과 같은 주장으로 나머지 판사들을 설득했는데, 즉 이 허약한 노인은 처형의 고통을 이길 수 없을 것이고, 그래서 형틀에 묶이면 자신의 죄와 공모자들의 죄를 자백하리라는 것이었다. 그러나 판사들은 칼라스의 형을 집행하면서 당황할 수밖에 없었다. 이 노인은 바퀴에 묶여 죽어가면서도 하나님을 불러 자신의 결백함의 증인으로 삼았으며 또한 잘못을 저지른 판사들을 용서해달라고 기원했던 것이다.

현주는 이 이야기를 듣고 무슨 생각이 들어? 한 사람의 부분별한 외침에 곁에 있는 사람들이 동조하고, 이 말은 집단에 의해서 재생산되어 걷잡을 수 없이 퍼져나가고, 한 사람이 무분별하게 던진 말은 진실이 되어버리는 거지. 이성적으로 사건에 대해서 요모조모 따져본다던가 그 사람의 이야기를 진지하게 들어볼 생각 따윈 하지 않고 말이야. 당하는 편에서 생각해보면 집단의 광기와 폭력이 얼마나 두려웠을까? 장 칼라스 사건에서는 무고한 사람에게 상처를 입히고 모욕하는 걸 넘어서 그게 한 선량한 시민을 끔찍한 죽음으로 몰고 갔고, 한 가족을 파탄에 이르게 했으니까 정말 무서운 일이야. 그런데 좀 더 생각해보면

18세기에 볼테르를 분노케 했던 이런 비이성과 몰상식이 21세기에도 여전히 없어지지 않은 것 같아서 엄마는 좀 슬퍼져. 두 세기 반도 훨씬 지난 일인데도 황당하게도 뭔가 데자뷔의 느낌이 들지 않아? 현주도 어렵지 않게 요즘 인터넷 세상에서 벌어지는 마녀사냥을 떠올렸을 테니까 말이야. 한 사람의 생각 없는 말이 퍼지고 퍼져, 그 사람을 힐끗힐끗 곁눈질하면서 뒤에서 수군대고, 수많은 사람들이 공모의 감정을 공유하고, 이미 진실은 중요하지 않게 되어버리는 사건들… 어이없게도 피해자가 수많은 대가를 치르고 엄청난 고통을 겪고 난 후에 몇 년이나 지나서 그때 그 일은 사실이 아니었다고 밝혀지는 사건들… 하지만 제대로 된 사과는 받을 수도 없고 심지어 누가 가해자인지도 알 수 없게 되어버리는 사건들…

당시 68세의 노인이었던 볼테르가 분개한 것이 이런 점이었던 거야. 그리고 3년에 걸친 끈질긴 투쟁 끝에 이미 고인이 된 장 칼라스에게는 다시 무죄판결이 내려져. 볼테르는 71세의 노인이 되어있었어. 자신의 몸도 건강치 않은 상태에서 벌인 당시 최고 지성 중 한 명의 노력은 결실을 맺었고, 이렇게 톨레랑스의 이념은 자리를 잡게 되었던 거야.

그럼 볼테르가 장 칼라스와 같은 프로테스탄트였고, 볼테르가 자신의 믿음에 대한 확신으로 칼라스의 무죄를 위해서 그토록 열심히 노력한 걸까? 아니야. 놀랍게도 볼테르는 완전한 무신론자까지는 아니었다고 해도 '거의' 무신론자였어. 그는 인간의 이성을 믿은 이신론(理神論)자였으니까 말이야. 이렇게 볼테르는 장 칼라스와 같은 종교를 갖고 있지 않았음에도 불구하고 자신의 믿음 때문에 부당한 대우를 받은 장 칼라스의 '비이성적인' 상황에 결연하게 반기를 든 거야.

"나는 당신의 의견에 반대한다. 그러나 목숨을 걸고 당신이 말할 권리를 방어하겠다."

이게 바로 볼테르의 생각이었고, 톨레랑스의 이념을 한마디로 표현한다면 바로 이게 될 거야. 이렇게 톨레랑스는 신앙의 자유와 관련되어서 확립된 개념이라고 할 수 있어. 그러다가 점차로 타인에게 내가 동의하지 않는 견해라도 표현할 수 있는 자유를 주는 것, 나와 다른 원칙을 가진 타인이 자신의 원칙에 따라 살 수 있게 허용하는 것이라는 의미로 확대되어 나갔어. 자신의 믿음과 신념이 소중하다면 다른 사람의 믿음과 신념도 똑같이 소중한 것이고 자신이 존중받기 바란다면 먼저 다른 사람을 존중해야 한다는 게 바로 톨레랑스의 뿌리가 되는 신념인 거지. 나와 다른 생각을 하는 사람들의 사상과 표현의 자유를 허용해야 한다는 공감대가 형성된 거야. 더불어 나와 다른 삶의 원칙을 가진 사람들이 자신들의 원칙을 견지하면서 살 수 있도록 허용해야 한다는 게 톨레랑스 이념의 가장 중요한 핵심이라고 할 수 있어. 그리고 톨레랑스의 이념이 담고 있는 이런 측면은 바로 프랑스에서 토론문화가 발달할 수 있는 토대가 되기도 했어. 톨레랑스의 원칙이 일상에서 확고하게 뿌리내리기 위해서는 자신의 생각을 강요하거나 자신의 생각만이 옳다는 아집을 버리고 내 생각을 펼치고, 다른 사람의 생각을 경청하는 토론과 설득이 중요해졌기 때문이야.

1598년 4월 13일 앙리 4세가 낭트칙령을 공포하는 모습이야. 종교의 자유를 인정한 낭트칙령은 "톨레랑스 칙령"으로도 불린단다.

1871년 후동이 만든 볼테르(1694-1778)의 대리석상. 이 대리석상은 지금은 러시아의 상트페테르부르크의 국립 에르미타주 미술관에 있어. 볼테르는 18세기 프랑스 계몽주의의 대표적 인물인데, 계몽주의는 인간의 이성을 최고의 가치로 생각했고, 인간의 이성으로 세상이 발전하고 좀 더 행복해질 수 있다고 믿었던 사상이야. 83살까지 살았으니 볼테르는 당시로서는 아주 장수하신 분이야! 그는 인간의 이성으로 세상을 밝히기를 원했기 때문에 "빛의 세기"라고도 불리는 프랑스 18세기 전체를 상징한다고도 할 수 있어.

1762년 3월 9일 거열형이라는 잔인한 방법으로 처형되는 당시 68세의 장 칼라스를 묘사한 그림이야.

≪불행한 칼라스 가족≫ : 장 칼라스의 최종 판결문을 읽는 칼라스 가족이야. 장 칼라스의 두 딸과 부인, 하녀 잔 비기에르, 둘째 아들 피에르 칼라스와 고베르 라베스의 모습이 보여. 파리 국립도서관에 소장되어 있는 판화야.

영화 ≪암살≫ – 폭력과 테러리즘 그리고 정의

장 칼라스와 톨레랑스에 대한 이야기는 잠시 접어두고, 조금 방향을 틀어서 우리 영화 ≪암살≫의 예를 들어 폭력과 테러리즘, 그리고 정의에 대한 이야기를 해봤으면 해. 각자의 믿음과 신념에 관한 이야기라고도 할 수 있을 거야.

현수도 ≪암살≫이라는 영화를 알 거야. 현재 대한민국에서 제일 핫한 배우들인 전지현, 하정우, 이정재, 조진웅이 출연했고 누적 관객수가 1200만 명이 넘은 2015년 최고의 화제작이었으니까. 이 영화는 1933년, 일제 강점기를 배경으로 해. 대한민국 임시정부는 일본 측에 노출되지 않은 3명을 암살 작전에 지목해. ≪별에서 온 그대≫의 성공 이후로 다시 대세 배우임을 증명하고 있는 전지현이 분한 한국 독립군 저격수 안옥윤, 드라마 ≪시그널≫로 요즘 한창 '아재 파탈'로 주가를 올리고 있는 조진웅이 분한 신흥무관학교 출신 속사포, 폭탄 전문가 황덕삼이 바로 이 3명이지. 암살단의 목표는 조선 주둔군 사령관인 일본인 가와구치 마모루와 친일파 조선인 강인국이었어. 당시 김구의 두터운 신임을 받던 임시정부 경무국 대장 염석진은 이 3명을 찾아 나서기 시작하는데, 바로 이 사람이 문제적 인물, 대놓고 친일행각을 하는 강인국보다 더 증오심을 불러일으킨 이중간첩이었지. 두 말이 필요 없는 배우 이정재가 맡은 역할이 바로 염석진이었고. 그리고 중요한 또 한 명이 등장하는데, 염석진에게 이 3명을 죽이도록 거액의 의뢰를 받은 청부 살인업자 하와이 피스톨이 그야. 배우 하정우가 분했던 역할이 바로 하와이 피스톨인데 영화에서는 그를 300불만 주면 아무나 죽여주는 쓰레기로, 하와이에서 왔다는 조선 사람으로 설명해. 등장인물이 꽤 많네. 이 영화에 등장하는 문제적 인물, 바로 염석진이 실존 인물인 염동진 장군을 모델로 했다는 건 어렵지 않게 알 수 있어. 그런데 염동진 장군이 영화에 나타난 것처럼 배신자인가 그렇지 않은가의 문제 혹은 배우 조승우가 분한 김원봉 선생의 행적에 대한 평가 등등 영화와 역사 해석 더 나아가 역사왜곡에 대해서도 할 이야기가 많긴 하지만 우리의 주제랑은 좀 다르니까 일단은 넘어가 보도록 할게.

영화의 제목처럼 '암살'에 포커스를 맞춰 이야기해보기로 해. 암살은 사전에 나온 것처럼 '몰래 사람을 죽이는 것'이지. 남의 목숨을 그것도 정정당당한 결투나 대결의 방식이 아니라 '몰래' 죽이는 거니까 당하는 편에서 생각해보면 정말 비겁하게 느껴지고 화나는 일일 거야. 폭력이고 테러리즘으로 느껴질 수도 있을 테고 말이야. 그런데 정말 그럴까? 이제부터 찬찬히 생각해보자. 제목처럼 영화는 암살로 시작해. 시대적 배경은 1911년이고 장소는 경성이야. 한일합방이 이루어진 직후인 거지. 한 화려한 호텔 식당에 갑자기 총독 데라우치가 방문하고, 총독은 희대의 친일파로 역사에 기록된 이완용, 그리고 가공의 인물이기는 하지만 영화에서 당시의 친일파들을 상징하는 인물로 그려지는 강인국이라는 두 사람을 만나게 돼. 그리고 '빵!' 하고 폭탄이 터지지. 망토 비슷한 걸 두르고 모자를 쓴 멋진 모습의 젊은 염석진이 이 '빵!' 소리의 주인공이었어. 그는 용감하게 폭탄을 던지고 총을 쏘면서 일본 총독 암살에 거의 성공하는 것처럼 보였어. 하지만 강인국이 복병이었어. 그는 목숨을 걸고 총독을 보호하는데 성공하기 때문이야. 총독은 심각한 부상을 입기는 했지만 목숨을 부지하게 되지. 염석진은 체포되지만 탈출에 성공하고 만주로 피신해. 그리고 시간은 흘러 무대는 이제 1933년 상해야. 한 영화관이 비춰지고, 스크린에서는 영화가 시작하기 전 마치 예전 우리나라 극장에서 볼 수 있었던 '대한 뉴스' 비슷한 홍보 프로그램이 상영되고 있어. 영상에서는 "일본의 주요 인사를 암살하고 동양평화를 위협해 온 의열단 김원봉에게는 8만 엔의 현상금을 걸었다."라는 일본어 내레이션과 김원봉 선생의 사진이 비춰져. 일본 측의 입장에서 보면 김원봉은 일본의 신념과 징의를 해치는 '나쁜' 사람인 거지. 그런데 이 사람의 주도로 안옥윤, 속사포, 황덕삼 세 사람은 가와구치 마모루와 강인국 암살이라는 임무를 맡게 돼. 왜 이 사람들이 암살의 타깃이 되었는지 영화에서는 김원봉의 입을 빌어 이렇게 말해. "김좌진 장군이 청산리에서 승리하고 나서 모든 일본군들은 그 보복으로 만주 일대에 있는 조선인들을, 남녀노소 민간인 할 것 없이, 보이는 대로 전부 죽였다. 안동지는 그때 거기 있었나?" 그러자 안옥윤은 이렇게 대답하지. "저희 어머니도 그때 총을 맞고 돌아가셨습니다. 운이 좋으셨지요. 다른 사람들은 칼에 찔려죽고, 몽둥이에 맞아죽고, 목이 졸려 죽고, 불에 타서 죽고, 생매장당해 죽고, 솥에 삶기도 하고, 그렇게 3469명을 죽였습니다. 27일 동안." 김원봉이 다시 이야기를 이어가. "그 간도 참변을 일으켰던 19사단 지휘관이 가와구치 마모루라고 하는 놈이다. 현재 그놈은 조선 주둔군 사령관이고 곧 일본으로 떠나는데, 그 새끼 살려보내지 말자구." 그리고 김원봉은 다른 또 한 명의 타깃을 이렇게 설명해. "총독부에서 뽑은 최고의 친일파 강인국이 우리의 두 번째 타깃이다. 강인국과 가와구치가 11월 7일에 비행기 공업회사 시찰을 돈다. 그때 그 둘을 암살한다." 이 말이 끝나자 황덕삼이 질문을 해. "피치 못할 땐 민간인 죽여도 됩니까?" "안된다." "일본인 민간인은요?" "모든 민간인들은 죄가 없지. 총알에도 눈이 있다고 생각하자고." 타깃으로 지목된 2명을 제외하고 민간인의 생명을 앗아가서는 안된다는 결정인 거지. 이 결정에 대해서 현주는 어떻게 생각해? 그 사람이 아무리 나쁜 짓을 했고, 앞으로도 나쁜 짓을 계속할 게 분명해 보이더라도 사람의 생명을 해치는 것은 옳지 않은 일일까? 폭력을 폭력으로 갚는 것이 과연 정당한 일인 걸까? 나쁜 짓을 한 사람들이니 죽음을 당해도 마땅한 것일까? 지금이라면 당연히 법의 심판을 받게 하겠지만 그런 건 아예 기대할 수도 없는 일제강점기의 상황에서, 정의란 무엇일까?

우리나라 사람들의 입장에서 본다면 정말 눈물 나는 슬픈 역사이고, 이분들은 잃어버린 조국을 되찾기 위해 목숨을 걸고 '행동하는' 용감한 애국지사인 건 분명해. 하지만 일본 사람들의 입장에서 본다면, 용감한 우리의 항일투사들은 영화에서 묘사된 대로 "일본의 주요 인사를 암살하고 동양평화를 위협"하는 사람들일까? 또 친일파인 강인국은 제외시킨다고 하더라도 가와구치는 과연 어떤 평가를 받아야 할까? 과연 그도 일본이라는 조국을 위해 헌신한 애국자일까? 마치 신격화되어 야스쿠니신사에 모셔진 끔찍한 전범들처럼 말이야.

안중근 의사는 현주도 당연히 알지? 안중근 의사의 혈서와 순국에 관한 이야기는 대한민국 국민이라면 가슴이 아려오는 슬픈 역사의 증언과도 같아. 목숨을 걸고 이토 히로부미를 사살해야겠다는 결심을 실행에 옮기는 과정에서 느꼈을 인간적인 고뇌와 두려움도 분명히 있었을 거야. 그래도 그 모든 것을 너무나 의연하게 겪어냈고, 이겨내셨지.

특히 거사 후 안 의사에게 사형이 선고되었다는 사실을 알고 나서 "옳은 일을 하고 받은 형이니 비겁하게 삶을 구하지 말고 대의에 죽는 것이 어미에 대한 효도이다."라고 말씀하셨다는 어머님의 거룩한 뜻, 그리고 다음과 같은 안중근 의사의 사형 전 유언을 알고 있는 우리로서는 ≪암살≫ 같은 영화를 보면 그저 눈시울이 붉어지는 것을 느낄 수밖에 없을 거야. 엄마가 청소년 시절에 너무 감동받은 글귀여서 한번 옮겨와 볼게.

> 내가 죽은 뒤에 나의 뼈를 하얼빈 공원 곁에 묻어두었다가
> 우리 국권이 회복되거든 고국으로 반장해다오.
> 나는 천국에 가서도 또한 마땅히 우리나라의 회복을 위해 힘쓸 것이다.
> 너희들은 돌아가서 동포들에게 각각 모두 나라의 책임을 지고
> 국민된 의무를 다하며 마음을 같이 하고
> 힘을 합하여 공로를 세우고 업을 이루도록 일러다오
> 대한 독립의 소리가 천국에 들려오면
> 나는 마땅히 춤추며 만세를 부를 것이다.

하지만 해방이 된 지 50년이 훌쩍 넘어 100년이 가깝도록 영웅 안중근의 유해는 아직도 조국에 돌아오지 못하고 있지. 정말 슬픈 역사고 가슴 아픈 일이야. 화려한 출연진과 영화의 완성도 말고도 가슴을 울컥하게 하는 애국심에의 호소가 ≪암살≫이라는 영화가 1200만 이상의 관객을 동원하는데 적지 않은 역할을 한 것도 사실일 테고 말이야. 하지만 엄마는 우리나라 사람이라면 누구나 느낄 무조건적인 애국심에 기대지 말고 톨레랑스와 연관시켜 이야기해 볼게.

불관용에 대한 거부

그렇다면 한 사회 내에서 다양한 사상, 신념, 의견, 믿음 등이 용인되고 허용될 수 있는 원칙과 상황들에는 무엇이 있는지, 말하자면 톨레랑스의 원칙이 지켜지기 위해서는 어떻게 해야 할지에 관해 이야기해 보자. 이 이야기를 하면서 왜 엄마가 톨레랑스와 영화 ≪암살≫을, 톨레랑스와 안중근 의사를 연결시켰는지 설명해 줄게.

한 사회에서 톨레랑스의 원칙이 지켜지기 위한 선결조건을 말하라면 '앵톨레랑스의 거부'라고 할 수 있을 거야. 앵톨레랑스가 뭐냐고? 앵톨레랑스란 톨레랑스하고 반대되는 개념이라고 생각하면 이해하기 쉬울 거야. 톨레랑스를 관용이라고 번역하는 것처럼 앵톨레랑스는 우리나라 말로 불관용이라고 번역하기도 해. 그런데 톨레랑스라는 단어는 우리나라에서도 널리 쓰이는 반면 앵톨레랑스라는 개념은 많이 알려져 있지 않은 것 같아. 엄마가 관용이라는 번역어보다는 톨레랑스라는 원어의 발음을 사용하는 편을 더 선호한다는 말은 벌써 했지? 마찬가지 이유로 불관용보다는 앵톨레랑스로 표기하는 게 더 적절한 것 같아. 하지만 청소년들에게는 좀 어려운 개념이기도 하고 너무 낯선 발음이기도 해서 좀 다가가기 쉽게 앵톨레랑스는 불관용이라고 바꿔 말할게.

한마디로 말해서 불관용이란 사회구성원들 혹은 각 집단이 각자 자기 마음대로 얼마든지 다른 견해를 가질 수 있다는 사실을 인정하지 않는 거야. 말하자면 내 의견과는 다른 타인의 다양한 사상, 신념, 의견, 믿음 등을 용인하지 않는 걸 의미해. 자신의 의견만이 옳다고 주장하거나, 자신과 다른 의견은 '잘못된 것' 혹은 '옳지 않은 것'으로 매도

한다거나, 자신과 다른 신념과 믿음, 생활방식을 가진 사람들을 배척하거나 하는 걸 말하겠지? 이런 생각도 '모든 다양한' 생각들 중 하나로 받아들일 순 없냐고? 절대로 "노우!"야. 톨레랑스가 허용하지 못하는 단 하나의 사상은 그 사상이 다른 사람이 생각하고, 자신을 표현하고, 자신의 믿음이나 신념에 따라 살아갈 수 없도록 만드는 것이기 때문이야. 톨레랑스가 지배하는 사회가 되기 위해서는 톨레랑스의 대상이 되어서는 안 될 불의에 대한 철저한 배제가 선결요건이라고 할 수 있을 거야. 그건 각자의 차이를 인정하지 않는 거고, 다른 사람이 자신의 믿음과 신념에 따라 살아갈 수 없도록 하는 거니까. 자신의 생각이 존중받고 싶다면 먼저 다른 사람의 생각을 존중해야 하지 않겠어? 내가 다른 사람의 생각을 존중하지 않는다면, 그건 다른 사람도 내 생각을 존중하지 않을 가능성을 인정하는 셈일 테니까 말이야. 그러니까 톨레랑스는 서로 다른 믿음과 가치관을 가진 사람들과 집단들이 어우러져 평화적으로 공존할 수 있는 사회적 원칙이라고 할 수 있을 거야.

나와 다른 믿음과 신념을 가진 사람들을 배척하는 것이 얼마나 끔찍한 결과를 가져올 수 있는 가에 대해 예를 하나 들어서 이야기해볼게. 아마 가장 이해하기 쉬운 예들 중의 하나가 바로 나치에 관한 게 아닐까 해. 현주도 잘 아는 것처럼 1933년 독일의 히틀러는 나치당의 당수로 총리가 되지. 히틀러는 영토 확장과 경제번영을 통한 강력한 독일 건설이라는 확실해 보이는 미래 비전을 제시했고, 독일 사람들의 지지를 이끌어내는데 성공해. 그리고는 독일뿐만 아니라 전 세계 불행의 원인을 유태인에게 돌리지. 자본력으로 무장한 유태인이 세계를 정복하려고 한다는 거였어. 그의 유태인 혐오는 극에 달해서 전 세계에서 유태인을 청소해버려야 한다는 황당한 결론에 이르게 되었고 말이야. 그런데 불행하게도 당시 독일은 제1차 새계대전의 패배로 경제도 어려웠고, 영토도 축소되었으며, 미래도 어두웠어. 이 모든 사회적 어려움의 책임을 유태인에게 돌린 거고. 그리고 독일 사람들은 마치 광기에 사로잡힌듯 히틀러에 동조했어. 인류사에서도 기록될 끔찍한 만행과 수많은 살육이 벌어진 거야. 15만 명 이상의 유태인을 독가스로 살해한 아우슈비츠 수용소의 악명은 현주도 익히 들어서 알고 있을 거야. 현주가 초등학교 때 읽은 『안네의 일기』를 쓴 안네 프랑크도 2년간이나 은신처에 숨어있다가 이웃의 밀고로 아우슈비츠에 끌려갔고, 결국은 끔찍하게 목숨을 잃게 되었는데, 기억나지? 이 기간에 목숨을 잃은 유태인의 숫자가 100만 명 이상이라고 이야기되니까 정말 상상 이상이지?

하지만 히틀러의 광기는 오래 지속되지는 못했어. 제2차 세계대전의 패배와 함께 자신도 자살이라는 비극적인 방법으로 생을 마칠 수밖에 없었지. 그런데 중요한 것은 여기부터야.

독일 사람들은 일본 사람들하고는 달랐기 때문이야. 불행하게도 우리나라 사람들하고도 달랐던 것 같아. 자신들의 잘못을 분명하게 인정하고, 철저하게 반성했으니까. 제2차 세계대전 이후에 나치의 주요 인사들을 처형했고, 나치 전범을 철저하게 색출했지. 그리고 이들의 색출은 공소시효도 없어. 제2차 세계대전이 끝나고도 69년이 흐르고 난 후인 지난 2012년 독일 정부는 당시 87세였던 미국 시민권자 요한 브레이어라는 사람을 나치 전범 재판을 위해 독일로 소환해줄 것을 요청했어. 그 사람은 70여 년 전 아우슈비츠의 나치 친위대 소속의 경비원이었고 그곳에서 적어도 344000명의 소중한 목숨을 앗아가는데 협력한 과거에 대한 책임을 져야 한다는 거였어. 이 사람은 당시 약한 치매 증상에 시달리고 있었을 뿐만 아니라 법정에 서기 위해서는 지팡이에 의지해야만 하는 노인이었어. 10대에 저지른 잘못으로 70여 년이 지나고 나서 힘없는 노인을 굳이 법정에 세워야 하는가에 대한 논란도 있었단다. 하지만 이와 비슷한 사례는 계속되었어.

2016년에는 심지어 95세의 노인인 후베르트 차프케가 재판에 회부되기도 했어. 휠체어를 타고 법정에 들어선 94세의 라인홀트 한링이라는 노인이 징역 5년형을 선고받은 일도 있었어. 2015년 아우슈비츠 해방 70주년을 맞아 독일의 메르켈 총리는 "나치 만행을 기억하는 것은 독일의 항구적 책임"이라는 사실을 다시 한번 분명히 했어. 그리고 가우크 대통령은 아우슈비츠에서 열린 행사에 직접 참석해서 독일인들은 자신들의 잘못을 잊지 않고 있으며 앞으로도 잊지 않을 것이라는 점을 강조한 바 있기도 하고 말이야. 아 참, 나치의 강제수용소인 아우슈비츠는 독일이 아니라 폴란드에 있어. 아우슈비츠는 제2차 세계대전 중에 독일군에 의해 점령되었고, 나치는 그 끔찍한 수용소를 독일 땅이 아니라 폴란드에 세웠던 거지.

사실 독일의 과거사 문제에 대한 대처를 보면 어떻게 그렇게까지 자기반성이 철저할까 놀랍기까지 해. 지난 1970년 폴란드 바르샤바를 방문한 빌리 브란트 당시 서독 총리는 유태인 위령탑을 방문해 꽃을 바치고, 묵념을 했어. 하지만 브란트의 사죄는 형식적이고 '외교적'인 차원의 제스처를 뛰어넘는 것이었어. 바로 그 자리에서 두 무릎을 꿇고 자신들의 과거를 반성했으니 말이야. 일국의 수반으로서 심지어 타국에서 무릎을 꿇는다는 것은 쉽지 않은 행동이었을 테지만, 빌리 브란트는 온몸으로 용서를 구했던 거야!

그건 프랑스도 마찬가지였어. 불과 4년간의 독일 점령 이후에 프랑스에서는 그 기간 동안 나치에 협력했던 '혐의'자로 의심해 관련 서류를 검토한 사람이 35만 명, 실제로 유죄가 선고된 이들이 약 9만 8천 명에 달했다고 해. 재판 없이 즉결 처형, 총살된 숫자만도 1만에 이른다는 통계도 있어. 점령 기간 중에 독일군과 사랑에 빠졌던 많은 여자들이 공개적으로 삭발당하기도 했고 말이야.

그렇다면 이 사람들, 일제강점기에 안중근 의사의 저격에 의해서 사망한 조선통감부 초대 통감이었던 이토 히로부미, 영화 ≪암살≫에서 타깃이 된 가와구치 마모루 혹은 강일국 같은 사람들은 어떨까? 그들 역시 자신들의 '신념'에 따라 행동한 사람들이니 그들의 입장에서는 억울한 일인 걸까? 반면 안중근 의사나 영화 ≪암살≫의 전지현, 조진웅, 최덕문 같은 사람들은 각자의 신념을 인정하지 않은 채 자신의 '정치적 목적'을 위해서 폭력을 행사하는 테러리스트일 뿐인 걸까? 절대 "아니오"라고 분명히 말할 수 있어. 왜냐하면, 나치와 마찬가지로 이토 히로부미 혹은 영화의 가와구치 마모루, 강일국이 가졌던 '신념'은 다른 사람의 신념을 인정하지 않는 불관용을 기반으로 하고 있기 때문이야. 어떤 신념이라는 것이 타인이나 다른 집단의 신념을 짓밟음으로써밖에 지켜질 수 없다면, 그건 '다양한 신념들'의 범주에 들어갈 수 없는 거고, 단호히 척결되어야 마땅한 거지. 그러니까 톨레랑스의 원칙이 지켜지기 위한 기본적인 전제는 '불관용에 대한 불관용'이야. 그것도 아주 철저하게 말이야. 워낙 톨레랑스가 유명하니까 우리나라에서도 톨레랑스에 대해서는 많이들 이야기하는데, 톨레랑스의 기본 전제가

'불관용에 대한 불관용'이라는 점은 거의 강조되지 않는 것 같아. 엄마가 보기에는 이건 굉장히 중요하고, 절대로(!) 잊지 말아야 할 점이야.

톨레랑스의 원칙이 공존과 평화를 위해 얼마나 중요한가 하는 점은 이렇게 과거에만 한정되는 일은 아니야. 각자의 다양성의 존중을 토대로 한 타문화와의 소통이라는 문제는 세계화의 시대를 맞아 어쩌면 점점 더 중요해진다는 생각이 들어. 2015년 파리에서는 전 세계를 떠들썩하게 만들었던 폭탄테러가 일어났고, 수많은 사람이 목숨을 잃었어. 이제 이 이야기를 좀 해볼게. 주범으로 지목된 테러집단 IS에 대한 이야기는 좀 더 복잡하고, 정치적, 역사적, 종교적인 다른 문제들도 연관되어 있어서 한두 페이지 안에 담아내기가 쉽지 않을 것 같으니까 톨레랑스와 이민자 문제로 좀 좁혀서 이야기해보자. 현주도 다문화에 대해서 소논문을 작성한 적도 있으니까 할 이야기가 많을 것 같고 말이야.

현주도 알다시피 대한민국 사회는 혈통의 순수성에 대한 믿음이 유달리 강력하고 하나의 민족국가라는 믿음과 전통이 굳건한 나라야. 하지만 세계화라는 전 지구적 흐름 속에서 우리나라에 살고 있는 외국인의 수는 급증해서 2007년 처음으로 100만 명을 넘어섰고, 2016년 통계청의 발표에 따르면 국내 체류 외국인의 수는 2,049,441명으로 통계 작성 이후 최초로 200만 명을 돌파했다고 해. 우리나라는 이미 다인종·다문화 사회로 진입한 거지. 우리나라 인구의 약 4% 선이라고 하니까 아직은 별로 많은 것 같지 않다고? 하지만 앞으로도 우리나라 체류 외국인의 숫자는 점점 늘어날 걸로 예상되는 형편이야. 그것도 아주 빠른 속도로. 머지않은 미래에 프랑스처럼 인구의 10% 선에 이르지 말라는 법도 없고 하니 프랑스의 예를 보면서 한번 반면교사로 삼아보면 어떨까 해. 2015년 파리 테러의 주범이 바로 이민자들의 후손인 '프랑스인'이었기 때문이야.

아우슈비츠 공동묘지의 시신들. 무어라 할 말이 없이 가슴이 먹먹해지는 사진이야.

1970년 폴란드를 방문한 빌리 브란트 당시 서독 총리는 유태인 위령탑 앞에서 두 무릎을 꿇고 독일의 역사적 과오를 사죄했어. 일본의 아베 총리도 당연히 이 사진을 알고 있겠지?

1940년 프랑스의 작은 도시 몽투아르에서 두 손을 맞잡은 아돌프 히틀러와 필립 페탱. 육군 원수이자 당시 프랑스 총리였던 페탱은 나치와의 협력을 공식적으로 선언해.

1945년 재판정에 선 페탱. 페탱은 이 재판에서 사형을 언도받았지만 드골 장군에 의해 종신형으로 감형되어 이유(Yeu) 섬에서 사망해.

이민자, 테러와 희생 그리고 극우

프랑스의 이민과 이민자의 역사에 대해서 먼저 이야기해볼게. 제2차 세계대전 이후 1950년대에서 70년대에 걸친 프랑스 경제 호황기, 당시 요구된 산업인력의 수요를 메꾸기 위해 옛 식민지였던 알제리, 모로코, 튀니지 등 북아프리카의 이민자들이 프랑스로 대량 유입되었어. 대부분 무슬림이었던 이들은 대도시 주변의 변두리 지역이나 산업지대에 정착해 단순한 육체노동에 종사했지. 하지만 이 사람들은 프랑스에 정착해 뿌리내려 살아가려는 의도를 가지고 프랑스에 간 건 아니었어. 일정 기간이 지나 목표한 돈을 손에 쥐게 되면 고향으로 돌아가려는 사람들이 대부분이었으니까 말이야. 하지만 이런저런 현실적인 이유로 고향으로 되돌아가는 것이 불가능해진 이민자들은 프랑스에 정착해 살지 않으면 안 되었지. 그러던 와중에 1980년대에 이르자 북아프리카 출신 이민 1세대의 자녀 세대인 이민 2세대들이 성년에 도달하기 시작했던 거야. 그런데 이민자들의 자녀 세대의 상황은 그들의 부모 세대와는 완전히 다른 것이었어. 프랑스에서 태어나고 프랑스에서 교육받은 자녀 세대 모두가 아버지의 고향으로 돌아가고 싶어 한 건 아니었고, 아버지의 고향으로 돌아가고 싶어 했다고 해도 그것이 쉬운 문제도 아니었기 때문이야. 완전한 프랑스인도 완전한 아랍인도 아니었던 그들은 프랑스에서 완전히 받아들여지지 않았던 것처럼 아버지의 고향에서도 완전히 받아들여질 수 없었던 거지. 프랑스는 속지주의를 채택하고 있기 때문에 국적으로 보면 이들은 '프랑스인'이라고 할 수 있지만, 슬프게도 현실은 이론과는 다른 것이었어.

그런 가운데 이 상황을 이용하려는 정치집단도 등장해. 1982년 극우파 정당인 국민전선은 이들을 국가정체성을 위협하는 존재로 정치쟁점화하기 시작했어. 하지만 실제로 보통의 많은 '프랑스 사람'들은 이들의 존재 자체에 대해 무지하며, 무관심한 형편이었어.

이런 상황 속에서 1983년 프랑스 남부 리용 부근의 한 작은 마을에서 무슬림 이민자 출신 청년이 경찰과의 대치 과정에서 심각한 부상을 당하는 일이 발생했어. 이 사건을 계기로 해서 북아프리카 출신 무슬림 이민자 젊은이들은 '평등과 반인종주의 행진'을 벌이게 되었는데, 1983년 10월 15일 프랑스 남부의 항구도시 마르세유를 출발할 때는 불과

17명에 지나지 않았던 이들은 두 달여 사이에 참가인원이 폭발적으로 증가해서 12월 3일 그들이 걸어서 파리에 도착했을 때는 10만 명 이상이 결집한 상태였어. 이민 2세들이 파리에 도착했을 때 당시 대통령이었던 프랑수아 미테랑은 레퓌블릭 광장에서 그들을 직접 맞기까지 하지. 이어 같은 해 12월 대통령은 행진의 지도자들을 만나 의견을 나누는 등 당시 이민 2세들의 문제는 사회적 관심의 대상으로 급부상했어. 이 시위는 프랑스인들로 하여금 이민자 자녀들의 존재를 인식하게 하고, 이들 또한 엄연한 프랑스 사회의 일원이며 이들의 통합이 프랑스 사회의 새로운 과제임을 직시하게 했던 거야. 말하자면 1980년대 초는 북아프리카 출신 무슬림 이민자들은 고향으로 되돌아가는 것이 더 이상 불가능하다는 인식을, 토박이 프랑스인들은 프랑스 땅에서 영속적으로 이들의 존재를 받아들여야만 할 것이라는 인식을 하게 되는 결정적 시기였던 거야. 하지만 그들의 열망에도 불구하고 이후 이민 2세들의 통합 문제는 순탄하게 이루어지지는 않았어.

1983년 '평등과 반인종주의 행진'이라는 현수막을 들고 행진을 벌인 프랑스의 이민자 2세들. 이 현수막에는 10월 15일 마르세유 출발 12월 3일 파리 도착이라는 당시의 일정이 같이 쓰여 있어.

20여 년이 지난 2000년대 초에도 이민자 2, 3세들이 느끼는 소외와 불평등의 상황은 나아진 것 같지 않았으니까 말이야. 2005년, 파리 북부 변두리 지역에서 경찰을 피해 달아나던 이민자 2세 2명이 감전사한 사건은 전국적인 방화와 폭동으로 악화되었어. 공식 통계에 따르면 소요사태의 처음 20일 동안에 8,973대의 차량이 불탔고, 2,888명이 체포되었으며, 1명의 사망자가 발생하였고, 126명의 경찰이 부상당했어. 2005년 12월 당시 자크 시라크 대통령은 3개월의 국가비상사태를 선포하기도 했어. 프랑스 '소요사태'로 불리는 2005년의 이 불행한 사건은 빈곤과 실업 등 그동안 누적된 이주민의 사회적 불만이 폭발했던 사건이었고, 이민자의 동화가 현실적으로 어려우며 동화되었다고 해도 사회적 분리와 배제로 인한 문화 간 충돌이 발생할 수 있다는 점을 전 세계에 분명히 드러낸 계기가 되었지.

1995년에 만들어진 마티유 카소비츠 감독의 ≪증오≫라는 영화의 포스터야. 2005년의 사건을 미리 예견한 것처럼 유사하게 전개되는 영화는 많은 사람들을 놀라게 했어. 이민자 2세들의 문제가 그만큼 뿌리 깊고, 널리 퍼져있는 것이라는 사실을 보여주는 영화이기도 해.

2005년의 프랑스 '소요사태'로부터 10년 후인 2015년, 그들의 분노와 반항은 수면 위에 드러나지 않았을 뿐 여전히 뿌리 깊고, 전 유럽적 경기 침체에 따른 실업률의 증가는 이민 2세대들의 분노와 절망을 더 강화시키는 원인이 되었음을 증명하는 끔찍한 테러가 연이어 일어났어. 첫 번째는 2015년 1월에 발생한 시사 주간지 ≪샤를리 에브도≫에 대한 테러로 이 테러의 결과 17명의 희생자가 발생했어. 2015년 1월 7일 이슬람 극단주의자 쿠아치 형제는 정치인과 종교지도자를 풍자한 ≪샤를리 에브도≫ 잡지사 사무실에 난입해 총기를 난사하는 만행을 벌였어. 그 결과 편집장 등 12명이 목숨을 잃었고 말이야. 심지어 또 다른 테러범인 아메디 쿨리발리는 ≪샤를리 에브도≫ 테러 이튿날 경찰관 1명을, 9일에는 파리 유태인 식료품점에서 인질극을 벌여 4명의 인질을 각각 살해했어.

하지만 2015년 파리의 불행은 이것이 끝이 아니었어. ≪샤를리 에브도≫ 테러 10개월 만인 2015년 11월 파리에서 제2차 세계대전 이후 최악의 테러가 발생했기 때문이었어. 잘 알려진 것처럼 수니파 극단주의 무장조직 IS가 파리 시내 · 외에서 벌인 동시다발적 테러로 130명의 시민이 사망했고 350명이 부상을 당했어. 이에 프랑스 정부는 국가비상사태를 선포했고, 프랑스 사회 분위기는 자유보다는 '프랑스인의 안전'을 우선시하는 방향으로 급선회했지. 톨레랑스의 가치를 내세우고 자유, 평등, 우애의 프랑스대혁명의 이념을 자랑했던 프랑스에서 테러 이후 극우정당이 종전의 거부감을 극복하고 '보통의' 프랑스인들에게 큰 인기를 끄는 이례적인 모습이 나타났던 거야. 그리고 이 사건은 ≪샤를리 에브도≫ 테러 사건과는 달리 외국에서 프랑스로 잠입한 이슬람 극단주의자에 의해서가 아니라 프랑스에서 태어나고 자란, 겉으로는 너무나 평범해 보였던 이민자 출신 젊은이에 의해 저질러진 것으로 밝혀짐으로써 프랑스 내부적으로는 더 복잡한 상황을 만들어내게 되었고, 프랑스 사회를 더 큰 충격에 빠뜨리고 말았어.

이런 분위기 속에서 '프랑스 국적'의 무슬림 이민자 출신 젊은이들에 의해 끔찍한 테러가 저질러진 지 불과 한 달 후인 2015년 12월 치러진 지방선거 1차 투표에서는 반 이민, 반 이슬람을 주장하는 극우정당인 국민전선이 28%의 지지율로 1위를 차지하는 프랑스 정치사 최초의 파란이 일어났어. 극우정당이 투표에서 1위를 차지한 건 프랑스 역사상 처음 있는 일이었거든. 프랑스의 선거는 1차 투표와 1차 투표에서 최다득표를 얻은 두 명의 입후보자를 후보로 하는 2차 투표로 이루어져. 하지만 2차 투표에서 프랑스 유권자들은 자신들의 정치 성향이 좌 · 우인가에 상관없이 극우정당의 세력이 더 거대해지는 것을 반대하기 위해 결집했고, 결국 극우정당은 그들이 입후보자를 냈던 13개 지역에서 모두 완패하고 말았던 거야. 프랑스인들은 이민자 출신 젊은이에 의해서 무려 350여 명의 목숨이 희생되었음에도 불구하고 극우정당의 후보자들을 단 한명도 당선시키지 않았어. 엄마는 이 선거의 결과를 보면서 어떤 상황에서도 타인의 배제를 이념으로 하는 극우정당은 받아들일 수 없다는 국민적 공감대를 다시 한 번 보여준 거라고 생각했어. 하지만 1차 투표에서 극우정당에 힘을 실어준 28%의 지지층은 여전히 존재하며, 이 숫자는 결코 무시할만한 비율은 아니야. 그리고 이 점에서 프랑스 이민자들의 상황은 여전히 불안한 것도 사실일 테고 말이야.

그리고 2017년 5월 7일 프랑스 대통령 선거가 있었어. 온 국민의 단합된 힘을 보여준 촛불시위로 부패한 정권을 몰아내고 얻어낸 우리나라 대선 이틀 전이라 더 기억에 남네. 2017년 4월 22일은 프랑스 대선의 1차 투표일이었고, 그 사흘 전인 4월 20일 저녁 프랑스에서는 대선 후보들의 TV 토론이 벌어지고 있었어. 바로 그때 테러범 한 명이 샹젤리제 대로에서 순찰 중이던 경찰차에 무차별적인 총격을 가했고, 운전석에 있던 경찰 한 명이 그 자리에서 목숨을 잃고 말았어. 머리에 두발의 총알을 맞은 채로 말이야. 다른 두 명의 경찰도 심각한 부상을 입었어. 이 사건을 일으킨 카림 쉐르피 역시 진압 과정에서 목숨을 잃었어. 그런데 그 역시 이민자 출신의 프랑스인이었던 거야. 사건 직후에 IS는 "이례적으로 신속하게 범행 배후를 자처"했어.

안 그래도 연이은 테러로 프랑스에서는 무슬림에 대한 반감과 공포가 전에 없이 강한 상황이었거든. 그런데 프랑스의 심장부에서 이민자 출신의 한 프랑스인이 심지어 경찰관에게 총을 난사하는 사건이 발생했던 거야. 자신이 이슬람 극단주의의 추종자라는 사실을 밝히는 쪽지를 지닌 채 말이야. 대선 1차 선거 불과 사흘전에 벌어진 이런 테러로 반 이민 반 이슬람을 주장하는 극우세력이 선거에서 반사이익을 볼 수 밖에 없을 거라고 쉽게 예상할 수 있었을 텐데 말이야. 실제로 이번 대통령 선거에서 극우파 국민전선의 대통령 후보 마린 르펜은 강경한 이민자 관련 공약을 제시하고 있는 형편이었어. 르펜은 이민자 수를 연간 1만 명까지 80%가량 줄이겠다는 공약을 내세웠을 뿐만 아니라 외국인을 고용하면 회사에 추가 세금을 부과하고 프랑스 시민권을 따는 것도 어렵게 만들겠다고 했어. 선거 막판엔 이민을 전면 중단하겠다고

까지 했거든. 그런데도 이슬람 극단주의 IS는 사건이 일어난 지 두 시간도 채 되지 않아서 자신들이 배후라는 사실을 공표했던 거야. 도대체 왜 그랬을까? 분명히 반대되는 존재의 부각을 자신의 존재감을 드러낼 수 있는 기회로 여긴 게 아닐까 생각해.

많은 사람들이 이 테러가 대통령 선거에 영향을 미칠 것이라고 예견했어. 2016년 미국 중심의 보호무역, 불법 이민자 추방과 전 국민건강보험 가입을 의미하는 오바마케어 철폐 등등 말도 안 되는 공약을 들고 나온 트럼프가 많은 사람들의 예상을 깨고 미국 대통령에 당선된 바가 있기 때문에 프랑스 대선에서 만일 극우가 권력을 잡기라고 한다면 전 세계의 우경화가 염려되는 상황이었어. 실제로 테러가 일어난 다음날 미국의 트럼프 대통령은 자신의 트위터에 이런 글을 남기기도 했어.

> "파리에서 또 다른 테러가 일어났습니다. 프랑스 국민들은 테러를 더 이상 참지 않을 것입니다. 대통령 선거에서 중대한 결과를 가져올 것입니다."

실제로 극우파 국민전선은 테러 사흘 후 치러진 1차 투표에서 프랑스 역사상 두 번째로 결선투표에 진출할 수 있었지. 그리고 5월 7일 치러진 결선투표에서 중도신당 '앙 마르슈'의 엠마누엘 마크롱은 유효득표의 66.1%를 득표해 극우파 국민전선의 후보를 누르고 대통령에 당선될 수 있었어. 르펜은 당선엔 실패했지만 이번 대선에서 1972년 국민전선이 창당된 이후 최고의 성적을 낸 것만은 사실이야.

샹젤리제

샹젤리제는 유명한 개선문에서 나폴레옹이 이집트에서 훔쳐온 오벨리스크가 세워져 있는 콩코르드광장까지 이어지는 1,910m의 도로야. 울창한 가로수길을 따라 좌우로 들어선 최고급 명품 가게들, 근사한 카페와 레스토랑은 화려함 그 자체이기도 해. 아마 프랑스에서뿐만 아니라 세계에서 가장 유명한 도로 중 하나일 거야. "샹젤리제에는, 샹젤리제에는, 햇살이 내리쬘 때도 빗속에서도, 샹젤리제에는 당신이 원하는 모든 게 있어요."라는 샹송도 있을 정도니까 말이야. 이 노래는 아주 유명하고 따라 부르기도 어렵지 않아서 여름 바캉스 시즌에 샹젤리제에 가면 곳곳에서 이 노래를 부르며 지나가거나 벤치에 앉아 쉬면서 콧노래를 흥얼거리는 사람들을 심심치 않게 볼 수 있기도 해.

그럼에도 불구하고 연이은 테러로 프랑스의 톨레랑스 정신이 위협받고 있다는 분석들이 계속 들려오고 있던 상황에서 치러진 이번 프랑스 대선의 결과는 프랑스에서 톨레랑스 정신이 얼마나 흔들림 없는 원칙인가를 다시 한 번 확인시켜준 계기가 되었다고 생각해. 지난해 이후 유럽에 몰려든 수많은 난민 속에 테러범이 섞여있을 가능성이 제기되면서 프랑스에서는 난민을 대하는 시선도 차가워졌어. 무슬림 이민자와 난민에 대한 혐오가 확산되고 정치권에서는 극우파가 힘을 얻고 있다는 기사들이 심심치 않게 일간지를 장식하기도 했고 말이야. 더구나 드러내놓고 트럼프 지지를 표명하지는 않았지만 그를 위해 표를 행사한 침묵의 다수인 '샤이 트럼프(shy Trump)'가 지난 미국 대선의 향방을 가른 것으로 분석되면서 프랑스에서도 "샤이 르펜"이 대선의 승패를 가르는 것이 아닌가 하는 우려가 있었던 것도 사실이었거든. 하지만 수많은 테러의 공포에도 불구하고 프랑스인들은 톨레랑스의 원칙에 여전히 지지를 보내고 있다는 사실을 투표로 증명해냈어.

지난 2015년 ≪샤를르 헤브도≫에 잡지사에 대한 테러 이후에 프랑스에서는 "내가 바로 샤를리다"라는 문구가 여기저기 붙어있었고, 이 문구를 든 많은 사람들이 시위나 행진을 했어.

2015년 파리 테러 현장이었던 ≪샤리옹≫ 레스토랑 앞에 놓인 수많은 꽃과 촛불이야. 꽃을 바치고 묵념을 하고 있는 추도객의 모습을 보니 숙연해져.

말랄라 유사프자이와 노벨평화상

엄마 이야기를 듣고 나니 불관용과 관련해서 특히 하고 싶은 이야기가 떠올라. 바로 말랄라 유사프자이에 관한 거야. 2014년 10월 10일 역대 최연소 노벨평화상 수상자가 된 말랄라 유사프자이 말이야. 이슬람문화가 여성을 대하는 태도는 분명 고쳐지지 않으면 안 될 것 같아. 다른 사람이 나와 다른 의견과 삶의 방식을 가질 권리를 존중하는 게 톨레랑스의 기본이잖아? 그런데 이슬람문화가 여성을 대하는 태도는 대표적인 불관용이 아닌가 해. 말랄라가 겪은 폭력이 그런 불관용의 결과이고 말이야. 파키스탄이 고향인 말랄라 유사프자이는 당시 17살로 내 나이와 비슷해서 말랄라의 이야기에 더 관심이 갔어.

나이는 17살 밖에 안되었지만 당시 말랄라는 파키스탄 탈레반의 총에 맞은 후 수차례의 대수술과 여러 번의 고비를 이겨내고 힘겹게 살아남은 기적의 소녀이기도 했어. 2012년 10월, 학교 버스를 타고 집으로 돌아가던 말랄라는 탈레반 대원이 쏜 총에 머리를 맞았어. 총탄은 머리를 관통했고, 말랄라는 머리와 목에 중상을 입었어. 목숨이 위험한 상황이었지. 말랄라는 영국으로 옮겨져 기적적으로 건강을 회복했어. 하지만 탈레반은 포기하지 않고 계속 말랄라를 표적으로 삼으며 말랄라의 목숨을 위협하고 있다고 해.

그런데 내 또래의 10대 소녀가 목과 머리에 총을 맞을 만한 어떤 끔찍한 행동을 할 수 있었을까? 말랄라가 11살 때부터 영국 BBC 방송 블로그를 통해 여성교육에 반대하는 탈레반의 만행을 고발한 것에 대한 보복이었다는 게 알려져서 세계를 깜짝 놀라게 했어. 정말 어이없었어. 고작 그런 이유로 그 정도의 끔찍한 일을 당할 수 있다는 게 말이야. 명분은 여성에게 교육을 시키는 것은 이슬람 율법에 어긋난 일이라는 것이었어. 무함마드가 진짜로 하고 싶었던 게 여성들이 교육받는 걸 금하는 일이었을까 곰곰이 생각해보게 했어. 당연한 일이겠지만 실제로 『쿠란』에는 여자가 남자보다 열등하다는 표현은 없다고 해.

한 사람의 여성으로서 이슬람문화가 가진 여성에 대한 불관용적인 태도만은 고쳐지지 않으면 안 될 것 같아. 그리고 서로가 가진 다름을 인정하고 조화롭게 살아가는 사회가 되려면 가장 중요한 건 대화와 토론 그리고 불관용에 대한 불관용이라는 엄마의 말을 다시 한 번 확인하게 되었어.

나와 비슷한 나이인데도 말랄라는 벌써 여러 명언의 주인공이기도 해. 그 중에서도 2013년 말랄라의 UN 연설문은 정말 감동적이야.

"탈레반은 제 왼쪽 이마에 총을 쏘았습니다. 그들은 제 친구들도 쏘았습니다. 그들은 그 총알로 우리 입을 막을 거라 생각했겠죠. 하지만 변한 건 없습니다. 오히려 약함, 두려움, 절망이 사라졌고 힘, 능력, 용기가 태어났습니다. 전 그때와 똑같은 말랄라입니다. 제 야망도 변치 않았습니다. 제 희망도 마찬가지고요. 제 꿈도 똑같습니다. 우린 어둠을 접할 때 빛의 중요성을 깨닫습니다. 우린 잠자코 있어야 할 때 목소리의 중요성을 깨닫습니다. 우린 말의 힘과 파급력을 믿습니다. 오늘은 자신의 권리를 위해 목소리를 높인 모든 여성, 모든 소년, 모든 소녀를 위한 날입니다. 책과 펜을 듭시다. 그것이야말로 가장 강력한 무기예요. 한 명의 아이, 한 명의 선생님, 한 권의 책, 한 개의 펜이 세상을 바꿀 수 있습니다."

말랄라가 바라는 건 한 사람의 '인간'으로 대접받는 거야. 너무나 당연해서 나나 내 주변의 친구들은 거의 의식하지 못하고 지나치는 게 어떤 사람에게는 생명을 걸 만큼 소중한 일인 거야. 말랄라는 이런 말도 남겼어. "중요한 건 피부색도, 언어도, 종교도 아니에요. 중요한 건 서로가 서로를 존중하고, 서로를 인간으로 대접하는 거에요."

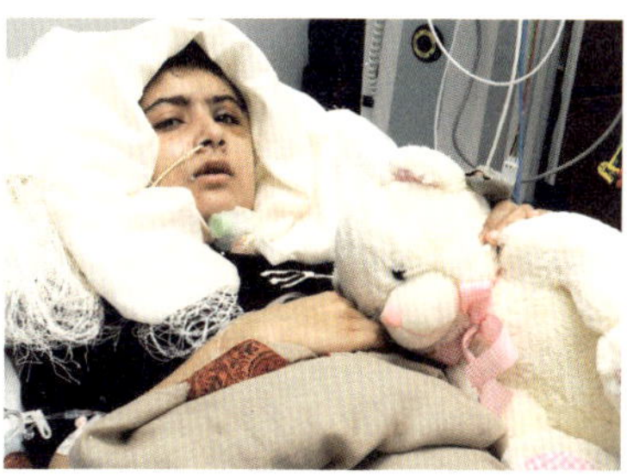

말랄라 유사프자이가 병원에 입원해 있을 때의 모습이야. 외부에 노출되는 사진을 찍어야 하니까 생명이 위험한 상황에서도 히잡을 쓴 모습이 인상적이야. 이리저리 어지러운 술로 보아 상품화되어 나오는 정식의 히잡은 아닌 것 같고, 급히 손에 닿는 천으로 머리카락을 가린 게 아닌가 해. 노벨평화상 수상자하고 곰인형은 좀 언벨런스한 것 같기도 하고 말이야. 심각하고 불행한 장면인데도 아주 엄숙하고 근엄하기만 한 사진은 아니야.

말랄라는 ≪타임≫지의 표지를 장식하기도 했어.

청소년에게 톨레랑스란?— 청소년들의 정치 참여와 촛불집회

불관용과 세상의 불의에 맞서는 데는 말랄라 유사프자이와 같은 개인적인 차원의 노력도 필요하겠지만 제도와 시스템의 개혁이 훨씬 효율적이라고 생각해. 그리고 그게 바로 내가 정치와 사회에 관심을 갖는 이유야.

최근 박근혜 대통령 탄핵 관련 촛불집회는 우리 같은 청소년들이 정치문제에 관해 직접 목소리를 낸 좋은 역사적 사례라고 생각해. 10대 청소년들을 정치적 주체로 인정하라는 목소리가 등장한 것도 촛불집회를 통해서였어. 대한민국의 청소년은 법으로 정치활동이 제한되어 있을 뿐만 아니라 교내 학생회 등의 자치활동조차 제대로 보장받지 못하고 있는 것이 현실이기 때문이야. 참정권을 갖지 못한 청소년들은 촛불집회에 참가함으로써 자신들의 뜻을 표현했고, 성과를 이루어냈어. 10대 청소년들은 자원봉사를 하면서 촛불집회에 적극 참여했고, 우리의 목소리를 더욱 체계적으로 모으기 위해 청소년단체를 결성하기도 했어. 촛불집회를 경험하면서 청소년 문제와 관련해 만 18세 선거권과 국정 역사 교과서 반대, 세월호 인양, 교육제도 개혁 등이 구체적으로 요구되었어. 이처럼 10대 청소년들은 촛불집회에 참여했고, 정치의 변화를 이끌어내는데 적지 않은 역할을 해냈고, 이후 어느 때보다 정치에 대한 관심이 높아졌어.

촛불집회 이후 어느 때보다 10대의 정치에 대한 관심이 높아졌지만 특정 후보 지지나 거부의사 표현 방식은 여전히 제한적이야. 10대 청소년은 우리나라의 법 해석에 따르면 미성년이고, 미성년자는 공직선거법상 특정 후보에 대한 지지호소 등 선거운동을 할 수 없도록 되어 있기 때문이야. 유세 현장 등에서 초 · 중 · 고등학생 등으로 보이는 사람이 선거운동을 하고 있으면 관련 법에 따라 단속할 수밖에 없는 것이 현실이기도 해. 실제로 2017년 4월 17일 광주시 선거관리위원회는 다음과 같이 밝히기도 했어.

> "선거기간 미성년자(만19세 미만)나 외국인, 공무원 등 공직선거법에서 제한하는 자의 경우에는 선거운동이 금지된다. 선거운동을 할 경우 공직선거법에 따라 '3년 이하 징역이나 600만 원 이하 벌금'에 처해질 수 있다. 각 지역 선관위는 공직선거법에 따라 단속활동을 펼친다."

이에 따라 10대 청소년들이 특정 후보를 지지하는 피켓을 들거나 후보 측 어깨띠를 두르고 있다면 선거운동에 해당돼 처벌될 수 있어. 물론 SNS 등 인터넷상에서 선거운동도 금지야. 반면 선거에 관한 단순한 의견 개진 및 의사표시는 허용되는데, 단순한 의사표시란 특정 후보를 단순히 '지지한다'고 표현하는 수준까지를 의미한다고 해. 선관위 관계자에 따르면 청소년의 선거운동이 금지되는 이유는 이들이 '미숙하다'는 법률적 판단 때문이라고 해. 공직선거법은 다른 법률의 규정에 의해 제한되는 경우 선거운동을 금지하는데, 미성년자는 각종 법률에서 제한 능력자로 인정되고 있기 때문이야. 제한 능력자라는 표현은 왠지 금치산자 같기도 하고 자괴감이 들게 하는 표현이야. 우리는 어른들이 생각하는 것만큼 그렇게 미숙하지 않은데 말이야.

촛불집회는 대한민국 10대 청소년들의 정치의식이 절대 '미숙'하지 않다는 것을 증명해주었으며, 이에 따라 10대 청소년들의 정치참여 금지는 지나치다는 주장이 힘을 얻는 계기가 되었어. 5개월 가까이 진행된 촛불집회에서 가장 많이 나온 구호 중 하나는 만 18세 선거권 보장이었어. 다름 아닌 10대들 자신이 자유발언 등을 통해 청소년에게도 참정권을 달라고 목소리를 냈기 때문인데, 여기에 일반 시민들이 가세하면서 정치권을 중심으로 선거연령 하향 문제가 공론화되는 계기가 되었어. 선거연령을 현행 만 19세에서 만 18세로 낮추자는 청소년들의 목소리는 선거법 개정안이 국회에서 부결됨으로써 실패하기는 했지만 적지 않은 공감대를 불러일으킨 것이 사실이야. OECD 가입 35개국 중 한국만 선거연령이 만 19세이고, 나머지 국가들은 만 16~18세라는 사실도 '선거연령 18세 하향'이라는 요구에 힘을 실어주었어.

더불어 10대들의 촛불집회 참여는 청소년단체가 보다 활성화되는 계기가 되기도 했는데, 대표적으로 2016년 11월 5일 제2차 촛불집회를 계기로 만들어진 중고생 혁명은 '청소년의 힘으로 운영되는 전국 단위 청소년 사회운동단체'를 표방하며, 현재 회원은 200여 명에 달한다고 해. 이러한 청소년단체가 얼마나 지속적으로 유지될 것이며, 앞으로 어떤 활동을 펼쳐갈 것인지는 지켜보아야 할 테지만 촛불집회가 대한민국 청소년들의 정치의식의 현주소를 보여주는 한 계기가 되었음은 분명한 것 같아. 2017년 대한민국 청소년들의 정치의식은 과소평가되어서는 안돼.

난 청소년들도 학교에서 배운 민주시민의식과 역사의식을 토대로 자신들의 의사를 충분히 표현할 수 있다고 생각해. 나라의 미래에 영향을 줄 결정을 하는데 기본적인 의사표시는 할 수 있을 만큼 성숙되었다고도 생각하고. 어른들보다는 우리가 주인이 되어서 살아갈 미래잖아? 또한 이러한 참여 경험을 통해 우리나라의 민주주의를 더욱 발전시킬 수 있다고 확신해.

엄마도 잘 알겠지만 나는 11월 12일의 제3차 촛불집회와 12월 10일의 제7차 촛불집회에 참가했어. 그리고 기말고사와 수행 때문에 갈등하다가 선택한 두 번의 이 경험은 잃은 것 보다는 얻은 것이 훨씬 많은 소중한 기억이야. 성숙한 민주주의의 확립에는 톨레랑스와 불의의 척결이 선행되어야 하며, 그러기 위해서는 자신이 감당해야 할 크고 작은 불이익을 감수하고서라도 끊임없이 노력해야 한다는 사실을 직접 체험한 값진 경험이었으니까.

다시 딸에게 – 그리피스의 영화 ≪인톨러런스≫

프랑스어 단어 앵톨레랑스를 영어식으로 발음하면 인톨러런스야. 미국의 영화감독 그리피스를 영화예술의 아버지로 극찬 받게 만든 영화 중 대표적인 게 바로 ≪인톨러런스≫라는 작품이야. 1916년에 만들어진 무성영화니까 지금부터 정확히 100년 전 영화네!

영화예술의 아버지의 대표작답게 줄거리를 말할 수 없을 만큼 여러 이야기들이 중첩되어서 펼쳐지는 내용인데, 그래도 한번 요약을 시도해 볼게. 영화의 첫 장면은 감독과 영화의 제목, 그리고 "시대를 초월한 사랑의 투쟁"이라는 문구를 보여주면서 시작해. 그리고 바로 다음 화면은 "이 영화는 인물과 배경이 다른 4편의 이야기로 구성되며, 증오와 인톨러런스가 어떻게 사랑과 너그러움을 억압해왔는지를 보여주고 있다. 따라서 각각의 이야기는 하나의 주제로 연결되어 있다."는 자막이야. 무성영화니까 감독이 이렇게 자신의 의도를 문자로 보여주면서 영화를 시작하는 게 재미있지 않아?

그리피스의 설명대로 영화는 서로 다른 시대적 배경을 갖는 4편의 이야기가 서로 얽혀 복잡하게 진행돼. 이 4편의 이야기는 이웃에 대한 잔인함과 잔혹함이라는 결과로 이끄는 불관용의 상징적 예로 제시되고 있어. 기원전 539년 페르시아에 의한 바빌로니아의 멸망, 예수님의 수난, 1572년 파리에서 일어났던 성 바르톨로메오 축일의 신교도 대학살, 그리고 20세기 초 파업의 폭력적 진압에 관련된 에피소드가 바로 그거야.

바빌로니아의 왕 발타자르와 페르시아의 왕 키루스의 대결에서 발

타자르의 패배와 바빌로니아의 멸망을 이끈 건 바알신과 이슈타르여신을 섬기는 바빌로니아 내 두 세력 간의 불관용 때문이었어. 바리새인들의 불관용은 예수님을 십자가에 매달게 했고, 신교도들에 대한 불관용은 끔찍한 대학살의 원인이 되지. 이웃에 대한 불관용은 현대에도 여전히 강력해. 자신들이 생각하는 부도덕함에 맞서 싸우기로 결심한 일단의 여성들의 불관용은 한 제분공장의 파업과 그에 뒤따르는 실업, 범죄를 낳게 하기 때문이야.

하지만 그리피스에 따르면 이 모든 걸 극복할 수 있는 건 역시 사랑이야. 영화의 마지막을 장식하는 건 이런 자막이야. “인톨러런스의 화염 속에서 대포와 감옥의 창살이 생겨나지만 진실한 사랑은 영원히 평화를 가져올 것이다. 감옥의 벽 대신 꽃으로 덮인 들판을.” 좀 안일한 할리우드식 결말인 것 같기도 하지만, 모든 악을 극복할 수 있는 가장 큰 힘을 가진 게 세상을 향한 사랑인 것도 사실일 거야.

현주가 주역이 되어서 살아갈 세상은 부디 힘이 세다고 다른 사람을 억압하고, 나와 다르다고 다른 사람을 공격하고, 나보다 못해 보인다고 다른 사람을 무시하는 일만은 없는 세상이길 바래볼게.

새로 복각된 DVD판에서 사용된 포스터야. 포스터에 담긴 건 치밀한 고증과 3000여 명이 넘는 엑스트라가 동원되어 완성된 고대 바빌로니아의 축제 장면이야. 100년이나 흐른 지금 다시 봐도 영화의 엄청난 규모에 감탄이 절로 나와.

그러고 보니 이 책이 여성에 대한 이야기로 시작해서 여성에 대한 이야기로 끝나게 되었네. 현주가 현주의 딸과 이야기 할 때는 '여성으로 살아가는 것'에 대한 고민은 더 이상 하지 않게 되면 얼마나 좋을까? '인간으로 살아가는 것'만 고민하면 되는 세상 말이야. 엄마는 세상이 조금씩이라도 점점 좋아졌고, 여전히 좋아지고 있다고 생각해. 인류의 미래가 공상과학영화에서 보는 것 같은 황폐한 디스토피아가 될 것 같지는 않거든. 그러려면 세상을 좀 더 살기 좋게 만들기 위해 고민하고 행동하는 많은 젊은이들의 노력이 필요할 거야. 사랑해!